Gerhard Waldherr

die sinupret story

MICHAEL POPP – *Von einem, der auszog,*
die Heilpflanzenmedizin zu revolutionieren

MURMANN | HAUFE.

INHALT

die wunderrezeptur

KAPITEL EINS

Über JOSEF POPP *und die Entstehung von Sinupret®*

Josef Popp wusste nichts von Bioflavonoiden und Saponinen. Nichts von Wirkprofilen und additiven Effekten bei Vielstoffgemischen. Er wusste erst recht nichts über Iridoidglykoside[1], die Hemmung des entzündungsrelevanten Enzyms Cyclooxygenase-2[2] oder den Entzündungsbotenstoff TNF-α[3]. Auch den Begriff mukoziliäre Clearance[4] hatte er nie gehört.

Er hätte sich niemals im Leben vorstellen können, dass renommierte Ärzte und Wissenschaftler wie André Gessner, Direktor des Instituts für Medizinische Mikrobiologie und Hygiene an der Universität Regensburg, über sein Arzneimittel einmal sagen würden: »Insgesamt ist das Phytotherapeutikum in der Lage, durch eine erfolgreiche Eindämmung der viral bedingten Entzündungsreaktion auch das Risiko für eine bakterielle Superinfektion zu minimieren.«

Wie auch? Popp war weder Arzt noch Chemiker. Eine ambitionierte wissenschaftliche Auseinandersetzung mit pflanzlichen Arzneimitteln gab es zu seiner Zeit nicht. Erst recht keine Hochleistungsflüssigkeitschromatografie, noch nicht einmal Computer. Josef Popp hatte mit alldem nichts zu tun.

Ich Unterzeichneter wurde am 19. Januar 1889 als Sohn der Buchhalterseheleute Christoph und Henriette Popp zu Forchheim in Oberfranken geboren. Meine Kinderjahre verlebte ich dortselbst unter der sorglichen Obhut meiner Eltern.

---

[1] **Iridoide** sind sekundäre Pflanzenstoffe, die in mehr als 50 Pflanzenfamilien gefunden wurden und der Abwehr von Fressfeinden dienen. Sie entfalten aber auch antimikrobielle Wirkung und bieten der Pflanze Schutz vor Mikroorganismen wie Bakterien oder Pilzen. Iridoide liegen in der Pflanzenzelle häufig auch als Glycoside vor.

[2] **Cyclooxygenasen** sind die wesentlichen Enzyme am Anfang einer Prostaglandinsynthese. Da dieser erste Schritt geschwindigkeitsbestimmend ist, haben die COX eine zentrale Funktion in der Regulation des Entzündungsgeschehens.

[3] **Tumornekrosefaktor-α** (kurz TNF-α, oder veraltet: Kachektin) ist ein multifunktionaler Signalstoff des Immunsystems, der an lokalen und systemischen Entzündungen beteiligt ist.

[4] Als **mukoziliäre Clearance** bezeichnet man den vom respiratorischen Epithel getragenen Selbstreinigungsmechanismus der Bronchien.

So beginnt Josef Popps Lebenslauf, den er vermutlich 1911 während eines Militärdienstes verfasst. Bis dahin hat er Volksschule, Schlosserlehre und eine Baugewerbeschule für Maschinenbau durchlaufen. Auch ein Praktikum bei den Siemens-Schuckertwerken in Nürnberg und eine Zusatzausbildung als Elektriker sowie Montageerfahrungen werden angeführt.

Was ansonsten überlicfert ist, basiert hauptsächlich auf den Erzählungen seiner Kinder. Sohn Hans-Oskar berichtet, dass der Vater mit einer Kriegsverletzung aus dem Ersten Weltkrieg nach Hause gekommen war. Da ihm Ärzte bei der Linderung seiner Schmerzen nicht helfen können, sucht Popp Heilpraktiker auf, die ihm Kräutertees verschreiben. So entsteht das Interesse für Heilpflanzen. Außerdem lässt er sich mit homöopathischen Globuli der Regensburger Firma ISO[5] behandeln. Von ISO erhält er das *Homöopathische Arzneibuch* von Theodor Krauß[6] und Tafeln zur Beschreibung der Iris – der Regenbogenhaut des Auges – mit daraus abzuleitenden Krankheiten.

Popp arbeitet inzwischen als Maschinenbauingenieur bei MAN in Nürnberg. Fasziniert von der Homöopathie, beginnt er in seiner Freizeit, Freunde und Bekannte mittels Augendiagnose zu behandeln und ISO-Globuli zu verordnen. Popp hat damit großen Erfolg. Der Kundenkreis wächst rapide. Irgendwann arbeitet er unablässig. Tagsüber bei MAN, nach Feierabend und an Wochenenden widmet er sich seinen Patienten und dem Studium der Botanik und der Heilpflanzen. Bis ihn sein Arbeitgeber vor die Entscheidung stellt, die Nebenbeschäftigung aufzugeben oder zu kündigen.

_____
[5] Die Firma **ISO-Arzneimittel** wurde 1923 von Johannes Sonntag, dem Inhaber der Regensburger Engel Apotheke, gegründet; sie befindet sich heute in Ettlingen bei Karlsruhe.

[6] **Theodor Krauß** (* 3. November 1864 in Beraun, Mittelböhmen; † 1. Oktober 1924) war ein deutscher Homöopath und Alternativmediziner.

1924 eröffnet Josef Popp in der Nürnberger Endterstraße eine Praxis als Homöopath und Naturheilkundiger. Neben Augendiagnose und Homöopathika bietet er auch Teemischungen an, die er für seine Patienten individuell zusammenstellt. Der nächste Schritt ist die Herstellung von pflanzlichen Arzneimitteln. Die Praxis in der Endterstraße wird um eine Etage erweitert, in der Popp ein Labor für die Entwicklung von Rezepturen einrichtet. Ein Gewerbebetrieb wird angemeldet. Hergestellt werden die Arzneimittel der Bionorica GmbH zunächst von der Apotheke Zum goldenen Stern.

1933 entsteht bei Bionorica die Rezeptur für ein Arzneimittel gegen Infekte der oberen Atemwege. Schnupfen mit Entzündung der Nasen- und Nasennebenhöhle ist ein Klassiker der Neuzeit. Auch zu Popps Zeiten sind davon Millionen betroffen. Das Arzneimittel, das Besserung verschaffen soll, ist eine Mischung aus den Extrakten von fünf Heilpflanzen: Eisenkraut, Enzianwurzel, Holunderblüten, Ampferkraut und Schlüsselblumenblüten. Er nennt das Produkt Sanor.

Sanor übersteht den Zweiten Weltkrieg. Es übersteht auch den darauffolgenden Siegeszug der chemisch-synthetischen Arzneimittel. Unter dem neuen Namen Sinupret® erobert es nach und nach die Apotheken in Deutschland und rund um die Welt. Das *Lehrbuch Phytotherapie* von Fintelmann, Weiss und Kuchta[7] widmet Sinupret® aufgrund seiner »Sonderstellung unter den Phytopharmaka« sogar einen eigenen Eintrag und bezeichnet es darin als »ein Mittel erster Wahl bei akuten und chronischen Entzündungen der Nasennebenhöhlen«.

Das ist umso erstaunlicher, als die Autoren zwar anerkennen, dass Sinupret® Millionen und Abermillionen Menschen geholfen hat, aber

_____[7] Volker Fintelmann, Rudolf Fritz Weiss, Kenny Kuchta: **Lehrbuch Phytotherapie**. *Karl F. Haug Verlag, Stuttgart 2017, 13. überarbeitete Auflage.*

gleichzeitig auch gestehen, dass ihnen Josef Popps Kreation immer noch Rätsel aufgibt: »Es herrscht nach wie vor die Meinung vor, dass die Wirkung eines Kombinationsarzneimittels mit mehr als drei Bestandteilen, deren jeweiliger Nutzen zur Gesamtwirksamkeit geklärt ist, nicht rational begründbar sei.« Mit anderen Worten: Wie konnte jemand nur auf die Idee kommen, dass ausgerechnet dieser Heilpflanzenmix funktioniert?

Michael Popp sagt: »Es gibt zwar das handschriftliche Original der Rezeptur, aber keine Dokumentation zur Entstehung von Sinupret®. Nach allem, was wir wissen, hat mein Großvater sich sehr intensiv mit Lehrbüchern beschäftigt, unter anderem mit den Werken von Leonhart Fuchs[8]. Er hat sich von überall Meinungen eingeholt, hat mit vielen Heilpraktikern und Homöopathen gesprochen. Und er war leidenschaftlich in dem, was er tat. Sonst hätte er in der damaligen Zeit nicht trotz Frau und drei kleinen Kindern eine sichere Anstellung als Ingenieur aufgegeben.«

Für die These der Lehrbücher spricht einiges. Und auch Leonhart Fuchs' Bücher dürften tatsächlich Einfluss auf Josef Popp gehabt haben. Insbesondere sein *New Kreüterbuch* von 1543 galt über Jahrhunderte als Maßstab der Pflanzenheilkunde. Es umfasst die Beschreibung von 473 Pflanzen, begleitet von kunstvollen Holzschnitten. Allerdings dürften nicht alle Ausführungen des Autors nützlich gewesen sein. Das *Kreüterbuch* wimmelt von stereotypen Wiederholungen, Mutmaßungen und wilden Theorien. Werner Dressenhöfer spricht in seinem Kommentar zu einer 2001 erschienenen Neuauflage[9] von »barocker

_____[8] **Leonhart Fuchs** (* 17. Januar 1501 in Wemding bei Donauwörth; † 10. Mai 1566 in Tübingen) war ein deutscher Mediziner und Botaniker.
_____[9] Leonhart Fuchs: **Das Kräuterbuch von 1543**. *Taschen GmbH, Köln 2001.*

die wunderrezeptur

Indikationslyrik«. Hinzu kommt, dass Fuchs sich an der Viersäftelehre[10] orientierte, die am Anfang des 20. Jahrhunderts längst überholt war.

Die Pharmazeutin Margit Schlenk vertritt daher eine zusätzliche These: »Ich denke, Josef Popp hat sich nicht nur auf Lehrbücher und Heilpraktiker verlassen, er hat auch die Natur um sich herum beobachtet. Was wächst in der Region? Was setzen die Menschen bei Krankheiten oder Alltagsleiden schon immer ein? Holundertee ist in Franken ein traditionelles Mittel bei Erkältungen. Ampferkraut gilt von jeher als schleimlösend und blutreinigend. Man weiß, dass die Bitterstoffe der Enzianwurzel die Geschmacksknospen der Zunge stimulieren. Das wirkt der Appetitlosigkeit bei Schnupfen entgegen und so weiter …«

Schlenk, die Apotheken in Neumarkt und Nürnberg betreibt, als Referentin für Bionorica auftritt und Bücher über Heilpflanzen schreibt, 2016 etwa über die Schlüsselblume, sagt: »Hausmittel aus Heilpflanzen waren damals in Süddeutschland gang und gäbe. Und man darf nicht vergessen: Die meisten Leute hatten kein Geld für Medikamente aus der Apotheke, gerade zwischen den Weltkriegen. Das alles hat sicher auch bei der Entstehung der Rezeptur von Sinupret® eine Rolle gespielt.«

Historisches Wissen also kombiniert mit Erfahrungsmedizin. Doch das ist immer noch nicht die ganze Wahrheit. Durch Hans-Oskar Popp ist überliefert, dass der Vater neue Rezepturen überwiegend an MAN-Kollegen testete und je nach Wirkungsgrad und -weise die Zusam-

_____[10] Die **Viersäftelehre** ist eine medizinische Theorie, die um 400 vor Christus zur Erklärung allgemeiner Körpervorgänge und als Krankheitskonzept entwickelt wurde. Bis zur Einführung der Zellularpathologie im 19. Jahrhundert blieb sie für Naturwissenschaften und Medizin maßgeblich. Gemäß der Viersäftelehre wurden als Lebensträger im Körper meistens gelbe Galle, schwarze Galle, Blut und Schleim angenommen – Säfte, die sich über das Blut und auch über die Nerven im Körper verbreiten. Ihr Verhältnis zueinander wurde als Indikator für Gesundheit oder Krankheit angesehen.

mensetzung und Dosierung modifizierte. Wenn man so will, hat Josef Popp damit seine eigenen klinischen Studien durchgeführt – wenn auch in sehr kleinem Rahmen.

Hätte Josef Popp seine Geschichte aufgeschrieben, wüsste man, was er warum und wie gemacht hat. Doch dazu kommt es nicht. In der Endphase des Zweiten Weltkriegs zieht er sich durch eine Brandbombe eine Phosphorvergiftung zu. Davon geschwächt, kämpft er nach Kriegsende um den Wiederaufbau seiner Firma. Praxis und Labor sind komplett zerstört, untergegangen im Schutt der Fliegerbomben. Beim Freischaufeln des Zugangs in der Endterstraße verletzt er sich an der Hand. Von der Sepsis, die dadurch ausgelöst wird, erholt er sich nicht mehr.

Der Maschinenbauingenieur Josef Popp, der mit der Wunderrezeptur für Sinupret® Arzneimittelgeschichte geschrieben hat, stirbt im Dezember 1945 im Alter von 56 Jahren.

BERUFSWUNSCH
UNTERNEHMER

Über den jungen MICHAEL POPP *und*
die Übernahme von Bionorica

Im Januar 1987 beginnt der junge Pharmazeut Michael Popp ein Praktikum bei der E. Scheurich GmbH in Appenweier bei Baden-Baden. Das traditionsreiche Pharmaunternehmen, 1912 gegründet, beschäftigt etwa 200 Mitarbeiter und verdient sein Geld mit OTC-Arzneimitteln[1], hergestellt werden aber auch Produkte für die Lippenpflege.

Es dauert nicht lange, bis Popp Defizite im Produktionsablauf erkennt. Der junge Mann hat zwar keine Berufserfahrung außer einem halbjährigen Praktikum in einer Münchner Apotheke. Er denkt logisch, hat eine schnelle Auffassungsgabe und interessiert sich für technische Zusammenhänge. Er erstellt einen optimierten Produktionsplan. Wenig später verlässt der Produktionsleiter das Unternehmen. Die Leitung beschließt, dass Popp übernimmt, bis ein Nachfolger gefunden ist.

Als Kind saß ich oft bei meinem Großvater mütterlicherseits in dessen Büro. Opa Zöwie[2] hatte in Oberlauter eine Papierfabrik, die Haushalts- und Geschenkpapier herstellte. Während des Naziregimes hatte man ihm die Fabrik weggenommen. 1950 musste er noch einmal ganz von vorne anfangen. Er war ein ruhiger, liebenswerter Mann, der gerne Zigarre rauchte. Beeindruckend fand ich, wie er Verantwortung übernahm und wie souverän er Entscheidungen traf. Unternehmer – das wollte ich auch werden. Und dann lande ich in Appenweier. Ich bin 27, komme frisch von der Uni und bin verantwortlich für die Produktion eines mittelständischen Pharmaunternehmens. Bei Scheurich wird im Dreischichtenbetrieb produziert, deshalb fahre ich auch abends in die Firma, um zu sehen, ob ordentlich gearbeitet wird. Da wird mir klar: Ich will das nicht nur, ich kann das auch – Unternehmer sein.

_____
[1] **OTC** ist das Akronym des englischen Begriffs *over the counter*. OTC-Arzneimittel sind nicht verschreibungspflichtig.

_____
[2] Franz Zöllner-Wiethoff, genannt **Zöwie**, ist der Vater von Michael Popps Mutter Ruth.

die wunderrezeptur

Geografie ist Schicksal. Es ist für den späteren Lebensweg nicht egal, wo
du geboren wirst. Natur, Klima, Kultur sind prägende Faktoren. Nicht
weniger entscheidend kann sein, in welche Familie man geboren wird.
Für Michael Popp gilt das allemal.

1933 gründet Josef Popp, der Großvater väterlicherseits, in Nürnberg die Firma Bionorica. Sie fungiert als Appendix seiner naturheil-
kundlichen Arztpraxis, für die er pflanzliche Arzneimittel entwickelt.
Nach seinem Tod 1945 übernimmt Tochter Erna die Geschäfte. Die
Nachkriegsjahre sind Existenzkampf pur. Es gibt kaum Alkohol, Fla-
schen, Geräte. Die Heilpflanzen werden nach Josef Popps Rezepturen
in Glasballons mazeriert und mit gereinigtem Wasser verdünnt, ihr
Alkoholgehalt wird mit einer Messspindel ermittelt. Am Küchentisch
füllt Erna Popp Flüssigextrakte ab. Tabletten werden von Hand gepresst.
Die Lieferung an Apotheken erfolgt mit dem Leiterwagen. 1000 Mark
Umsatz im Monat sind ein Spitzenergebnis.

Es hilft, dass Josef Popp sich vor dem Zweiten Weltkrieg in und
um Nürnberg einen guten Ruf erarbeitet hatte. Als Ernas jüngerer
Bruder, der Mediziner Hans-Oskar Popp, eine Praxis mit naturheil-
kundlicher Ausrichtung eröffnet, kommt neue Klientel dazu. Auch
Hans-Oskar behandelt – wie sein Vater – mittels Augendiagnose und
verordnet Produkte von Bionorica. Die Firma richtet einen Außendienst für die Region Nord- und Niederbayern sowie Baden-Württemberg ein, später auch für das Ruhrgebiet. Während ihrer Urlaube
in Hamburg wirbt Erna Popp bei Ärzten und Apothekern für ihre
Produkte. Hans-Oskars Praxis prosperiert ebenfalls. Seine Patienten
kommen inzwischen auch aus der Schweiz, Österreich, Italien, Luxem-
burg und sogar den USA. Seine Vorträge besuchen bis zu 300 Interes-
sierte. Vor allem Heilpraktiker sind zugänglich für seine Thesen. 1961

werden eine Abfüll- und eine Etikettiermaschine angeschafft. Mitarbeiter beschäftigt Bionorica schon länger.

Das Produktportfolio der Firma ist umfangreich. Die Präparate heißen Nervenheil, Lungenheil oder schlicht Herztropfen. Enausina hilft bei Übelkeit, Laxafix bei Obstipation. Impulsan ist ein Tonikum, das bei allgemeiner und sexueller Leistungsschwäche, aber auch bei Bluthochdruck zum Einsatz kommt. Star der Fünfziger- und Sechzigerjahre ist Betulum®, das bei Magen-Darm-Problemen verordnet wird und Alantwurzel, Anis, Löwenzahn, Tausendgüldenkraut und Absinth enthält. Auch Canephron®, das unter anderem auf den Inhaltsstoffen von Rosmarin basiert und die Nierenfunktion unterstützen soll, verkauft sich gut.

Im Laufe der Jahrzehnte steigt jedoch ein anderes Präparat zum Star des Sortiments auf. Es handelt sich um ein Präparat gegen Erkältungssymptome. 1933 von Firmengründer Josef Popp als Sanor und in Tropfenform entwickelt, wird es 1958 umbenannt in Sinupret®. Von 1964 an ist es auch in Pillenform erhältlich. 1969 erscheint die erste Werbeanzeige. Sinupret® generiert zu diesem Zeitpunkt bereits das Gros der Einnahmen von Bionorica. 1973 liegt der Umsatz der Firma bei etwa vier Millionen Mark. Die Produktion ist längst zu umfangreich für die Räume in einem Hinterhof der Nürnberger Dürrenhofstraße.

1973 baut Bionorica in der Nähe der Nürnberger Innenstadt ein neues Produktions- und Verwaltungsgebäude. Umzug in die Peterstraße ist 1974. Wenig später wird ein wissenschaftlicher Außendienst mit persönlicher Beratung niedergelassener Ärzte eingerichtet. Bionorica lässt außerdem als einer der ersten Hersteller in Deutschland seine pflanzlichen Arzneimittel in kleinen klinischen Studien testen. Trotz inzwischen moderner Produktionsanlagen wird daneben immer noch ge-

die wunderrezeptur

arbeitet wie zu Josef Popps Zeiten. In den Achtzigerjahren besuchen die Geschwister Popp erstmals einen Kongress für Hals-Nasen-Ohren-Heilkunde in Kuala Lumpur, Malaysia. Auf Erna Popps Anweisung reisen sie an unterschiedlichen Tagen. Damit die Firma im Fall eines Flugzeugunglücks nicht führungslos ist.

Erna Popp ist eine selbstbewusste Frau. Sie ist penibel genau in dem, was sie tut, besteht auf Disziplin und Pünktlichkeit. Darüber hinaus ist sie äußerst sparsam. Nicht einmal eine Sekretärin gönnt sie sich. Sie heiratet nicht und bekommt keine Kinder. Ihre Familie ist die Firma. Zu Erna Popp kann jeder kommen, auch mit privaten Problemen. Mag die Chefin nach außen mitunter eckig und schroff erscheinen, im Kern ihres Wesens ist sie eine herzliche, fürsorgliche, empathische Person. Erna Popp macht sich auch frühzeitig Gedanken um die Nachfolge. Ihre Wahl fällt auf Neffe Michael, Hans-Oskars ältesten Sohn.

Natürlich kannte ich Bionorica von Kindesbeinen an. Mit elf Jahren habe ich in der Dürrenhofstraße erstmals mitgeholfen. Mit 15 Jahren habe ich Tanks gewaschen und poliert, was auch eine tolle Tätigkeit war, weil wir damals die ersten Edelstahltanks bekommen haben. Dass ich Unternehmer werden wollte, war klar. Für mich stellte sich nur die Frage, in welchem Betrieb? Gehe ich in die Papierverarbeitung oder studiere ich Pharmazie und gehe zu Bionorica. Vor allem Tante Erna hat sich ernsthaft um mich bemüht. Wenn samstags die Bestellungen der Pharmagroßhändler kamen, war ich oft bei ihr. Wir sind dann in die Firma gefahren und haben begonnen, die Aufträge zusammenzustellen, damit sie am Montagmorgen von den Packern fertig gemacht werden konnten. Ich habe schon gespürt, dass meine Tante Hoffnungen in mich setzte. Wenn ich wieder mal mit dem Motorrad unterwegs war, sagte sie zu den Mitar-

beitern: »*Mein Gott, hoffentlich passiert dem Jungen nichts, der Michael soll doch mal die Firma übernehmen.*«

Dem Jungen passiert nichts. Er studiert in Erlangen tatsächlich Pharmazie. Er mag das Studium, das er als vielseitig und lehrreich empfindet und ihn zu tief greifender Recherche einlädt. Im Studium zeichnet sich ab, dass Michael Popp immer alles ganz genau wissen und verstehen möchte. Insbesondere im Chemielabor fühlt er sich wohl. Nach seinem Studium will er das Gewerbe umfangreich kennenlernen. Ins Ausland möchte er, eventuell nach Amerika. Die Option ergibt sich theoretisch schon mit seiner Arbeit bei Scheurich in Appenweier. Das Unternehmen gehört der US-amerikanischen Firma A. H. Robins. Auch dissertieren will er unbedingt. Analytik und Galenik[3] interessieren ihn besonders. Er will gut vorbereitet sein, wenn er Bionorica übernimmt.

Doch die Erfahrung bei Scheurich verändert ihn. Er sieht den Familienbetrieb nicht mehr aus der Perspektive des Neffen und Sohns der Eigentümer oder eines ambitionierten Pharmaziestudenten. Er sieht Bionorica plötzlich als Unternehmer, der Verantwortung übernehmen und Entscheidungen treffen muss. Als Michael Popp im Juli 1987 aus Appenweier endgültig zurück nach Nürnberg kommt, schaut er sich genau an, was er bei Bionorica hat, und vergleicht es mit dem Unternehmen, das er haben will.

Was er hat, ist ein in seinen Augen völlig untaugliches Gebäude. Gebaut von einem Architekten, der davor nur Wohnhäuser konzipiert hat, ist es für die industrielle Produktion nicht geeignet, schon gar nicht für die Herstellung von Pharmazeutika. Das Lager ist im Keller. Es gibt keinen vernünftigen Materialfluss. Die Böden bieten keinen Ablauf für Flüssigkeiten. Eine Trennung zwischen Produktion und Kommis-

_____
[3] **Galenik** ist die Lehre von der Zubereitung und Herstellung von Arzneimitteln.

die wunderrezeptur

sionierung existiert nicht. Darüber hinaus sind die meisten Anlagen veraltet. Viele Tanks sind nicht aus Edelstahl. Die Freigabe der Arzneimittel erfolgt noch immer nach dem organoleptischen Prinzip. Riechen. Schmecken. Zur Prüfung der Klarheit wird ein Reagenzglas mit der Flüssigkeit gegen das Licht gehalten.

Kopfzerbrechen bereitet dem jungen Mann auch das Produktportfolio. Zwar gibt es in Helarium und Klimacorin brauchbare Mittel für Herzbeschwerden aller Art. Auch in Noricaven, das als Thromboseprophylaxe und bei Durchblutungsstörungen angewendet wird, erkennt Michael Popp wertvolle Schätze, ihm fehlt aber das Geld, um sie alle zu heben. Insgesamt ist das Sortiment zu groß, zu divers. Die meisten Produkte werden in sehr kleinen Mengen hergestellt und generieren mehr Kosten als Umsatz. Außerdem gibt es keine brauchbaren Studien, die ihre Eignung als Arznei dokumentieren. Selbst nicht für die Nummer eins im Sortiment. Man weiß nur, *dass* Sinupret® wirkt, aber nicht, warum. Ideen für andere zeitgemäße, markttaugliche Präparate? Fehlanzeige.

Zu allem Überfluss ist die geschäftliche Struktur der Bionorica GmbH kompliziert. Zum Unternehmensverbund gehört neben der Arztpraxis des Vaters auch die Zöllner-Wiethoff Papierverarbeitung in Oberlauter, die als Zweigniederlassung firmiert. Aus steuerlichen Gründen haben Erna und Hans-Oskar Popp zudem einen Glas- und Spiegelverarbeiter in Weiden gekauft, den sie nicht selbst führen, für den aber die Bionorica GmbH die Haftung übernimmt.

Doch all das erscheint nebensächlich angesichts der größten Herausforderung, vor der das Unternehmen steht. Am 1. Januar 1978 ist das Arzneimittelgesetz in Kraft getreten, das für alle existierenden

Arzneimittel eine Nachzulassung fordert. Die Frist dafür läuft am 31. Dezember 1989 ab. Ohne Nachzulassungen verliert Bionorica seine Existenzgrundlage.

Was ich hatte und was ich wollte, passten nicht zusammen. Mein erster Gedanke war, ich muss die Zukunft der Firma sicherstellen. Mir war klar, dass Bionorica oder jedes andere pharmazeutische Unternehmen nur eine Zukunft hat, wenn es mit höchsten Qualitätsansprüchen produziert und über eine möglichst lückenlose Dokumentation seiner Produkte verfügt. Das bedeutete zuallererst – auch wenn die Arzneimittel bereits seit vielen Jahren produziert werden –, dass wir wissen müssen: Wie stellen wir sie her? Warum produzieren wir auf diese Art und Weise? Was ist das Ergebnis? Die nächste Frage: Ist dieses Pharmazeutikum stabil? Haben wir von Charge zu Charge eine Konformität der Qualität? Und nicht zuletzt: Warum benutzen wir die Heilpflanzen für unsere Arzneimittel? Auf keine dieser Fragen hatten wir in der Peterstraße Hinweise oder Antworten. Daher gab es nur zwei Möglichkeiten: Den Laden dicht machen und abwickeln oder auf der grünen Wiese neu bauen. Dicht machen kam nicht infrage. Also hieß es, das Unternehmen von Grund auf neu zu positionieren. Volle Überzeugung. Volles Risiko. Ich sagte mir: Anders kannst du nicht Unternehmer sein.

Tante und Vater halten nichts von diesen Plänen. Sie befürworten eine Betriebserweiterung in Nürnberg. Entsprechende Baugenehmigungen liegen vor. Sie wollen nicht noch einmal von vorne anfangen. Popp junior hat jedoch bei Fachseminaren erfahren, wie moderne Pharmabauten aussehen müssen. Das angrenzende Wohngebiet in Nürnberg lässt überdies kein signifikantes Wachstum zu. Also interveniert er monatelang. Er kennt Bionorica in- und auswendig. Er kennt die Schwächen und Grenzen der Firma. Davon will er nicht abhängig sein. Er will für seine Visionen ausreichend Platz und die nötige Infrastruktur. Bis Tante Erna sagt: »Okay, du hast recht, aber dann musst du es auch alleine machen.«

1987 existiert noch die DDR. Für Betriebe im Zonenrandgebiet gibt es Grenzlandförderung. Subventionen, vergünstigte Darlehen, Steuervorteile. Schnell wird ein 48 000 Quadratmeter großes Grundstück in Neumarkt in der Oberpfalz erworben. Popp junior einigt sich mit dem Oberbürgermeister über einen Neubau. Die Konditionen sind günstig. Eine Bahnverbindung nach Nürnberg ermöglicht es Popp, seinen Mitarbeiterstamm zu halten. Die Entscheidung ist gefallen.

Der junge Mann stürzt sich mit Elan in die schwierige Aufgabe. Er lernt Bilanzen lesen und nimmt am Arbeitskreis für mittelständische Pharmaunternehmer teil. Von erfahrenen Geschäftsleuten will er lernen. Auch Managementseminare besucht er. Ein Satz, den er von dort mitbringt, sollte ihn fortan prägen: »Meine Einstellung bestimmt mein Verhalten.« Er beschließt, jeden Tag positiv anzugehen, ungeachtet aller Probleme. Die Pläne für die neue Produktion in Neumarkt zeichnet er selbst und übergibt sie dem Architekten. Während der Bauarbeiten ist er täglich vor Ort. Sobald das Gebäude in der Peterstraße verkauft ist, so sein Plan, wird er nach Neumarkt umziehen.

Am 1. Januar 1989 übernimmt Popp offiziell die Geschäftsleitung. Er sieht es als Privileg, mit 29 sein eigenes Unternehmen aufbauen zu dürfen. Nach seiner Vision, seinen Plänen. Er bleibt ein Jahr, um die nötigen Nachzulassungen zu erwirken. Die Chancen sind miserabel. Bei aller Entschlossenheit – Popps Vorhaben, die Firma mit einem radikalen Umbau zu retten, ist kaum mehr als eine Lizenz zum Scheitern.

»WEGEN
DER RISIKEN UND
NEBENWIRKUNGEN ...«

Das Arzneimittelgesetz von 1976 und
seine Folgen

Ein rätselhaftes Phänomen beschäftigt die Ärzte Ende 1960. Seit wenigen Monaten kommen immer mehr Kinder mit stark verkürzten oder gar fehlenden Armen und Beinen zur Welt. Die Ursache dieser Missbildungen bleibt im Dunklen, bis sich ein Jahr später ein schlimmer Verdacht erhärtet.

»Missbildung durch Schlaftabletten?« titelt die *Welt* Ende November 1961 und informiert die deutsche Öffentlichkeit über die fatalen Wirkungen des Schlaf- und Beruhigungsmittels Contergan. Alle Mütter der betroffenen Neugeborenen haben das Medikament während der Schwangerschaft eingenommen. Denn die rezeptfrei erhältlichen Tabletten mit dem Wirkstoff Thalidomid gelten auch als empfohlenes Mittel gegen die Morgenübelkeit von Schwangeren. Bis die schädigende Wirkung von Contergan auf die Embryonalentwicklung bewiesen ist und das Medikament vom Markt verschwindet, sind weltweit etwa 10 000 und in Deutschland mehr als 4000 Kinder zu Schaden gekommen.

Nach der Gesetzeslage kann die Contergan-Tragödie seinerzeit nicht verhindert werden: In der Bundesrepublik liegt die Kontrolle der Sicherheit von Medikamenten allein bei den Herstellern. Bei neuen Präparaten sieht das Gesetz lediglich eine Kennzeichnungs- und Registrierungspflicht vor.

Das soll sich in den Folgejahren ändern. Aufgerüttelt vom größten Arzneimittelskandal der Nachkriegszeit bemühen sich viele Länder um schärfere Zulassungsprozesse für Medikamente. Doch erst Jahre später, am 1. Januar 1978, tritt in Deutschland ein Arzneimittelgesetz in Kraft, das die Versorgung der Bevölkerung mit Medikamenten erstmals streng regelt und sie damit vor vermeidbaren Risiken schützen will.

Fortan sind pharmazeutische Unternehmer, die ein neues Arzneimittel auf den Markt bringen wollen, gesetzlich verpflichtet, eine Zulassung dafür zu beantragen: umfangreiche klinische Studien mit mehreren Hundert Probanden müssen dem Bundesinstitut für Arzneimittel und Medizinprodukte als zuständigem Amt vorgelegt werden. Erst wenn diese Testverfahren die Qualität, Wirksamkeit und Unbedenklichkeit des Medikaments nachweislich bestätigen, darf die Zulassung erteilt werden.

Das neue Arzneimittelgesetz verpflichtet die Hersteller aber keineswegs nur bei Neuzulassungen zum Einhalten der geregelten Verfahren, sondern auch bei Medikamenten, die bereits auf dem Markt sind. Diese sogenannten Altpräparate dürfen zwar vorläufig im Handel bleiben, allerdings mit der Auflage, sie innerhalb einer Übergangsfrist von zwölf Jahren einer Nachzulassung zu unterziehen. Von der neuen Vorschrift sind zu diesem Zeitpunkt nicht weniger als 140 000 Arzneimittel betroffen. Kein Wunder also, dass sich ihre Anträge zur Nachzulassung bei der Bonner Behörde stauen und deshalb noch jahrelang Medikamente mit unklarem legalen Status im Markt sind.

Indessen stehen die Hersteller von Phytopharmaka mit dem Inkrafttreten des Arzneimittelgesetzes vor einem besonderen Dilemma. Zum einen fordert das Gesetz auch für ihre Arzneimittel den Nachweis von Qualität, Sicherheit und Unbedenklichkeit durch aussagekräftige Studien und Testreihen. Zum anderen aber sind entsprechende Untersuchungen bei pflanzlichen Präparaten wesentlich komplexer als bei chemisch-synthetischen Arzneimitteln. Der Grund: Im Gegensatz zu Synthetika enthalten Phytopharmaka meist mehrere Stoffe, deren Wirkung sich erst aus ihrem Zusammenspiel ergibt. Mit

die wunderrezeptur

klassisch schulmedizinischen Studien ist eine Analyse dieser Wirkweise sehr schwierig. Viele mittelständische Hersteller stehen mit der gesetzlichen Forderung deshalb aus finanziellen und logistischen Gründen vor einer schier unüberwindbaren Hürde.

Abhilfe verspricht der Gesetzgeber mit der Einrichtung von Expertenkommissionen, die Belege für die Wirksamkeit und Unbedenklichkeit von Arzneipflanzen und Phytotherapeutika erarbeiten und als Monografien veröffentlichen sollen. Auf dieses Erkenntnismaterial können sich die Hersteller bei der Zulassung von pflanzlichen Medikamenten beziehen – lediglich deren Qualität müssen sie mit eigenen Dokumentationen selbst nachweisen.

Aber auch die Expertenkommissionen arbeiten schleppend. Bis 1994 liegen zwar 330 Monografien zu pflanzlichen Arzneidrogen vor, aber keine einzige zu pflanzlichen Fertigprodukten wie Phytopharmaka. Damit ist ihre Nachzulassung weiterhin gefährdet.

Herstellern, die ihr Medikament nicht vom Markt nehmen wollen, bleiben nur zwei Möglichkeiten. Entweder sie stufen ihr pflanzliches Präparat als »traditionell« ein – dann ist sein Zulassungsverfahren zwar viel einfacher, aber es verliert seinen Status als anerkanntes Arzneimittel. Oder sie gehen in die Offensive und stellen die Wirksamkeit und die Unbedenklichkeit ihrer Phytopharmaka mit aufwendigen und kostspieligen wissenschaftlichen Studien unter Beweis. So sorgt das Arzneimittelgesetz seit 1978 zwar für eine zuverlässigere Medikamentensicherheit, fordert den Herstellern von Phytopharmaka aber bis heute erhebliche Anstrengungen bei der wissenschaftlichen Akzeptanz ihrer Präparate ab.

KAPITEL ZWEI

ein mann, eine firma, eine erfolgsgeschichte

Wie aus Bionorica einer der weltweit führenden Phytohersteller wurde

März 2019. Michael Popp ist in Moskau. Wie immer, wenn er in die russische Hauptstadt kommt, trifft er Ärzte und Wissenschaftler zum Gedankenaustausch. Auch diesmal sind ein Dutzend führende HNO-Spezialisten, Urologen und Gynäkologen in ein Hotel an der Moskwa gekommen. In der Bibliothek im achten Stock wird es ein Arbeitsessen geben, gerahmt von einer atemberaubenden Aussicht. Gerade kriecht die Dämmerung über Kreml und Roten Platz.

Russlands medizinische Elite trifft einen Freund. Großes Hallo, herzliche Umarmungen, Wangenküsse. Michail Bogomilsky hat für Popp einen elektrischen Korkenzieher mitgebracht. Wladimir Koslow ist eigens aus Almaty angereist, wo er tags zuvor einen Vortrag über die chronische Rhinosinusitis[1] gehalten hat. Alexander Amosow trägt lila Krawatte zum flaschengrünen Anzug. Ein Toast auf das Wiedersehen. Und schon geht es um Bionoricas Produktionsstätte, die gerade in Woronesch gebaut wird. Um Woroneschs Gouverneur, der offenbar mit Putin über Bionorica gesprochen hat. Um aktuelle wissenschaftliche Studien und wie die Geschäfte laufen geht es natürlich auch.

Zwei Monate zuvor hat Bionorica die Zahlen für das Geschäftsjahr 2018 bekannt gegeben: 1700 Mitarbeiter, 338 Millionen Euro Umsatz, ein Plus von 14 Prozent gegenüber dem Vorjahr; 65 Millionen verkaufte Verpackungseinheiten. Zwei Drittel des Umsatzes wurden im Ausland erwirtschaftet. Der Unternehmensgewinn liegt bei 54 Millionen Euro, die Eigenkapitalquote bei 74,4 Prozent, das Bankenrating AAA steht für größtmögliche Bonität.

---

[1] Eine **Rhinosinusitis** ist eine gleichzeitige Entzündung der Nasenschleimhaut (Rhinitis) und der Schleimhaut der Nasennebenhöhlen (Sinusitis); sie kann in akuter oder chronischer Form auftreten.

Bionorica ist weiter beliebteste Marke bei Apothekern und Ärzten. Sinupret® ist weiter das meistverkaufte Erkältungsmittel und hinter Voltaren® die Nummer zwei unter den OTC-Produkten in Deutschland. Jeden Winter dieselben Schlagzeilen. »Grippewelle treibt Verkauf von Sinupret® & Co.« »Die Viren lassen Bionorica nicht im Stich.« »Bronchipret® erzielt neuen Absatzrekord.« Auch die steigenden Verkaufszahlen von Imupret® untermauern den Ruf des Neumarkter Phytoherstellers als Spezialist für Atemwegserkrankungen. Erfreulich auch, dass Bionoricas Cannabis-Wirkstoffe Dronabinol und Cannabidiol, seit sie unter bestimmten Voraussetzungen von den Krankenkassen erstattet werden, für Furore sorgen.[2]

Was Russland betrifft: Bionorica ist mit fast 100 Millionen Euro Umsatz auch hier Marktführer. Wenngleich das Topprodukt nicht mehr wie früher Mastodynon® heißt, sondern Canephron®. Dazu passt, dass Popp eine Studie mit nach Moskau gebracht hat, veröffentlicht im Oktober 2018, die belegt, dass Canephron® bei einem unkomplizierten Harnwegsinfekt einem Antibiotikum nicht unterlegen ist. Eine kleine medizinische Sensation.

Wo sonst als bei diesem Moskauer Abendessen könnte man besser darüber fachsimpeln. Jeder der Anwesenden kennt den jüngsten Bericht der Weltgesundheitsorganisation (WHO), die mutmaßt, dass 2050 antibiotikaresistente Keime Todesursache Nummer eins sein könnten. Jede verordnete Packung Canephron® wirkt diesem Trend entgegen.

Mit anderen Worten: Popp hat aus einem Pharmaunternehmen mit schwieriger Perspektive, das er 1989 übernommen hat, einen der weltweit führenden Phytohersteller gemacht. Bereits 2008 wurde er in

_____[2] Im Mai 2019 gab Bionorica bekannt, dass die Geschäftssparte C³, in der das Geschäft mit dem Cannabiswirkstoff **Dronabinol** gebündelt war, für 225,9 Millionen Euro an das kanadische Unternehmen Canopy verkauft wurde (siehe »Heilender Hanf«, Seite 201).

ein mann, eine firma, eine erfolgsgeschichte

Deutschland zum Unternehmer des Jahres in der Kategorie Industrie gewählt; 2009 erhielt Bionorica den Großen Preis des Mittelstandes; 2013 fand die Firma Aufnahme in die *Handelsblatt* Hall of Fame der Familienunternehmen. Für die *Bayerische Staatszeitung* ist er der »Herr der Heilpflanzen«.

Das hört Popp natürlich gerne, bekennt aber: »In zwei Bereichen liegen wir tatsächlich weltweit vorne. Wir sind führend bei der wissenschaftlichen Erforschung von pflanzlichen Arzneimitteln und wir haben die modernste Produktion für pflanzliche Arzneimittel.« 15 Prozent des Umsatzes investiert Bionorica jährlich in Forschung und Entwicklung. Seit 2012 wurden darüber hinaus etwa 200 Millionen Euro für die Infrastruktur des Unternehmens ausgegeben. Und wenn es nach Popp geht, ist beim Wachstum noch lange kein Ende in Sicht.

Das sagt die Pharmabranche

»Eine der herausragendsten Unternehmerpersönlichkeiten unserer Industrie, die absolut Maßstäbe gesetzt hat. Als Person extrem zuverlässig, organisiert und zielgerichtet, sehr schnell im Denken, pragmatisch, kriegt die Dinge auf die Reihe, ist dabei stets unprätentiös.«

KAI JOACHIMSEN
Hauptgeschäftsführer des Bundesverbandes der Pharmazeutischen Industrie (BPI)

»Michael Popp war der Erste, der gesagt hat, ich brauche Evidenz, nur wenn man die Wirkstoffe erforscht und medizinisch dokumentiert, kann man optimistisch in die Zukunft blicken. Das alles zu beweisen, gelingt nur den besten und einflussreichsten Wissenschaftlern – Popp hat sie. Was er mit Mühe, Intelligenz und Geld auf diesem Sektor geleistet hat, ist einzigartig.«

DIRK REISCHIG
Ehemaliger CEO beim Phytohersteller Dr. Willmar Schwabe GmbH & Co. KG und Aufsichtsratsmitglied bei Bionorica SE

»Ich erinnere mich noch sehr gut an meine erste Begegnung, das war 1992 bei einer Pressekonferenz in Neumarkt. Ich habe sofort erkannt: Das ist ein Mann mit großem Talent, sehr willensstark, intelligent und ehrgeizig. Damals gab es einige Firmen in der Phytobranche, die halbseiden waren, Bionorica war es nicht.«

MARCELA ULLMANN
Gründerin und Leiterin des Komitees Forschung Naturmedizin (KFN)

»Das ist einer, der insistiert, der sich durchsetzt, der für seine Überzeugung kämpft. Michael Popp hat die positive Einstellung zu pflanzlichen Arzneimitteln in Deutschland und Osteuropa enorm weiterentwickelt und dabei großen Einfluss auf die Politik und die Interessenverbände genommen.«

HUBERTUS CRANZ
Ehemaliger Generaldirektor des Europäischen Dachverbandes der Selbstmedikationsindustrie (AESGP)

»Ich kenne wenige Unternehmer, die mehr Mut haben als Michael Popp. Er ist wie kaum ein Zweiter in der Lage, Win-win-Situationen zu erkennen und umzusetzen. Das tut er sehr ideenreich und konsequent. Michael ist auch keiner, der seine Meinung wechselt, er steht zu seinen Grundsätzen und Prinzipien.«

BERND WEGENER
Ehemaliger Vorsitzender des BPI

Der Erfolg von Bionorica 2019 basiert auf einer rigorosen Transformation. Im Prinzip krempelt Popp, als er 1989 die Geschäfte übernimmt, den Laden komplett um. Es beginnt mit dem Neubau der Produktion in Neumarkt. Es setzt sich fort mit der Neuorganisation von Anbau, Ernte und Verarbeitung der Heilpflanzen. Popp gründet eine Firma für den Anbau von Heilpflanzen in Ungarn, dann auf Mallorca. Er lässt die Pflanzen nach Inhaltsstoffen analysieren, fahndet nach dem perfekten Saatgut, klont die am besten geeignete Sorte in großem Stil. Gleichzeitig baut er langfristige Geschäftsbeziehungen mit Bauern auf der ganzen Welt auf.

Heute ist Bionorica einer der wenigen Phytohersteller, der die meisten Pflanzen für seine Arzneidrogen selbst produzieren lässt und dabei höchste Maßstäbe anlegt. Popp sagt: »Für jedes Naturprodukt ist die Qualität des Rohstoffs entscheidend. Das gilt für Kaffee wie für Wein wie für pflanzliche Arzneimittel.« Sobald die Heilkräuter oder ihre Pflanzenextrakte nach Neumarkt kommen, werden sie erneut analytischen und pharmakologischen Tests unterzogen. Hightech und Big Data bei jedem Arbeitsschritt. Nichts wird dem Zufall überlassen. Das gilt auch für die Produktion, die ebenfalls von modernster Technologie begleitet und überwacht wird.

Neben der Qualität widmet sich Popp von jeher intensiv der Wirksamkeit seiner Produkte. Belegt wird sie durch zahlreiche klinische evidenzbasierte Studien auf höchstem Niveau. Sinupret®, das 1997 eine Neuzulassung erhält, spielte und spielt dabei stets eine prominente Rolle. Aber auch für die anderen Produkte des Portfolios kann Popp nach anfänglichen Schwierigkeiten die renommiertesten Forscher ihres Fachbereichs gewinnen.

Hinzu kommt die Forschung zu pflanzlichen Inhaltsstoffen für neue Medikamente. Neben dem Labor in Neumarkt ist dafür die 2005 gegründete Bionorica research GmbH in Innsbruck zuständig. Sie kooperiert dabei mit dem Centrum für Chemie und Biomedizin der nahegelegenen Universität, an der Michael Popp 1991 promoviert hat und als Honorarprofessor für Analytische Phytochemie doziert. Auch mit dem an die Universität angeschlossenen Austrian Drug Screening Institute (ADSI) arbeitet Bionorica zusammen. Darüber hinaus bestehen wissenschaftliche Partnerschaften mit etwa 500 Universitäten und Forschungseinrichtungen. »Wir haben den Anspruch, in den besten Journals und auf den besten Kongressen vertreten zu sein«, sagt Popp.

»Das schaffen wir nur mit den besten Daten.« Die Firmenphilosophie hat einen Namen: Phytoneering. Der Begriff setzt sich zusammen aus *phytón*, dem griechischen Wort für Pflanze, und *engineering*. Popp sagt: »Phytoneering steht für die Entschlüsselung des großen Wirkstoffpotenzials von Pflanzen unter dem Einsatz von modernster Forschung und innovativen Technologien. Es geht um die Herstellung wirksamer und sicherer pflanzlicher Arzneimittel. Wir wollen Medikamente herstellen, die den Menschen wirklich helfen.«

Bionorica zieht damit eine klare Grenze zur althergebrachten Naturheilkunde, die auch als Erfahrungs- oder Klostermedizin bezeichnet wird. Bionoricas Produkte basieren zwar auf Naturstoffen, sie werden jedoch in allen Entwicklungsschritten denselben Qualitätskriterien, Kontrollmechanismen und wissenschaftlichen Standards unterworfen wie chemisch-synthetische Arzneimittel. Weshalb Popp sich weigert, seine Produkte in Ländern zu verkaufen, in denen sie nicht als Arzneimittel, sondern nur als Nahrungsergänzungsmittel zugelassen werden – mit wenigen Ausnahmen.

»Ich verzichte damit auf viel Geld«, sagt Popp, »aber ich vermarkte Bionorica, meine Produkte und mich nicht unter Wert.« Dass andere das bereitwillig tun, kann er nicht verstehen. Dass Hersteller von sogenannten Botanicals, also Nahrungsergänzungsmitteln, die pflanzliche Bestandteile enthalten, über Verpackung, Produktbotschaften und Werbekampagnen medizinische Wirkung suggerieren, hält er für skandalös. »Unsere Forschung ist unser bestes Marketing«, sagt Popp, »und Ärzte und vor allem Apotheker sind unsere wichtigsten Botschafter.«

Um zu erfahren, wie das im richtigen Leben aussieht, muss man nur an einem Samstagvormittag in Berlin in die Kaiser-Wilhelm-Apotheke in Schöneberg gehen. Links der Ständer mit den Badezusätzen, rechts

ein mann, eine firma, eine erfolgsgeschichte

die Naturkosmetik. In der Mitte vor dem Verkaufstresen eine Kunden-schlange bis zur Türe. Man steuert auf die sogenannte Phytothek zu, ein gesondert ausgewiesenes Regal mit Phytopharmaka mehrerer Her-steller. Entwickelt wurde diese »Kompetenzapotheke für Pflanzenthe-rapie« von Bionorica. 1000 davon gibt es bereits in Deutschland.

Der Apotheker fragt, was es sein darf. Konstantin Lamboy schwärmt von Sinupret® und Bronchipret®, von Bionoricas IHK-zertifizierten Lehrgängen, bei denen er sich zum Phyto-Apotheker und seine Assisten-tinnen zu Kundenberaterinnen in Phytotherapie haben ausbilden las-sen. »Sie haben tolle Fachreferenten, die einem auch viel über die Produkte von Konkurrenten erzählen, es steht ja ein kompletter Mensch hinter der Phytotherapie, nicht bloß einer mit Erkältung oder Husten.«

»Bionorica«, so Lamboys Fazit, »ist eine Firma mit sehr guten Pro-dukten, die mich respektvoll und kompetent betreut und im Tsunami der Pharmaprodukte nicht alleine lässt.« Als er fertig ist mit seinem Vortrag, reicht die Kundenschlange bereits bis zur Bushaltestelle. Ab-schließende Frage von Lamboy: »Wie ist Professor Popp so?«

Schwer zu sagen. Bei der ersten Begegnung nimmt man ihn eher als zurückhaltend und reserviert wahr. Durchschnittlich groß, athle-tisch gebaut, Brillenträger. Doch schon bald erkennt man, dass er fun-dierte Informationen schätzt, schnell zum Punkt kommt und klare Vorstellungen hat. Diese Eigenschaft, heißt es, könne sich zu verita-bler Sturheit auswachsen, wenn er sich etwas in den Kopf gesetzt habe. Und er ist – das wird auch schnell klar – ein Zahlenfreak, ein Fakten-junkie. Kaum hat man etwas gefragt, ruft er auf seinem iPad eine ent-sprechende Datei mit allen Informationen auf. »Ich gehe immer ganz tief in die Materie rein«, sagt er, »ich muss immer ganz genau verste-hen, worum es geht.«

Gerade das macht Michael Popp aber zu einem spannenden Mann, der überdies begeistert erzählen kann. Wobei die Themen mitunter im Minutentakt wechseln. Man fängt an mit Insulin, macht weiter mit der Silberweide und landet schließlich bei Cannabis. Man erfährt alles über Resveratrol[3] im Wein und dass Resveratrol das Krebsrisiko senken kann. Schon ist man beim Olivenöl, seinen antientzündlichen Eigenschaften und bei Cholesterin. Popp kann aber auch nahtlos überleiten zu Hightech-Analytik und Massenspektrometern, Architektur, das Fliesenlegerhandwerk, Russlands Politik, Chinas Wirtschaft oder die ökologisch-industrielle Revolution.

Was ist so einer? Alleswisser? Besserkönner? Multimacher? »Ach was«, sagt Popp, »ich würde mich als Generalist bezeichnen. Ich versuche, von vielen Dingen etwas zu verstehen. Mich interessiert es einfach, wie eine Flugzeugturbine funktioniert.« Man könnte sich aber auch darauf einigen, dass er zu vielseitig ist, um ihn konkret zu beschreiben.

Ganz sicher ist Michael Popp ein Mann der tausend Termine. Heute Moskau, morgen Neumarkt, übermorgen kann es schon nach Mexiko oder Brasilien zu einer Zulassungsbehörde gehen. Oder in die Türkei zu Verhandlungen mit einem potenziellen Vertriebspartner. Oder schnell nach Innsbruck zu einer Vorlesung. Und von dort nach Buenos Aires zu einem HNO-Kongress für Kinderärzte. Schon möglich, dass er von Südamerika aus direkt zu einer Vorstandssitzung des BPI in Berlin einfliegt; seit 1998 ist er stellvertretender Vorsitzender des Verbandes.

_____[3] **Resveratrol** ist ein Phytoalexin mit antioxidativen Eigenschaften, das zu den Polyphenolen zählt. Es findet sich in einer Anzahl von Pflanzen und pflanzlichen Lebensmitteln, unter anderem in Himbeeren, Maulbeeren, Pflaumen, Erdnüssen und im Japanischen Staudenknöterich; in relativ großen Mengen kommt Resveratrol in der Haut von roten Weintrauben vor.

Hinzu kommt, dass Popp auf Mallorca neben seinem Arzneipflanzen-
anbau und einer Extraktionsfirma auch noch das Weingut Bodegas
Castell Miquel und die Finca Sa Canova betreibt. Da sind auch die
Verpflichtungen für seine Natureheart Foundation for Kids inklusive
Charity Dinners und Besuche der von der Stiftung unterstützten Kin-
derkliniken und Waisenhäuser, die sich überwiegend in Osteuropa
und Zentralasien befinden. Und wenn die International Fellowship of
Motorcycling Rotarians zu einer Spritztour ruft oder ein Freund ihn
zur Mille Miglia[4] begleiten will, sagt er auch nicht Nein.

»Das Interessante ist«, so Pontus Stierna, »dass man Michael abnimmt, dass er alles, was er tut, mit Leidenschaft und Überzeugung
tut.« Stierna, ein bekannter schwedischer HNO-Spezialist und Wissenschaftler, der Popp schon lange kennt, hat festgestellt: »Er ist einer
der wenigen Menschen, die wirklich sagen, was sie denken, und tun,
was sie sagen.« Gudrun Abel, die lange Forschungsleiterin in Neumarkt war, ergänzt: »Wir hatten anfangs häufig Situationen, in denen
ich mir dachte: Was schlägt er jetzt schon wieder vor? Wie soll das funktionieren? Aber man muss seine Einstellung ändern, wenn man ihn
verstehen will. Wenn einer das Unmögliche möglich machen kann,
dann Professor Popp.«

Ein Mann, eine Firma, eine Erfolgsgeschichte. Richtige These, meint
Martin Stanscheit, offeriert aber eine erweiterte Sicht der Dinge. »Der
Erfolg hinter Bionorica geht eindeutig zurück auf Michael Popp, keine
Frage, aber es ist auch die richtige Mischung von Menschen, die Popp

_____[4] **Mille Miglia** war ein Autorennen über öffentliche Straßen in Norditalien, das von 1927
bis 1957 ausgetragen wurde. 1977 wurde der Name für die Neuauflage des Rennens wieder
eingeführt.

um sich geschart hat, um diesen Erfolg auch möglich zu machen.« Zu Popps vielen Talenten geselle sich, so Stanscheit, eine ganz besondere Eigenschaft: »Michael ist ein Menschenfinder.«

Stanscheit muss es wissen. Den Kölner Werber und PR-Profi hat Popp schließlich auch gefunden. Der Kontakt war über den BPI entstanden, man einigte sich auf eine Zusammenarbeit, die bald zum zukunftsweisenden Konzept des Phytoneering führte, das die Identität von Bionorica maßgeblich veränderte und bis heute bestimmt. Einer hatte die Kompetenz, das Programm, die Vision, der andere die kreative Idee der Umsetzung, die perfekte Chiffre und die marketingtauglichen Botschaften.

Es gibt eine Reihe von weiteren kongenialen Verbindungen, die Popp und damit auch Bionorica geprägt haben. Günther Bonn von der Universität Innsbruck, bei dem der Unternehmer promoviert hat, ist laut Popp, »der akademische Vater für mein heutiges Verständnis von Wissenschaft. Die meisten analytischen Untersuchungen, die wir heute durchführen, wären ohne seinen Enthusiasmus für die Phytomedizin nicht möglich.«

Auch die Begegnung mit Eberhard Rauch, als Bionorica in den Neunzigerjahren in finanzielle Bedrängnis kam, war richtungsweisend. Rauch, damals Vorstand bei Popps Hausbank, heute Vorsitzender des Aufsichtsrats der Bionorica SE, erinnert sich: »Ich habe erkannt, das ist ein sehr smarter, fleißiger, konsequenter Mann, der nach vorne denkt.« Weshalb er den jungen Unternehmer wohlwollend begleitete. Inzwischen sagt Rauch: »Die ganze Entwicklung ist phänomenal, die des Menschen, die der Firma, das ist fast ein Roman.«

Ende der Neunzigerjahre beschließt Popp, den russischen Markt zu erschließen. Auf der Suche nach einem Geschäftsführer für das Büro in Moskau trifft er auf einen gelernten Chemieanlagenbauer aus Jena. Matthias Claus hatte vor dem Mauerfall bereits für die Pharmafirmen der DDR in der Sowjetunion gearbeitet. Beim Vorstellungsgespräch sagt Popp: »Am nächsten Ersten fangen Sie an.« Claus: »Wie soll das gehen?« Popp: »Das ist Ihr Problem.« Heute ist Russland Bionoricas wichtigster Markt.

Eine zentrale Rolle in der Entwicklung des Unternehmens spielt aber auch Uwe Baumann, Vorstand für Marketing und Vertrieb. Baumann kommt 2004 von Novartis, einem der Elefanten in der Pharmabranche. Bionorica macht damals 62 Millionen Umsatz. In den 15 Jahren seit Baumanns Amtsantritt hat sich der Umsatz verfünffacht. »Ich sehe mich schon als wichtiges Element im Erfolg der Firma Bionorica«, sagt Baumann, »aber letztlich geht das nur über die Verbindung mit Professor Popp, er ist der Motor hinter allem.«

Apotheker, Ärzte, Wissenschaftler, Mitarbeiter, Manager, Werber, Politiker, Verwaltungsleute, Lobbyisten – Popp will alle von seiner Philosophie und seinem Unternehmen überzeugen. Und früher oder später gelingt ihm das auch bei den meisten. Bernd Wegener, ehemaliger Vorsitzender des BPI, sagt: »Ich bin immer wieder überrascht und beeindruckt von der Qualität der Leute, die ihm zur Seite stehen.«

Zurück nach Moskau, zurück zum Arbeitsessen unter Freunden. Es ist ein bemerkenswerter Abend, an dem die medizinischen Debatten, aber auch die Trinksprüche kein Ende nehmen wollen.

Igor Baranow sagt: »Die Welt steht Kopf, egal ob in der Wirtschaft, Gesellschaft oder Politik, es ist schön, dass unsere Verbindung nicht zu erschüttern ist.« Popp erwidert: »Wissenschaft und Freundschaft kennen keine Politik.«

Wladimir Koslow meint: »So wie Moskau immer schöner wird, wird Bionorica immer besser.«

Andrej Winarow glaubt zu wissen, woran das liegt, jedenfalls bei Bionorica: »Professor Popp ist ein Mann, den man als Wunder verstehen kann.«

Das bringt Bogomilsky, kürzlich 85 geworden, auf eine spaßige Idee: »Michael, wir sind uns einig, dass die Welt ein pflanzliches Arzneimittel gegen die Alterung braucht. Telefoniere bitte mit deinen Forschern in Innsbruck, nächstes Jahr, wenn wir uns wieder treffen, sollte es fertig sein.«

Trinksprüche sind ein wichtiger Bestandteil der russischen Tischkultur. Pathos und Overstatement sind dabei Teil der Folklore. Doch Harel Seidenwerg sagt: »Man darf nicht vergessen, dass Michael sich in diesen Kreisen nie als großer Unternehmer oder als Messias geriert, sondern als Gleichgesinnter.« Seidenwerg berät Bionoricas Ressort Medical Relations, von dem das internationale Netzwerk von Ärzten, Forschern und Wissenschaftlern betreut und zusammengehalten wird. Seidenwerg: »Man schätzt Michael wirklich als Unternehmer, Wissenschaftler und Mensch.«

Dazu muss man wissen, dass Bionorica sich weder nach der Wirtschaftskrise 1998 noch nach der Krimkrise 2014 aus Russland zurückgezogen hat. Trotz großer Probleme. Und trotz des Kursverfalls des Rubels wurden die Preise für Bionoricas Produkte nicht erhöht, was zu Einnahmeverlusten in zweistelliger Millionenhöhe führte. Sowohl in Russland als auch in der Ukraine hat Bionorica stattdessen kein Personal entlassen, um die Versorgung mit Arzneimitteln weiter zu gewährleisten. »Das ist der Vorteil eines Familienbetriebs, der nicht getrieben ist von Quartalszahlen, Shareholder Value und Profitgier«, sagt Popp. »Meine Devise ist: Bei einem guten Geschäft müssen immer beide lächeln.«

Vor den Fenstern funkelt das Herz Russlands. Die Brücke über die Moskwa. Die Kremlmauer. Die Kuppeln der Basilius-Kathedrale. Selbst die Gebäude um den Theatralnaja Ploschad[5]. Alles illuminiert. Die Fassade des Kaufhaus GUM ist mit Lichterketten geschmückt. Aus der Ferne wirkt die Szenerie wie eine märchenhafte Lebkuchenstadt. Zum Abschied geht Popp noch einmal kurz auf den Balkon. Einige Jahre zuvor wurde an selber Stelle der 60. Geburtstag von Professor Koslow gefeiert. Im Juli wird er selbst 60.

Was er in diesem Moment denkt, kann man nur aus dem, was Michael Popp sagt, schließen, er ist sich seiner bisherigen Lebensleistung durchaus bewusst: »Vor 30 Jahren, als ich die Firma übernommen habe, hätte ich mir all das nicht vorstellen können. Hätte mir das jemand gesagt, ich hätte es nicht geglaubt.«

Tempora mutantur, nos et mutamur in illis, stand früher auf den Broschüren von Bionorica. Die Zeiten ändern sich, und wir ändern uns in ihnen.

_____[5] Theaterplatz

DIE GRÜNE MEDIZIN

Eine kurze Einführung in die Welt
der Phytopharmaka

ein mann, eine firma, eine erfolgsgeschichte

Der Begriff Phytopharmaka kommt aus dem Griechischen; *phytón* steht für Pflanze, *pharmakón* für Arzneimittel. Es handelt sich um Arzneimittel pflanzlichen Ursprungs. Funktionsweise, Wirksamkeit und Unbedenklichkeit müssen – wie bei chemisch definierten Präparaten auch – in kontrollierten klinischen Studien wissenschaftlich nachgewiesen werden. Erst dann werden sie vom Bundesinstitut für Arzneimittel und Medizinprodukte (BfArM) in Bonn zugelassen. Neben- und Wechselwirkungen sind bei Phytopharmaka möglich, in der Regel sind sie wesentlich verträglicher als chemisch-synthetische Mittel.

Dimitri Abramov-Sommariva, bei Bionorica im Bereich Forschung und Entwicklung tätig, sagt: »Viele unserer Studien zeigen, dass pflanzliche Präparate bei bestimmten Erkrankungen genauso zum Rückgang der Beschwerden führen wie chemisch-synthetische Arzneimittel. Dadurch lässt sich nicht nur der Einsatz von Antibiotika deutlich reduzieren, sondern auch von Schmerzmitteln, Hormonpräparaten, Spasmolytika[1] und anderen Medikamenten, die wegen ihrer Nebenwirkungen bei vielen Patienten, insbesondere Kindern, Schwangeren oder Älteren, nicht unbedenklich sind.«

Während chemisch-synthetische Arzneimittel in der Regel nur einen oder wenige Wirkstoffe enthalten, sind Phytopharmaka Vielstoffgemische. Sie setzen sich aus Hunderten von pharmakologisch aktiven und inaktiven Substanzen zusammen. Ihre Wirksamkeit ergibt sich aus der komplexen Interaktion der Inhaltsstoffe mit körpereigenen Transportern, Enzymen und Rezeptoren.

Phytopharmaka sind Naturprodukte. Ihre Qualität hängt von etlichen Faktoren ab: Welche Sorte wird angebaut, an welchem Standort, auf welchem Boden? Hinzu kommen Wetter, Klima, Erntezeitpunkt und Verarbeitung. Auch wenn Hersteller heute verstärkt Extrakte ver-

---

[1] **Spasmolytika** sind krampflösende Medikamente.

wenden mit einer klar definierten Menge an Inhaltsstoffen – unterei-
nander vergleichen lassen sie sich nur bedingt. Michael Popp sagt:
»Bei Phytopharmaka gibt es kein Generikum.« Ein Johanniskraut-
Präparat lässt sich nicht gegen ein anderes Johanniskraut-Präparat
austauschen.

Was weitgehend in Vergessenheit geraten ist: Die Pflanzenheilkunde ist der Ursprung der Schulmedizin. Bis zu 70 Prozent der
heutigen Arzneistoffe leiten sich von Pflanzen ab. Beispiele sind das
Schmerzmittel Morphin oder die Acetylsalicylsäure, die als Basis für
das Jahrhundertpharmakon Aspirin® dient und auf den Wirkstoff Salicin zurückgeht. Salicin ist unter anderem in der Silberweide, Echtem
Mädesüß oder Pappeln enthalten.

Weitere Beispiele von Wirkstoffen, die pflanzlichen Ursprung haben:

* Digitalis (Herzinsuffizienz): Fingerhut;
* Reserpin (Bluthochdruck): Hundsgiftgewächse;
* Ephedrin[2] (Asthma, Müdigkeit und anderes): Meerträubel, Eisenhut, Eibe;
* Chinin (Malaria): Chinarinde;
* Vincristin (Krebs): Madagaskar-Immergrün;
* Taxol (Krebs): Pazifische Eibe;
* Penicillin (bakterielle Infektion): Schimmelpilz;
* Artemisinin (Malaria): Einjähriger Beifuß.

Phytopharmaka sind keine Homöopathika, die aufgrund der starken
Verdünnung bei der Herstellung nur noch Spuren der aktiven Pflan-
zeninhaltsstoffe aufweisen – wenn überhaupt. Und Phytopharmaka
sind auch nicht mit Nahrungsergänzungsmitteln zu vergleichen, in

_____[2] **Ephedrin** stimuliert den Sympathikus – einen Teil des vegetativen Nervensystems –, der die
nach außen gerichtete Aktionsfähigkeit bei Belastungen steigert. Dadurch werden eine Erhöhung
des Blutdruckes und der Herzfrequenz, eine Erweiterung der Atemwege, eine allgemeine Leistungs-
steigerung und ein erhöhter Energieverbrauch bewirkt. Auch Euphorie und eine Verminderung
des Appetits treten ein.

ein mann, eine firma, eine erfolgsgeschichte

denen zwar – neben Vitaminen, Mineralien oder Antioxidantien – auch pflanzliche Inhaltsstoffe enthalten sein können. Sie sind aufgrund ihrer Definition und unterschiedlichen Herstellungsweise mehr dem Bereich der Lebens- als dem der Arzneimittel zuzuordnen.

	Chemisch-synthetisches Arzneimittel/*Pharmakon*	Pflanzliches Arzneimittel/ *Phytopharmakon*
Beschreibung	Zubereitung zur Vorbeugung, Behandlung und Diagnose von Krankheiten, Beschwerden und Verletzungen. Meist ein aktiver Wirkstoff mit verschiedenen Hilfsstoffen wie Binde-, Süßungs-, Überzugsmittel. Gleichbleibende Qualität.	Arznei, für die getrocknete Pflanzenteile wie Blätter (Folia), Blüten (Flores), Früchte (Fructus), Rinde (Cortex), Samen (Semen), Wurzeln (Radix) oder Wurzelstock (Rhizoma) verarbeitet werden. Wirkstoffe werden extrahiert, konzentriert, einzelne Inhaltsstoffe mitunter isoliert. Präparate untereinander nicht vergleichbar, da Qualität abhängig unter anderem von Standort, Klima, Erntezeitpunkt, Verarbeitung. Kein GMP (Good Manufacturing Practice).
Darreichung	Unter anderem Tabletten, Dragees, Kapseln, Granulate, Saft, Tropfen, Cremes, Salben, Gels, Injektionen, Zäpfchen.	Unter anderem Tabletten, Dragees, Kapseln, Tropfen, Cremes, Salben, Gels, Zäpfchen.
Bezug	Rezeptpflichtig, apothekenpflichtig, frei verkäuflich.	Rezeptpflichtig, apothekenpflichtig, frei verkäuflich.
Zulassung	Anmeldung, Registrierung und Zulassung über das Bundesinstitut für Arzneimittel und Medizinprodukte (BfArM) in Bonn. Voraussetzung: Nachweis über Wirksamkeit, Unbedenklichkeit und Qualität. Das genaue Verfahren regelt das Arzneimittelgesetz. Grundsätzlich durchläuft ein Arzneimittel, das sich in Tierversuchen als wirksam erwiesen hat, drei Phasen: an Freiwilligen, kleiner Patientengruppe, größerer Patientengruppe inklusive Kontrollgruppe. Phase IV, Anwendungsbeobachtung in der Praxis, ist nicht verpflichtend.	Unterscheidung zwischen rationalen und traditionellen Phytopharmaka. Rationale (allopathische) Präparate müssen Qualität, Unbedenklichkeit und Wirksamkeit durch Studien (kontrolliert, randomisiert, doppelblind) nachweisen, Anmeldung, Registrierung und Zulassung über das BfArM. Traditionelle Präparate, die in Deutschland seit mindestens 30 Jahren heilwirkend eingesetzt werden und in der EU seit mindestens 15 Jahren, fallen in der Regel unter das Lebensmittelgesetz, Wirkung muss nicht nachgewiesen werden, Beispiel: Präparate aus Ringelblume, Purpursonnenhut, Zaubernuss.
Neben- und Wechsel-wirkungen	Müssen gesammelt, ausgewertet und im Beipackzettel angegeben werden. Meldepflicht für Ärzte. Spektrum reicht von harmlosen Begleiterscheinungen (zum Beispiel Müdigkeit) bis zu Schädigungen, die den Nutzwert übersteigen.	Müssen gesammelt, ausgewertet, angegeben und gemeldet werden. Nachweise aufgrund der Vielzahl an Inhaltsstoffen jedoch schwieriger. In der Regel seltener und milder.

	Homöopathisches Arzneimittel/ *Homöopathikum*	Nahrungsergänzungsmittel/ *Supplement*
Beschreibung	Einzelwirkstoffe, gewonnen hauptsächlich aus pflanzlichen, mineralischen oder tierischen Rohstoffen. Auch Kombinationen aus verschiedenen Mitteln in unterschiedlichen Potenzen erhältlich (Komplexmittel). Buchstaben geben den Grad der Verdünnung an: D (1 : 10), C (1 : 100) und Q (1 : 50 000). Je höher die Potenz, desto stärker die Wirkung.	Stoffe, die in normalen Lebensmitteln vorkommen – nur in konzentrierter Form und höherer Dosierung. Unter anderem Vitamine und Provitamine, Mineralstoffe und Spurenelemente, vitaminähnliche Stoffe wie Coenzym Q_{10}, Fettsäuren, Ballaststoffe, lebende Bakterienkulturen, Algen.
Darreichung	Unter anderem Globuli, alkoholische Tropfen, Tabletten, Salben, Zäpfchen, Injektionen.	Unter anderem Tabletten, Kapseln, Pulver, Granulate, Säfte.
Bezug	Rezeptpflichtig, apothekenpflichtig, frei verkäuflich.	Frei verkäuflich.
Zulassung	Nachweis lediglich über Qualität, Unbedenklichkeit und Herstellung nach dem *Homöopathischen Arzneibuch*, nicht über Wirkung. Ausnahme: Möchte der Hersteller eine eindeutige Indikation angeben oder verschreibungspflichtige, zumeist giftige Wirkstoffe in niedriger Potenz (bis D3) verwenden, wie Blauer Eisenhut oder weißes Arsen, muss er das normale Verfahren für Medikamente durchlaufen. Etwa ein Viertel der homöopathischen Medikamente in Deutschland haben eine solche Zulassung.	Unterliegen keiner Zulassung, müssen dem Bundesamt für Verbraucherschutz und Lebensmittelsicherheit (BVL) gemeldet werden und dem deutschen Lebensmittelrecht entsprechen. Aussagen, die sich auf die Beseitigung, Linderung oder Verhütung von Krankheiten beziehen, sind verboten. Dennoch dürfen Hersteller mit gesundheitsbezogenen Aussagen (Health Claims) werben, die die EU überprüft und zugelassen hat: »Vitamin C trägt zur normalen Funktion des Immunsystems bei« oder »Calcium ist gut für die Knochengesundheit.«
Neben- und Wechselwirkungen	Müssen nicht erfasst, angegeben, gemeldet werden. Homöopathen sprechen von Erstverschlimmerungen, die nach Einnahme auftreten können.	Erfassung nicht nötig. Keine Meldestelle für unerwartete (Neben-)Wirkungen. Keine verbindlichen Angaben, wie hoch Stoffe dosiert sein dürfen/müssen, keine Untersuchungen zu möglichen Risikogruppen.

ZIELSTREBIG AUFWÄRTS

Zahlen, Fakten, Perspektiven zum deutschen Phytomarkt

Die Umsatzentwicklung von Bionorica legt nahe, dass sich der Markt für Phytopharmaka in Deutschland zuletzt deutlich positiv entwickelt hat. Der Eindruck täuscht. Vielmehr war das Geschäft mit pflanzlichen Arzneimitteln über Jahre rückläufig, allein zwischen 2009 und 2012 gingen die Umsätze um mehr als zehn Prozent zurück. Seit einigen Jahren aber wächst der Markt wieder, wenngleich nur moderat.

Von 2015 bis einschließlich 2017 ist der Umsatz mit Phytopharmaka um insgesamt 6,8 Prozent gestiegen.[1]

2017 generierten rezeptfreie Phytopharmaka in Deutschland einen Umsatz von 1,48 Milliarden Euro.[2] Im Vergleich mit dem gesamten Pharmamarkt, der im selben Jahr 41,5 Milliarden Euro umsetzte, ist der Anteil der Phytopharmaka mit rund drei Prozent allerdings gering.[3]

Phytopharmaka
1,48 Milliarden Euro

Pharmamarkt
41,5 Milliarden Euro

Auch im Gesamtmarkt der OTC-Medikamente belegen Phytopharmaka nur eine Nische. Insgesamt verzeichnet der Markt für rezeptfreie Arzneimittel, Medizinprodukte, Nahrungsergänzungsmittel und Kosmetika im Jahr 2017 einen Umsatz von 12,9 Milliarden Euro.[4]

_____[1] Quelle IQVIA 2017 Apothekenmarkt Entwicklung Phytopharmaka.

_____[2] Ermittelt vom BPI auf Basis der Apothekenverkaufspreise.

_____[3] Quelle IQVIA Marktbericht 2017.

_____[4] Quelle QuintilesIMS 2017.

Im Jahr 2017 wurden mehr als 120 Millionen Packungen mit Phytopharmaka verkauft, das entspricht etwa jeder zwölften in der Apotheke verkauften Arzneimittelpackung. Auch bei den Absatzzahlen von Phytopharmaka zeigt sich für die vergangenen Jahre ein positiver Trend:

Absatzentwicklung Phytopharmaka 2013–2017[5]

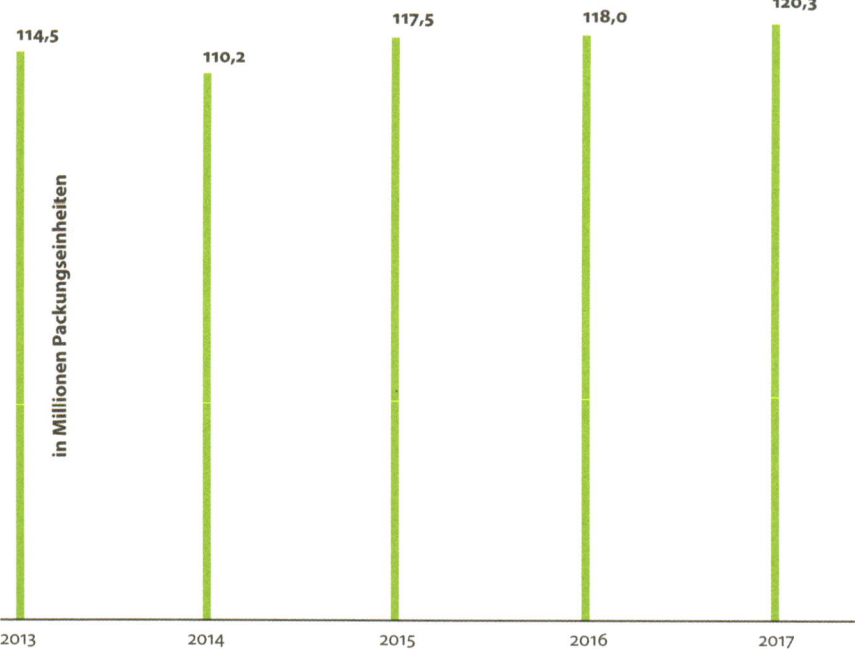

85 Prozent des Umsatzes mit Phytopharmaka werden mit Selbstmedikation erwirtschaftet, 15 Prozent gehen auf ärztliche Verordnung zurück.[6]

_____[5] Quelle: BPI, Pharmadaten 2016.
_____[6] Quelle: BPI, Pharmadaten 2016.

Die Top Ten der umsatzstärksten Anwendungsgebiete von Phytopharmaka auf dem deutschen Apothekenmarkt 2017[7]

In Millionen Euro

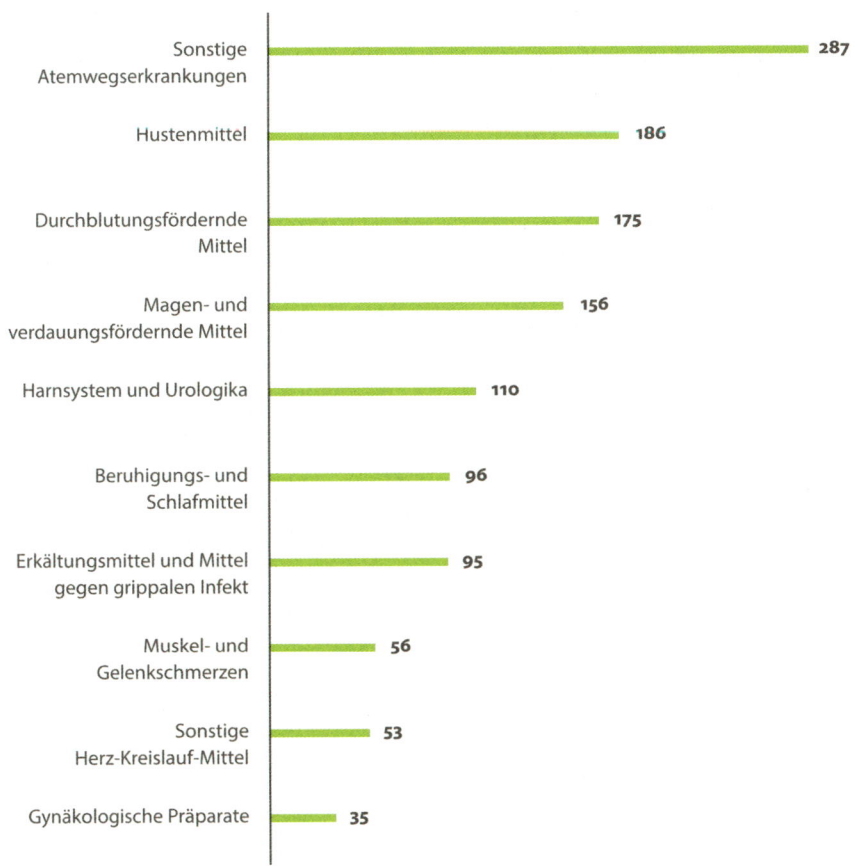

Sonstige Atemwegserkrankungen	287
Hustenmittel	186
Durchblutungsfördernde Mittel	175
Magen- und verdauungsfördernde Mittel	156
Harnsystem und Urologika	110
Beruhigungs- und Schlafmittel	96
Erkältungsmittel und Mittel gegen grippalen Infekt	95
Muskel- und Gelenkschmerzen	56
Sonstige Herz-Kreislauf-Mittel	53
Gynäkologische Präparate	35

_____[7] Quelle: Statista.

Die Top Ten der umsatzstärksten Hersteller von Phytopharmaka[8]

Apothekenmarkt und Versandhandel

1. Dr. Willmar Schwabe GmbH & Co. KG
2. Bionorica SE
3. Bayer Vital GmbH
4. Klosterfrau Healthcare Group
5. Engelhard Arzneimittel GmbH & Co. KG
6. G. Pohl-Boskamp GmbH & Co. KG
7. Hexal AG
8. Ratiopharm GmbH
9. Schaper & Brümmer GmbH & Co. KG
10. MEDA Pharma AB

2017 erreichten die fünf führenden Phytohersteller mit einem kumulierten Umsatz von rund 800 Millionen Euro einen Marktanteil von etwa 50 Prozent in Deutschland. Die darauffolgenden fünf Unternehmen der Top Ten erzielten gemeinsam einen zusätzlichen Umsatz von rund 230 Millionen Euro und repräsentieren damit lediglich noch weitere 14 Prozent des deutschen Marktes. Die Marktteilnehmer sind mit wenigen Ausnahmen mittelständische Unternehmen.

Die Top Ten der erfolgreichsten phytopharmazeutischen Produkte im Apothekenmarkt 2019[9]

1. Sinupret® Bionorica SE
2. Iberogast® Bayer Vital GmbH
3. Tebonin® Dr. Willmar Schwabe GmbH & Co. KG
4. GeloMyrtol® G. Pohl-Boskamp GmbH & Co. KG
5. Prospan® Engelhard Arzneimittel GmbH & Co. KG
6. Bronchipret® Bionorica SE
7. Gingium® Hexal AG
8. Soledum® Kapseln Klosterfrau Healthcare Group
9. Bronchicum® Thymian Klosterfrau Healthcare Group
10. Umckaloabo® Dr. Willmar Schwabe GmbH

Europaweit liegt Deutschland im Bereich der Phytopharmaka mit 40 Prozent Marktanteil und rund sieben Milliarden Euro Gesamtumsatz an erster Stelle, gefolgt von Frankreich.[10]

_____[8] Quelle: IQVIA 2018 GesundheitsMittelStudie Apotheke.
_____[9] Quelle: IQVIA 2019.
_____[10] Quelle: BPI, Pharmadaten 2016.

Marktaussichten für Phytopharmaka

Der deutsche Markt für Phytopharmaka ist hoch entwickelt und europaweit führend, seine Potenziale sind aber längst nicht ausgeschöpft.

Immer mehr Deutsche vertrauen beim Thema Gesundheit auf pflanzliche Arzneimittel, die nachgewiesen wirksam, aber dennoch nebenwirkungsarm sind.

Durch das wachsende Gesundheitsbewusstsein der Bevölkerung und ihr steigendes Interesse an Naturprodukten ergeben sich für Phytopharmaka große Wachstumschancen und hohe Ansprüche an die Entwicklung neuer Produkte.

Das Innovations- und Wachstumspotenzial des Phytopharmaka-Marktes zeigt sich auch in der Erweiterung der Produktpalette der meisten Anbieter in den letzten Jahren. So beziehen beispielsweise neueste Ansätze in der Onkologie mittlerweile Phytopharmaka ein.

Der deutsche Phytopharmaka-Markt erschließt zunehmend auch neue Wachstumsmärkte jenseits von Europa. Internationalisierung ist für viele Hersteller von immer größerer Bedeutung.

»OHNE PFLANZEN KÖNNEN WIR NICHT ÜBERLEBEN«

Pharmazeutin MARGIT SCHLENK *über ihre Faszination*
für Phytopharmaka

Wie man Apothekerin mit einer Affinität zur Phytomedizin wird? Ganz einfach, indem man auf dem Land aufwächst, naturverbundene Eltern hat und frühzeitig begreift, dass die Genesung des Menschen ohne die Natur nicht möglich ist. In meiner Kindheit kamen die Lebensmittel aus dem eigenen Garten; meine Mutter stellte auf der Basis von Primeln Tees her, aus Schlehen wurde Likör gemacht; mit dem Vater habe ich Pilze gesammelt.

Für die Genesung eines organischen Systems brauchst du eine organische Heilweise. Und die beruht eben auf der Pflanzenheilkunde. Dass ich Apothekerin werden wollte und nicht Lehrerin wie meine beiden Schwestern, war naheliegend. Obwohl ich als Apothekerin für meine Kunden auch als Lehrerin fungiere. Die Pharmazie verbindet Natur, Medizin und Lehramt. Dieser Kontakt zum Menschen ist mir sehr wichtig. Auf eine akademische Karriere habe ich bewusst verzichtet. Ich wollte nicht aus dem Elfenbeinturm heraus agieren.

Als ich in den Achtzigerjahren studierte, genoss die Phytomedizin wenig Ansehen. Im Studium fiel das unter Botanik. Man bekam ein paar Basisinformationen über die Stammpflanze und ihre Inhaltsstoffe. Das war's. In der Pharmazie hat man mit veralteten Monografien gearbeitet. Heute ist das anders. Jede Apotheke hat inzwischen viel mehr Expertise und Kompetenz auf diesem Gebiet. Um diese Entwicklung weiter voranzutreiben, halte ich Vorträge und arbeite als Dozentin bei der Ausbildung von Phytopharmazeuten und ihren Mitarbeitern.

Ich will den Menschen beim verantwortungsvollen Umgang mit pflanzlichen Arzneimitteln im Alltag möglichst intensiv begleiten. Dazu gehört nicht nur eine Phytothek in meinen beiden Apotheken. Dazu gehören Pilz- und Kräuterwanderungen für meine Kunden, aber auch Cremes mit Tinkturen, die ich selbst herstelle. Bittersüßstängelextrakt[1] hilft gegen Hauterkrankungen und Ekzeme. Ballonrebe[2] gegen Entzündung. Wir machen auch ätherische Öle, zum Beispiel ein Aloe-vera-Öl mit Thymian, Salbei und Koriander.

Der Mensch ist ein komplexes Gebilde, dessen Gesundheit von Ernährung, Bewegung, Geist und Resilienz abhängt. Pflanzliche Inhaltsstoffe finden im menschlichen Körper Rezeptoren, an denen sie auf natürliche Weise andocken können. Ohne Pflanzen könnten wir nicht überleben. Überall auf der Welt hat die Nutzung von Heilpflanzen deshalb Tradition. Und am besten können wir das verstoffwechseln, was wir schon seit Jahrhunderten kennen. Deshalb vertragen wir Flavonoide in hoher Dosis. Japanerinnen haben weit weniger Brustkrebs als Europäerinnen oder Amerikanerinnen, weil sie viel Soja essen und einen ganz anderen Lebensstil haben. Mir geht es darum, so viel Wissen als möglich über Heilpflanzen zu vermitteln.

Apothekerin ist ein herausfordernder Beruf. Du musst medizinisch-pharmazeutisch gebildet sein. Du musst wirtschaftlich denken können, kommunikativ sein. Du musst Personalführung beherrschen, vielseitig interessiert und flexibel sein, um auf die Bedürfnisse deiner Kunden eingehen zu können. Wenngleich sich die Bedürfnisse der Kunden nicht wirklich geändert haben. Der Kunde will Heilung. Krank sein macht Angst. Angst haben ist das Gegenteil von Sicherheit. Mit der Heilung gebe ich den Menschen ihre Sicherheit zurück.

Die Menschen sind froh, wenn ihnen etwas Pflanzliches angeboten wird. Entscheidend ist für mich allerdings, dass wissenschaftliche Studien die Wirksamkeit der Phytopharmaka belegen. Darum geht es: Nicht nur verträglich soll es sein, sondern auch wirksam.

Margit Schlenk betreibt Apotheken in Nürnberg und Neumarkt in der Oberpfalz.

_____[1] Solanum dulcamara.

_____[2] Cardiospermum halicacabum.

»HERVORRAGENDE ERGEBNISSE«

DR. JÜRGEN PALM *über klinische
Studien zu Sinupret®*

Das Potenzial von Heilpflanzen wurde mir erstmals 1983 bewusst. Das war während eines Studienpraktikums in einer Klinik in Machame am Südwesthang des Mount Kilimandscharo. Malaria stellte damals in Tansania eines der größten Gesundheitsprobleme dar. Die gängigen Medikamente zeigten aufgrund einer raschen Resistenzentwicklung keine ausreichenden Wirkungen. Malaria verlief häufig tödlich. Bis man die heilsame Wirkung von Artemisia annua, dem Einjährigen Beifuß, bei Malaria entdeckte. Ein deutscher Arzt hatte damals eine Methode entwickelt, um aus Regenwasser Infusionslösungen herzustellen. Meine Aufgabe war die Durchführung der Qualitätskontrollen.

Welche Erkenntnis! Da gibt es eine Heilpflanze mit einer guten medizinischen Wirkung, die verträglich ist und keine Resistenzen aufweist. Das war der Knackpunkt in meiner Wahrnehmung von Heilpflanzen. In meinem Studium war es nur um chemisch-synthetische Präparate gegangen. Phytopharmaka spielten keine Rolle. In den Achtzigerjahren wurden sie allenfalls belächelt. Nach meiner Rückkehr aus Tansania entwickelte ich ein ausgeprägtes Interesse an Sinupret®. Als Hals-Nasen-Ohren-Arzt kommt man um Sinupret® nicht herum. Was Tempo® beim Papiertaschentuch oder Nivea® bei der Handcreme ist Sinupret® bei Erkältungen und den folgenden Problemen für die Nase.

Ich habe dann an einer Reihe von Fortbildungen teilgenommen, Seminare besucht, immer mehr gelernt und festgestellt: Das ist ein super Produkt. Einziges Manko: Es erschien mir unterdosiert. Durch Sinupret® extract wurde dieses Problem meines Erachtens schließlich gelöst. Zudem hält Bionorica hervorragende medizinische Fortbildungsveranstaltungen ab. Die Referenten sind alle fachspezifisch geschult. Meist dozieren renommierte Wissenschaftler. Im Zentrum stehen nicht die Produkte der Firma, sondern Themen von allgemeinem wissenschaftlichen Interesse. Mikrobiom. Antibiotikaeinsatz. Welche Präparate können welche Resistenzen nach sich ziehen? Wie können wir diese Inhalte an Kollegen weitergeben?

Inzwischen bin ich Partner in zwei HNO-Praxen. Erkältung und Probleme mit Nasennebenhöhlen bilden einen Schwerpunkt. Es geht fast immer um die üblichen Symptome: Schleimfluss, behinderte Nasenatmung, Kopfdruck, Kopfschmerz, Geruchsverlust. Vor 20 Jahren kam ein Dienstleister, der Studien im Auftrag von Pharmaunternehmen macht, auf uns zu. Er fragte, ob wir an einer klinischen Studie zur Rhinosinusitis teilnehmen wollten. Wir haben das Studienprofil geprüft, ob wir genügend Patienten haben, und letztlich zugesagt.

Inzwischen haben wir an groß angelegten klinischen Studien teilgenommen. Sie sind normalerweise doppelverblindet, keiner weiß, was der Proband bekommt, nicht in der Verum-, nicht in der Placebogruppe. An unserer letzten Studie haben insgesamt 600 Patienten teilgenommen. Anhand der Entwicklung der Beschwerden können Sie dann die Wirksamkeit eines Medikaments im Vergleich zum Placebo messen. Die seit vielen Jahren hervorragenden Ergebnisse von Sinupret® bei klinischen Studien untermauern die Erfolgsgeschichte dieses Produktes.

Phytopharmaka haben viel mehr Aufmerksamkeit und Anerkennung verdient. Wie schwer sie es haben, zeigt die erwähnte Geschichte aus Tansania. Mit viel Mühe wurde ein Extraktionsverfahren etabliert und eine Produktionsstätte in Moshi eingerichtet. Dann wurde das Projekt gestoppt. Ein großer Pharmakonzern hatte dagegen geklagt.

Dr. Jürgen Palm ist spezialisiert auf Hals-Nasen-Ohren-Heilkunde und betreibt zusammen mit Dr. Uta Konzelmann-Hadjichrysanthou zwei Arztpraxen in Röthenbach an der Pegnitz und Lauf an der Pegnitz.

DIE BESSERE ALTERNATIVE

DR. MICHAEL HUBMANN *über die Anwendung von Phytopharmaka bei Kindern*

Ich bin seit 2002 als Kinder- und Jugendarzt mit eigener Praxis tätig, Schwerpunkt Neuropädiatrie. Natürlich haben wir auch das ganze Alltagsgeschäft, darunter häufig virale Infekte. Wenn Kinder mit Husten und Schnupfen zu uns kommen, erklärt man den Eltern natürlich, dass ein Virusinfekt in aller Regel vom Immunsystem selbst erledigt werden kann. Was von alleine kommt, geht von alleine. Nach Hause gehen, viel trinken, eine Woche warten und alles wird gut.

Die emotionale Bereitschaft, diese Empfehlung anzunehmen, ist bei vielen Patienten nicht gegeben, vor allem, wenn es um Kinder geht. Als Arzt habe ich mehrere Möglichkeiten: Ich kann chemisch-synthetische Arzneimittel verordnen. Wenn ich das aber aufgrund der fehlenden Wirkungsnachweise nicht will, dann sind Phytopharmaka die bessere Alternative. Nach dem Motto: 90 Prozent der Heilung erledigt der Körper selbst, und zur Verkürzung der Krankheitsdauer verordne ich einen pflanzlichen Hustensaft. Bei Kindern bis zwölf Jahren kann das sogar »zulasten der gesetzlichen Krankenversicherung rezeptiert« werden, wie es in deutscher Bürokratensprache heißt.

Aufgrund der Vielzahl und Häufigkeit der Infekte, die Kinder haben, müssen wir Kinder- und Jugendärzte uns mit dieser Thematik täglich auseinandersetzen. Dabei sind wir einer Reihe von Zwängen ausgesetzt. Ärztliche Verordnungen müssen laut geltender Rechtsprechung zweckmäßig, wirtschaftlich und ausreichend sein. Das bedeutet, der Arzt darf seine Verordnung nicht danach bemessen, ob sie gut oder am besten für den Patienten geeignet ist. Sie darf eben nur ausreichend sein. Von der optimalen Therapie ist man da im Alltag oft weit entfernt. Hinzu kommt, dass uns der Gesetzgeber vorschreibt, ein bestimmtes Budget nicht zu überschreiten. Deswegen bevorzugen manche Kollegen ein günstigeres chemisch-synthetisches Präparat trotz der fehlenden Wirknachweise. Ich persönlich favorisiere hier eindeutig pflanzliche Arzneimittel wie beispielsweise Bronchipret®.

Die letzte Entscheidung liegt jedoch immer bei den Eltern. Manche sagen: »Das Kind soll etwas Gescheites bekommen.« Und meinen damit häufig Antibiotika, oft weil sie nicht wissen, dass ein Antibiotikum nicht gegen Fieber, Husten oder Viren wirkt. Antibiotika sind wichtige Medikamente, die bei bakteriellen Infekten immer ihren Platz haben werden, bei Virusinfekten sind sie nutz- und wirkungslos. Auch homöopathische Präparate werden oft gefordert. Das ist für mich schwierig, da sich mir die Logik hinter Globuli nicht wirklich erschließt. Mir fehlt die wissenschaftliche Begründung. Die Evidenz der Phytomedizin ist inzwischen hinreichend nachgewiesen. Diesbezüglich hat sich in den letzten 20 Jahren enorm viel getan.

Die Natur ist in der Wahrnehmung der Menschen generell etwas Gutes. Sie ist damit positiv besetzt. Wenn ich das noch wissenschaftlich begründen kann, erleichtert das meine Kommunikation mit den Eltern. Dass wir als Kinderärzte in dieser Position sind, liegt nicht zuletzt an Unternehmen wie Bionorica und ihrem Einsatz für Forschung und Wissenschaft. Daneben interessiert mich die Geschichte von Bionorica und Professor Popp. Ein Mittelständler, der höchste Ansprüche an Qualität stellt, der sich für die Pflanzenheilkunde allgemein einsetzt und nicht nur für seine persönlichen Interessen – das finde ich faszinierend. Das Wichtigste für meinen Alltag ist, dass man von den Produkten überzeugt ist. Als Arzt musst du überzeugt sein von dem, was du tust. Ohne Überzeugung bist du nicht glaubwürdig.

Dr. Michael Hubmann betreibt mit Dr. Stefanie Batz eine Praxis für Kinder- und Jugendmedizin mit Schwerpunkt Neuropädiatrie in Zirndorf.

KAPITEL DREI

aller anfang ist turbulent

*Die Neunzigerjahre stellen Bionorica vor
zahlreiche Herausforderungen*

Auf www.bionorica.de findet sich unter der Rubrik »Unternehmens-
geschichte«, Zwischentitel »Fortschritt und Forschung«, die Passage:

*Prof. Dr. Michael A. Popp, der Enkel des Firmengründers, übernimmt 1988
die Geschäftsführung der Bionorica-Produktion. Gleichzeitig zieht das
Unternehmen von Nürnberg nach Neumarkt in der Oberpfalz. 1989 wird
Prof. Popp auch Geschäftsführer der Bionorica GmbH. Der damals 29-
jährige Pharmazeut setzt den eingeschlagenen Weg des Familienunter-
nehmens konsequent fort und beginnt mit intensiver Forschung in den
Bereichen Anbau, Analytik, Pharmakologie, Toxikologie und Klinik.*

Es ist eine harmlose Umschreibung für das, was sich tatsächlich ab-
spielt. Der junge Unternehmer hat hohe Ansprüche und viele Baustellen.
Die Produktion in Neumarkt muss völlig neu konzipiert und ausgestattet werden. Popp muss in den Heilpflanzenanbau investieren, um
die Qualität seiner Produkte zu stabilisieren; er muss das Sortiment
bereinigen und gleichzeitig neue Produkte entwickeln; er braucht neue
Märkte, mit Deutschland alleine kann Bionorica nicht signifikant wachsen. Gleichzeitig muss das Konstrukt der Bionorica GmbH, zu der ein
Papierhersteller und ein Glas- und Spiegelverarbeiter gehören, umge-
baut werden.

Das alles passiert, während der Verlust der Zulassung für sämtliche
Bionorica-Produkte droht, bedingt durch das 1978 in Kraft getretene
Arzneimittelgesetz (AMG). Insbesondere die Zulassung von Sinupret®
ist entscheidend für Bionoricas Fortbestand als Pharmaunternehmen
(siehe »In letzter Minute«, Seite 73). Die Neunzigerjahre sind für Bionorica folglich eine turbulente Zeit. Mittendrin ein Jungunternehmer,
der nebenher auch noch eine Doktorarbeit abschließt. Dass am Ende

alles gut ausgeht, ist das Ergebnis von Fleiß, Mut und vielen richtigen Entscheidungen. Ein paar glückliche Fügungen sind auch dabei. Popps Erklärung ist simpel: »Ich musste einfach machen, jeden Tag Vollgas, mir blieb keine andere Wahl.« Eine Rekonstruktion in acht Erzählungen.

1. Neue Technik

Bionoricas Umzug nach Neumarkt beginnt im Sommer 1988. Zunächst werden die Perkolatoren und Extraktoren aus Nürnberg in das neue Gebäude an der Kerschensteinerstraße verfrachtet. Anschließend werden Edelstahltanks und Abfüllanlagen montiert, Rohrleitungen verlegt. Doch das ist erst der Anfang. Es fehlen Filtrationsanlagen und Massendurchflussmesser. Eine Qualitätskontrolle muss eingerichtet werden.

Zum Glück entscheiden sich die wichtigsten Mitarbeiter der Produktion, Popp von Nürnberg nach Neumarkt zu begleiten. Wer täglich mit dem Zug kommt, kann am Bahnhof in einen Firmenbus umsteigen, auch Taxifahrten werden anfangs noch erstattet. Einige Mitarbeiter erhalten Firmenwagen. Popp selbst zieht derweil in die Hausmeisterwohnung über der Produktion.

Trotzdem fehlt Personal, vor allem im Labor. Gesucht werden Chemielaboranten, Biologen, Pharmazeuten, Biochemiker, auch Mediziner. Schließlich kämpft Bionorica um Zulassungen für seine Produkte. Das Bundesgesundheitsamt (BGA)[1] fordert für

_____[1] Das **Bundesgesundheitsamt** wurde 1952 mit Sitz in Berlin gegründet. Es fungierte als zentrale staatliche Forschungseinrichtung der Bundesrepublik Deutschland auf dem Gebiet der öffentlichen Gesundheit. Die Behörde hatte den Auftrag, gesundheitliche Risiken für Mensch und Tier möglichst früh zu erkennen, diese zu bewerten und im Rahmen ihrer gesetzlichen Kompetenzen einzudämmen. Am 30. Juni 1994 wurde sie aufgrund eines Skandals um HIV-verseuchte Blutpräparate aufgelöst.

die Neuzulassung Nachweise für pharmazeutische Qualität, Wirkung, toxikologische Unbedenklichkeit und Wirksamkeit. Neumarkt braucht dafür eine komplett neue Geschäftsstrategie.

Für Erfolg versprechende Dossiers braucht es hochspezifische Analytik. Pflanzliche Wirkstoffe sind Vielstoffgemische. Um ihre qualitative Zusammensetzung zu bestimmen, wird die bestmögliche Technik für Dünnschichtchromatografie angeschafft. Für die quantitative Prüfung wird mit Gas- und Hochdruckflüssigkeitschromatografen gearbeitet. Der Natur auf die Spur zu kommen, ist teuer. Die damalige Leiterin Analytik, Gudrun Abel, sagt: »Eine solche hochwertige Ausrüstung war nicht selbstverständlich für eine Phytofirma.«

Doch Popp weiß, was er tut. Für ihn hat Bionorica ohne Hightech keine Zukunft. Schon im März 1988 formuliert er das Ziel, über Vakuumverdampfung Trockenextrakte herzustellen. Ihr Wirkstoffgehalt wäre gegenüber liquiden Extrakten oder Dragees deutlich höher. Ein visionärer Ansatz, den Bionorica mit Sinupret® extract viele Jahre später tatsächlich verwirklicht.

2. Neue Produkte

Nacht in Neumarkt. Stockfinster die Kerschensteinerstraße. Nur in Bionoricas Hausmeisterwohnung brennt noch Licht. Als Popp die Geschäfte übernimmt, ist es noch erlaubt, Rezepturen von bereits registrierten Arzneimitteln zu verändern. So können arzneilich wirksame Bestandteile entfernt oder ersetzt werden. Aus komplizierten Kombinationsprodukten mit mehreren Wirkstoffen kann theoretisch ein Monoprodukt mit nur einem Wirkstoff werden. 126 000 registrierte pflanzliche Arzneimittel gibt es Anfang der

Neunzigerjahre in Deutschland. Zahllose Registrierungen stehen für einige Tausend Mark zum Verkauf. 10 000 davon arbeitet Popp nachts am Schreibtisch durch, eine Registrierung nach der anderen durchforstet er auf der Suche nach einer attraktiven Wirkstoffkombination oder einer Produktidee: »Ich kam mir vor wie Hewlett und Packard, während sie in ihrer Garage in Palo Alto die ersten Platinen zusammenlöten.«

Was Popp zusammenbastelt, ist nicht minder abenteuerlich. Aus einem Tee, der auf Kanadischem Blutwurz basiert, entsteht durch die Verwendung von Mönchspfeffer Bionoricas Agnucaston®. Aus einem Tee aus Taubnesselblüten wird über den Einsatz von Cimicifugawurzelstock das Präparat Klimadynon®. Bei einer Tinktur eliminiert Popp 23 von 25 Inhaltsstoffen, darunter Stechpalmenblätter, die giftig sind. Übrig bleiben Thymian und Efeublätter und die Rezeptur für Bronchipret® Hustensaft. Bronchipret® Hustentropfen basieren auf der Rezeptur einer Apotheke in Baden-Baden, Bronchipret® Dragees auf der Rezeptur eines gewissen Dr. Achtellik, wobei Popp hier Thymian mit Primelwurzel kombiniert.

Seine Marketingleute sagen, Bionorica brauche kein Bronchipret®, weil Sinupret® auch gegen Husten helfe. Popp widerspricht energisch und setzt sich durch. »Du musst wissen, was Pflanzen leisten, und du musst das Potenzial von bestimmten Kombinationen erkennen können.« Analysedaten, die seine Schlussfolgerungen erhärten, hat er damals nicht. Sie werden mitunter ersetzt durch Intuition. Nicht nur bei Bronchipret® sollte sich diese als genial erweisen.

Popps nächtlicher Eifer sorgt nicht für Begeisterung im Labor. Schließlich müssen nun zusätzliche Zulassungen erwirkt werden. Dabei wird schon pausenlos am bestehenden Sortiment gearbeitet.

Mitte der Neunzigerjahre sind immer noch Dutzende von Bionorica-Produkten im Umlauf. Priorität hat Sinupret®, auch Mastodynon® oder Canephron® will Popp nicht aufgeben. Doch das BGA gibt gnadenlos Termine, sogenannte Taktaufrufe, für die Einreichung von Unterlagen vor. Nicht nur einmal muss Laborchefin Gudrun Abel den Chef vor eine schwierige Entscheidung stellen: »Ich habe hier drei Produkte; um zu den vorgegebenen Terminen eine ausreichende Datenlage zu erarbeiten, müssen wir uns auf zwei konzentrieren. Welches Präparat sollen wir zurückstellen?« Bionorica-Klassiker wie Betulum, Noricaven oder Laxafix finden so ihr Ende.

3. Neue Märkte

1990 bekommt Popp Besuch von Richard Kahnt, der lange für den Vertrieb eines deutschen Pharmaunternehmens in Asien tätig war. »Er fragt mich«, so Popp, »ob ich interessiert wäre, Exportmärkte zu entwickeln.« Was sich wie ein Einzelfall anhört, wird schon bald zur Routine. Immer wieder wird Popp von Leuten aus der Branche aufgesucht und mit mehr oder weniger konstruktiven Ideen konfrontiert. Die des Asienkenners hört sich auch deswegen gut an, weil zwei weitere Pharmahersteller sich an einem gemeinsamen Vertrieb beteiligen würden.

Fortan bereisen Popp und Kahnt den Kontinent, um Geschäftskontakte zu knüpfen und Zulassungen zu erwirken. Indien, Pakistan, Philippinen, Indonesien, Singapur, China, Japan. Die ersten Erfolge stellen sich in Südkorea ein, wo Bionoricas Produkte zugelassen werden und gut ankommen. Die Reisen verlaufen meist nach dem gleichen Schema. Ankunft am frühen Abend. Ab ins Hotel. Vorbereitung auf die anstehenden Termine. Treffen mit Behörden und Vertriebspartnern am nächsten Morgen. Mittagessen und danach wieder zum Flughafen und weiter ins nächste Land. Im Flugzeug werden wieder Unterlagen gewälzt. Um danach ein bisschen schlafen zu können, gewöhnt Popp sich an, Rotwein zu trinken. Aus der Gewohnheit sollte bald eine große Leidenschaft werden.

1992 steht wieder jemand vor Popps Schreibtisch. Ein gewisser Doktor Günther offeriert seine Pharmakontakte in Osteuropa und der Sowjetunion. Selbe Prozedur wie in Asien. Nur dass diesmal neben dem Flugzeug auch Günthers alter Mercedes zum Einsatz kommt und die Dienstreisen mitunter begleitet werden von nächtlichen Kontrollen bewaffneter Milizen und Besuchen in Eisenbahnwaggonwerken und Büros, in denen die Mitarbeiter schusssichere Westen tragen. Popp fühlt sich mitunter »wie in einem absurden Agentenfilm«.

Die gute Nachricht: Günther erreicht tatsächlich Zulassungen, zunächst in der Ukraine und in Russland, wo pflanzliche Arzneimittel eine lange Tradition haben. Dort ist in den Neunzigerjahren ein Weißdornpräparat das meistverkaufte Arzneimittel. Bionorica verkauft seine Produkte inzwischen auch in Österreich, der Schweiz, Dänemark, Schweden, Australien und etlichen asiatischen Ländern. Doch auf Osteuropa und Russland setzt Popp die größten Hoffnungen. Am 1. März 1997 wird ein Büro in Moskau eröffnet. Geschäftsführer Matthias Claus legt die Anreise von Neumarkt aus in einem VW Jetta, Tachostand 180 000 Kilometer, zurück.

Die neuen Märkte, insbesondere im Osten, haben Bionorica eine Zukunft gegeben. Als Unternehmen hätten wir uns auch ohne das Ausland einigermaßen entwickeln können, dafür hätte es gereicht. Wir

wären jedoch niemals das pharmazeutische Unternehmen gewor-
den, das wir sind, wenn in unseren Beipackzetteln gestanden hätte:
»Wird seit vielen Jahren traditionell zu diesem oder jenem Zweck ein-
gesetzt; dass es wirkt, wurde jedoch nie nachgewiesen.«

4. Doktor der Pharmazie

Zu Beginn des Herbstsemesters 1987 stellt sich bei Günther Bonn, Professor am Institut für Analytische Chemie und Radiochemie an der Universität Innsbruck, ein junger Deutscher vor. Er heißt Michael Popp, ist Pharmazeut und will promovieren. Bonn empfindet den Antragsteller »ambitioniert und wissbegierig«. Schon beim ersten Aufeinandertreffen entwickelt sich eine lebhafte wissenschaftliche Debatte. Man versteht sich. Bonn ist Österreichs jüngster Chemieprofessor und nur fünfeinhalb Jahre älter als Popp. Als er hört, dass der junge Mann demnächst ein Pharmaunternehmen leiten wird, wundert er sich. Erst recht, als dieser sich auch noch auf eine extrem komplizierte wissenschaftliche Aufgabe einlässt. Das Thema von Popps Dissertation ist die Kapillarelektrophorese. Darunter versteht man die Bewegung von Ionen in einem meist flüssigen Medium unter Einfluss eines elektrischen Feldes. Eine damals völlig innovative Technik. Sie eignet sich insbesondere für die Untersuchung des Inhaltsstoffmusters von Arzneidrogen und dabei speziell für wasserlösliche chemische Verbindungen. Um seine Tätigkeit bei Bionorica nicht zu vernachlässigen, forscht Popp meist nur an den Wochenenden in Innsbruck, was aber auch bedeutet, dass er praktisch an sieben Tagen rund um die Uhr arbeitet. Professor Bonn beobachtet den Dissertanten aufmerksam. Was er sieht, imponiert ihm: »Der weiß, was er will. Der zieht das beinhart durch. Der lässt sich nichts schenken.« Spannender Typ. Stur, stolz, diszipliniert, leidensfähig. Bonn nimmt Popp zu wissenschaftlichen Events mit, aber auch in die USA, zur Yale University, wo er drei Jahre geforscht hat. Bonn wird zu Popps großem wissenschaftlichem Vorbild. Doch auch Bonn hat großen Respekt vor dem überaus talentierten Jungunternehmer. »Er hat alles, was er sich erarbeitet hat«, so Bonn, »sofort mit der Firma verbunden und genutzt – das hat mich besonders fasziniert.«

Als Michael Popp seine Dissertation 1991 fertigstellt, sind Lehrer und Schüler längst Freunde. Die private und berufliche Verbindung zwischen beiden sollte danach nie wieder abreißen.

5. Reinfall in der Puszta

Und schon wieder steht einer in Neumarkt auf der Matte. Diesmal heißt er Poláček und fragt, ob Popp nicht Interesse hätte, eine Firma für Heilpflanzenanbau zu gründen. Vor Glasnost, Perestroika und Mauerfall kamen viele Arzneipflanzen aus Jugoslawien und Osteuropa. Auch ungarische Ware hat damals einen guten Ruf. Als Popp einem Unternehmensberater davon erzählt, meint dieser: »Machen Sie das doch, damit decken Sie Ihren Bedarf, den Rest können Sie an die Konkurrenz verkaufen.« Wenig später steht die Firma Drogunion zum Verkauf. Sie liegt in einer der hintersten Ecken in der Puszta. Doch weil sie pleite ist, kostet sie nicht viel. Popp kauft Drogunion, wie er sagt, »für 'n Appel und 'n Ei.«

Die Sache fängt gut an. Tonnenweise Heilpflanzen werden geerntet und von Bionorica verarbeitet oder an andere Phytohersteller und die Kosmetikbranche verkauft. Doch tonnenweise Heilpflanzen ernten und verkaufen ist auf Dauer keine befriedigende Herausforderung. Mehr Wertschöpfung wäre nicht schlecht. Popp beschließt: »Wir machen Teemischungen, da bleibt mehr hängen, und das ist ein anspruchsvoller Markt.« Ein Design wird entworfen. Eine Teebeutelabfüllmaschine wird angeschafft. Doch schon bald gibt es Probleme. Irgendwas stimmt nicht. Poláček braucht ständig mehr Geld. »Ich habe ihn stundenlang gelöchert und nix kapiert, der hat bloß ohne Ende mit Zahlen rumgetrickst.«

Popp ist ein stringenter Denker. Er mag klare Ansagen. Leute, die labern, treiben ihn zur Weißglut. Also fährt er wieder in die Puszta und schaut sich die Produktion genauer an. Auch die Teebeutelabfüllmaschine inspiziert er sorgfältig. Zurück in Neumarkt erreichen ihn die nächsten Hiobsbotschaften aus Ungarn. Poláček ist schon wieder klamm. Wie Popp später erfahren wird, stand die imposante Teebeutelabfüllmaschine nur einen Tag bei Drogunion, ausgeborgt für seinen Besuch. 1998 ist Schluss. »Ich bin da fristlos raus«, sagt Popp, »und habe alles eingestampft.«

6. Glücksfall Mallorca

Etwa zur selben Zeit, als der Heilpflanzenanbau in Ungarn beginnt, ist ein Bekannter zu Besuch. Popp kennt den Mann, weil er mit alten Arzneimittelregistrierungen handelt. Doch sein Anliegen ist diesmal ein anderes. Der Mann erzählt, er habe einen Bekannten. Und der habe auf Mallorca Land gekauft und ein Haus gebaut. Er baue dort auch Heilpflanzen an. Die Insel eigne sich hervorragend dafür. Ob er, Popp, sich das nicht mal anschauen wolle? Er, sagt Popp, wolle sich Mallorca nicht anschauen. Billigtourismus. Ballermann. Bierbankschunkeln. Nicht sein Ding. Außerdem: »Wir machen Ungarn, was soll ich da auf Mallorca?«

Im Januar 1992 ist der Mann wieder da. Draußen alles kalt und grau. Trauriges deutsches Winterwetter. Also bucht Popp einen Flug nach Palma. Als er ankommt, blühen die Mandelbäume, die Sonne scheint, 20 Grad. In den Cafés kann man draußen sitzen. Popp trifft den Bekannten seines Bekannten. Der hat bereits einen Termin auf der Finca Sa Canova organisiert. Die Finca betreibt Agrarforschung und verfügt über eine Sammlung mallorquinischer Flora. Der Bürgermeister der Gemeinde Sa Pobla, zu der Sa Canova gehört, ist auch gekommen. Er versichert, die Finca stünde mit Rat und Tat, etwa bei Versuchen mit Heilpflanzen, gerne zur Verfügung.

Von wegen Putzfraueninsel. Popps Bekannter hat in dem kleinen Ort Petra ein jahrhundertealtes Haus renoviert. Er besucht es und ist begeistert. Er schaut sich die Insel genauer an und entdeckt idyllische Orte hinter den Bettenburgen von Palma. Und er verliebt sich in die Natur. Bei seinen Motorradausflügen stellt er fest: »Die Düfte der Insel sind außergewöhnlich; Mallorca riecht ganz besonders und sehr unterschiedlich.« 1993 kauft Michael Popp ein altes Dorfhaus in Ariany. 1994 erwirbt er eine Extraktionsfirma in Consell. 1995 beginnt Bionorica mit dem Heilpflanzenanbau auf Mallorca (siehe »Thymian ist nicht gleich Thymian«, Seite 83).

1999 entdeckt Popp einen heruntergekommenen landwirtschaftlichen Betrieb in der Nähe von Alaró. Er ist inzwischen ein großer Freund guter Rotweine. Und er ist keiner, der lange zaudert. Wenn ihm etwas gefällt, will er es haben. Wenn er eine Idee hat, dann will er sie auch umsetzen. Popp kauft das Anwesen mit Blick auf die Serra de Tramuntana, um ein Weingut aufzubauen.

7. Familie und Finanzen

Hans-Oskar und Ruth Popp haben drei Kinder: Michael, Jürgen und Gabriele. Als Michael, der Älteste, die Geschäftsleitung der Bionorica GmbH übernimmt, verpflichtet er sich zu einer monatlichen Apanage an seinen Vater und seine Tante Erna, die das Unternehmen vor ihm geleitet haben. Darüber hinaus zahlt Popp seine Schwester aus. In langwierigen Verhandlungen erwirbt er die Firmenanteile seiner Eltern und die von Erna Popp. Zusammen ergibt das einen zweistelligen Millionenbetrag.

Zur Bionorica GmbH gehören anfangs zwei weitere Betriebe: Die Zöllner-Wiethoff Papierverarbeitung, die Zöwie, Michael Popps Großvater mütterlicherseits, gegründet hat, sowie ein Glas- und Spiegelverarbeiter in Weiden. Für den Papierhersteller baut Popp 1991 eine neue Produktionsanlage in Coburg, wieder auf der grünen Wiese, wie schon bei Bionorica. Der Glas- und Spiegelverarbeiter ist hoffnungslos defizitär und muss abgewickelt werden. Popp: »Manchmal wusste ich nicht mehr, wo mir der Kopf steht.«

Die Bionorica GmbH finanziert drei Betriebe. Das summiert sich, zumal auch in Neumarkt in Gerät, Personal und Forschung investiert werden muss. Eine klinische Studie kostet mindestens eine Million Mark. Irgendwann wird es finanziell eng. 1993 und 1994 steht Popp kurz davor, die Gehälter verspätet zu zahlen. Er tut es nicht. »Unter mir soll niemand leiden.« 1995 überschreibt er seinem Bruder den Papierverarbeiter. Weil Bionoricas Geschäft stetig wächst, übernimmt er dessen Schulden. 1995 erwirtschaften 250 Mitarbeiter bereits 60 Millionen Mark Umsatz. Popp kauft eine Firma in Düsseldorf, die Spezialextrakte herstellt. Wieder ein Kredit. Als die Firma schließt, müssen die Anlagen in Neumarkt untergebracht werden. Das heißt Gebäudeerweiterung. Noch mehr Schulden. Schließlich will auch noch das Finanzamt eine Steuernachzahlung in Millionenhöhe.

Ende der Neunzigerjahre bin ich im Krisenmanagement meiner Hausbank. Du musst monatlich Bericht erstatten. Du darfst keine Privatentnahmen machen. Sie schicken dir auch immer wieder Gutachter, die sich wochenlang das Unternehmen ansehen und viel Geld kosten. Am Ende stellen sie fest: Die Firma hat keine Strategie, sie hat keine Innovationen, keine Perspektive. Und du bist derjenige, der keine Ahnung hat. In Wahrheit sind es die Gutachter, die das Unternehmen nicht verstehen und deshalb zu völlig falschen Schlüssen kommen. Irgendwann habe ich die Bank angerufen und gesagt: »Ich brauche einen Termin mit Eberhard Rauch.«

8. Alles wird gut

Im Sommer 1998 bekommt Eberhard Rauch, Vorstand Bayern Nord bei der HypoVereinsbank, einen Kreditakt auf den Tisch. Der Kommentar des zuständigen Bereichsleiters Kredit ist vernichtend. Dem zufolge ist Bionorica auf dem Weg in den Konkurs. Und tatsächlich, die Zahlen sehen nicht gut aus. Das Unternehmen hat mehr Schulden, als es Umsatz macht.

Wenngleich: Der Cashflow stimmt. Bionoricas Produkte verkaufen sich in Deutschland immer besser, und auch das neu etablierte Auslandsgeschäft entwickelt sich positiv. Die Bilanz für 1997 weist einen Umsatz von 75 Millionen Mark aus, die Umsatzprognose für 1998 liegt bei 85 Millionen. 1997 erhält Sinupret® die ersehnte Neuzulassung. Die wichtigste Säule des Produktportfolios ist nicht mehr in Gefahr, das lässt für die Zukunft hoffen.

Rauchs Fazit: »Das ist eigentlich ein gut gehendes Unternehmen.« Das Problem ist die Überschuldung, die vor allem außerhalb von Bionorica entstanden ist. Bei fehlender Liquidität und bescheidenen Vermögenswerten bedroht sie nun den Fortbestand der Firma. Sollte die Bank ihre Kredite kündigen und zur Rückzahlung fällig stellen, wären die »einzig substanziellen Assets« (Rauch) die Arzneimittelregistrierungen und ihre Rezepturen. Als Erstes würde logischerweise Sinupret® unter den Hammer kommen.

Während Rauch die Akte studiert, sagt er sich: »Den Namen kennst du doch.« Richtig, Hans-Oskar Popp war der Hausarzt seiner Mutter. Einmal bringt sie den kleinen Eberhard mit einer Mandelentzündung in seine Praxis. Danach ist die Mandelentzündung weg. Rauch kann sich noch gut an den netten Herrn Doktor erinnern. Umso gespannter ist er nun auf die Begegnung mit dessen Sohn.

Krisengespräch bei der HypoVereinsbank in Nürnberg. Rauch sagt: »Vor mir saß eine hoch spannende Person. Man spürte sofort: Das ist ein Unternehmer, kein Unterlasser. Er hat die Situation seiner Firma auch sehr genau verstanden und klare Vorstellungen für ihre Zukunft formuliert.« Der bei dem Gespräch von Rauch und Popp entwickelte Zukunftsplan sieht strikte Auflagen seitens der Bank vor. Rauch sagt: »Wir stehen das gemeinsam durch.«

Erst später wird Eberhard Rauch bewusst, wie dramatisch die Situation war, in der Michael Popp die Geschäfte bei Bionorica übernahm. »Wenn die Umstrukturierung der Firma und die Neuzulassung von Sinupret® nicht erfolgt wären«, so Rauch, »hätten wir die Lage des Unternehmens ganz anders bewerten müssen.«

IN LETZTER MINUTE

Über Sinuprets® dramatischen Weg
zur Neuzulassung 1997

aller anfang ist turbulent

Das schafft ihr nicht! Nicht mit einem Produkt wie Sinupret®! Die pharmazeutische Qualität, okay, die kann man aufzeigen, die toxikologische Unbedenklichkeit auch, die Wirkung geht vielleicht mit viel Aufwand. Aber die medizinische Wirksamkeit für jeden pflanzlichen Wirkstoff herleiten und dokumentieren? Kaum möglich. Und die Kombinationsbegründung – die werdet ihr sowieso nicht hinkriegen.

Sie hört die Argumente wieder und wieder. Egal, wo Gudrun Abel in der Pharmaszene auftritt – Kongresse, Informationsveranstaltungen, Arbeitsgemeinschaften der Phytohersteller –, immer die gleiche, frustrierende Suada. Eine Nachzulassung für Sinupret® nach dem neuen Arzneimittelgesetz (AMG)? »Alle sagten: Keine Chance!«

Lehrerin für Mathematik und Biologie. So lautet ihr Berufswunsch, als sie mit dem Studium beginnt. Als Hochschullehrerin mit Schwerpunkt Pharmazeutische Biologie schließt sie es ab. Während ihrer Zeit als Assistentin an der Universität Erlangen begegnet ihr Michael Popp als ein scheuer, zurückhaltender Student. 1988 trifft sie ihn als Juniorchef bei Bionorica wieder. Die neue Laborleiterin Analytik erhält den Auftrag, möglichst schnell relevante Daten für die Nachzulassung des Bionorica-Sortiments zu beschaffen.

Die Mission ist in etwa so aussichtsreich wie eine Besiedlung des Monds. »Als wir anfingen«, sagt Abel, »hatten wir praktisch nichts. Im Labor wurde noch nicht einmal konsequent nach dem *Deutschen Arzneibuch*[1] geprüft, sondern nach Hausmethoden.« Abel ist zuständig für

[1] Das **Deutsche Arzneibuch** (DAB) ist aus dem **Arzneibuch für das Deutsche Reich** hervorgegangen. Es enthält Regelungen zu Analyseverfahren oder Arzneidrogen, die im **Europäischen Arzneibuch** nicht behandelt werden, und beschreibt allgemeine Bestimmungen und pharmazeutische Verfahren. Darüber hinaus umfasst es Monografien, die Definitionen, Prüfverfahren auf Identität, Reinheit und Lagerungsvorschriften für Drogen und Chemikalien enthalten.

den Nachweis von Qualität, Stabilität und Haltbarkeit. Gefordert sind aber auch pharmakologische Nachweise zu Wirkung und Toxikologie. Die Wirksamkeit beim Patienten müssen klinische Studien erbringen. Für Sinupret® liegt diesbezüglich nur eine Studie von 1980 mit 39 Patienten vor. Wie es aussieht, werden die Kritiker recht behalten.

Die Aufgabe wäre weniger aussichtslos, handelte es sich bei Pflanzenauszügen nicht um Vielstoffgemische. Chemisch-synthetische Arzneimittel basieren stets auf demselben, zu 99,9 Prozent definierten Molekül. Das Wirkstoffmuster einer Pflanze hingegen ist extrem komplex und sieht bei jeder Pflanze zudem anders aus. Würde ein chemisch-synthetisches Arzneimittel einen Abdruck hinterlassen, wäre es ein fetter, eindeutiger Klecks. Ein pflanzliches Vielstoffgemisch ähnelte eher einem menschlichen Fingerabdruck oder einem Barcode.

Laut AMG müssen die Nachweise für jede im Arzneimittel enthaltene Heilpflanze in allen Bereichen gesondert erbracht werden. Hinzu kommt eine sogenannte Kombinationsbegründung. »Jede Pflanze«, so Abel, »muss in pharmakologischer Hinsicht für die Indikation wichtig sein, aber auch in der Summe einen Beitrag zur Wirksamkeit leisten.« Wird einer der geforderten Nachweise nicht erbracht, spricht das Bundesgesundheitsamt (BGA) eine Versagung der Zulassung aus. Ergo: Das Medikament muss vom Markt.

Sinupret® enthält arzneilich wirksame Bestandteile von fünf Heilpflanzen: Eisenkraut, Enzianwurzel, Holunderblüten, Ampferkraut und Schlüsselblumenblüten. In der Analytik gilt: Je mehr, umso aufwendiger. Weshalb sich die Frage stellt: Warum auf der Rezeptur beharren? Zumal es erlaubt ist, eine oder mehrere Bestandteile zu entfernen. Abel: »Wir fragten uns: Ist es das wert? Nicht nur wegen des Arbeitsaufwands, schließlich bedeuten mehr Wirkstoffe auch mehr Risiken für die Unverträglichkeit.« Juniorchef Popp entgegnet: »Mehr Wirkstoffe bedeuten auch mehr Chancen auf Heilung.« Am Ende bleibt die Rezeptur unverändert – anders als etwa bei Canephron®.

Zuständig für Zulassungen ist Anfang der Neunzigerjahre das Bundesinstitut für Arzneimittel. Um Phytopharmaka kümmert sich deren Kommission E. Ein Teil ihrer Zulassungen stützt sich damals noch auf Monografien. In der Pharmazie sind Monografien seit Langem verbreitet. Sie sind eine analytische Zusammenfassung der Eigenschaften, Identität, Reinheit und des Gehalts eines Arzneimittels. Auch Wirkung, Wechselwirkung und Kontraindikation werden beschrieben. Jeder Inhaltsstoff muss dabei den Anforderungen des Arzneibuchs entsprechen.

Die von der Kommission E publizierten Monografien gelten als Beleg für Wirksamkeit und Unbedenklichkeit, also auch stellvertretend für den pharmakologisch-toxikologischen und klinischen Teil der Zulassung. Bernd Andörfer, der damalige Leiter der Zulassungsabteilung bei Bionorica, sagt: »Sobald sie im Bundesanzeiger erschienen war, musste man – vereinfacht gesagt – keine weiteren Nachweise erbringen.« Damit lässt sich das Prozedere wesentlich verkürzen. Sinupret® ist Bionoricas mit Abstand umsatzstärkstes Produkt. Eine schnelle Zulassung ist überlebenswichtig. Ergo wird eine Monografie eingereicht.

Innerhalb der Kommission E gibt es zwei Gruppierungen. Eine hält Phytopharmaka für bessere Placebos; die andere gesteht freimütig, dass sie Produkte wie Sinupret® selbst benutzt und ihre Zulassung positiv bewertet. »Wenn man an den falschen Beamten geriet«, so Andörfer, »wurde man ordentlich getriezt.« Mängelbescheide fußen dann auf pharmakologischen Haarspaltereien. Für die Nachbearbeitung werden extrem kurze Fristen gesetzt. Mitunter wird sogar behauptet, die geforderten Unterlagen seien nicht eingegangen. Bionorica liefert seine Dokumente nur noch per Kurier und lässt die Zustellung quittieren.

Das Labor in Neumarkt ist inzwischen für einen Phytohersteller erstklassig ausgestattet. Zu diversen topmodernen Chromatografen kommt auch ein Messgerät für die Kapillarelektrophorese, eines der ersten, die in Europa eingesetzt werden. Abels Labor arbeitet nicht nur für die Zulassungsabteilung, sondern auch für den Heilpflanzenanbau. Auch hier wird unablässig getestet, um die geeignetsten Exemplare zu bestimmen, die dann gezüchtet und großflächig angepflanzt werden sollen. Es ist eine Wissenschaft für sich (siehe »Thymian ist nicht gleich Thymian«, Seite 83). In der Produktion muss der Herstellungsprozess validiert werden. Vor der Filtration, nach der Filtration, nach der Konfektionierung. Dichte, Alkohol, pH-Wert. Abel: »Einfache Chemie, aber viel Arbeit.«

Alle Informationen und Ergebnisse werden derweil in der Zulassungsabteilung bearbeitet. Komplexe EDV gibt es in Neumarkt damals noch nicht. Die PCs sind nicht vernetzt. Das Web 2.0 ist noch nicht in Sicht. Alle Kapitel werden gleichzeitig von mehreren Angestellten betreut, Änderungen per Diskette übertragen. Jeder Fehler kann zur Versagung einer Zulassung führen. Andörfer: »Stellen Sie sich vor, wir hätten zu Professor Popp gehen und ihm gestehen müssen, dass wir durch einen Lapsus ein Produkt verloren haben. Das durfte nicht passieren.«

Den gewaltigen Arbeitsaufwand belegen Andörfers Aktennotizen zur Nachzulassung von Sinupret®. Man muss wissen, dass es vergleichbare Aktennotizen zu mindestens einem Dutzend weiterer Produkte gibt, die im selben Zeitraum parallel bearbeitet wurden.

07.12.1989: Versand der Kurzfassung des Antrages auf Verlängerung der Zulassung zu Sinupret® Tropfen und Dragees.

15.01.1993: 18. Bekanntmachung BGA über die Verlängerung der Zulassung nach Artikel 3 § 7 AMNG: Takt 7. Einreichfrist 31. 8. 1993.

26.03.1993: Lieferung von Erkenntnismaterial zu Sinupret® und eines Monografieentwurfes zur fixen Kombination Sinupret® entsprechend dem Aufruf Nr. 44 zum Einreichen von wiss. Erkenntnismaterial zur Aufbereitung nach § 25 (7) AMG.

07.06.1993: Ergänzungen zum Schreiben vom 26.03.1993.

16.07.1993: Versand der Nachzulassungsdokumentation an das BGA.

21.03.1994: Versand der überarbeiteten Fassung des Gutachtens zur Qualität, das die bislang vorliegende Fassung ersetzt.

23.03.1994: Eingang der überarbeiteten Fassung des Gutachtens zur Qualität im BGA bestätigt.

20.12.1994: Versand der (Neu-)Zulassungsunterlagen für Sinupret® Dragees Bionorica, Sinupret® forte Dragees Bionorica und Sinupret® Tropfen Bionorica.

13.01.1995: Monografieentwurf der K(ommission) E zu »Fixe Kombination aus Enzianwurzel, Eisenkraut, Holunderblüten, Ampferkraut und Schlüsselblumenblüten mit Kelch«. Bestätigung, dass die K. E sich mit der Bionorica-Stellungnahme befasst hat und dass das Ergebnis vom BfArM in die Kombinationsbewertung eingearbeitet worden ist. Keine Publikation aufgrund des Inkrafttretens der 5. AMG-Novelle.

Mitte März 1994 stellt das Bundesministerium für Gesundheit den Inhalt der 5. AMG-Novelle vor. Diese widmet sich ausführlich der Nachzulassung von Arzneimitteln. Die in der 4. AMG-Novelle verfügten Erleichterungen für Antragsteller werden widerrufen. Wichtigste Gesetzesänderung: Laut Paragraf 105 ist die Zulassung eines Arzneimittels zu versagen, wenn die angegebene »therapeutische Wirksamkeit nach dem jeweils gesicherten Stand der wissenschaftlichen Erkenntnisse unzureichend begründet ist«. Andörfer sagt: »Das entsprach einer Umkehr der Beweispflicht, ohne Übergangsfrist musste nun das Pharmaunternehmen alle Nachweise erbringen.«

Ein Vierteljahr später wird das BGA aufgelöst. Aus dem Bundesinstitut für Arzneimittel wird das Bundesinstitut für Arzneimittel und Medizinprodukte (BfArM). Bionoricas bereits abgesegnete Monografie zu Sinupret® bei der Kommission E kommt nicht mehr zur Veröffentlichung. Das bedeutet in Verbindung mit Paragraf 105, dass Bionorica dringend klinische Studien zur Wirksamkeit von Sinupret® benötigt. Eine bereits vorliegende, 1994 veröffentlichte Studie mit 160 Angehörigen der Bundeswehr[2] reicht nicht. Die Zeit drängt. Ab Januar 1996 beträgt der Bearbeitungszeitraum für eine Zulassung nicht mehr drei Jahre, sondern 18 Monate. Dem BfArM liegen Ende 1994 noch etwa 38000 unbearbeitete Anträge vor.

_____[2] Eine **Untersuchung von 160 Angehörigen der Bundeswehr** mit akuter bakterieller Sinusitis ergab, dass Sinupret® eine Therapie mit Antibiotika und abschwellenden Nasentropfen signifikant verbessert (Neubauer, Nikki; März, Reinhard: **Phytomedicine**. *Elsevier Verlag, Amsterdam 1994, S. 177–81*).

aller anfang ist turbulent

Bionorica verstärkt seine Zusammenarbeit mit Auftragsforschungs-instituten[3]. Firmenchef Popp bemüht sich weiter um Kontakte zu renommierten Wissenschaftlern und Universitätskliniken. Für die Wende sorgen schließlich zwei Studien, die 1995 veröffentlicht werden. In der einen wird die antivirale Wirkung von Eisenkraut und Schlüssel-blumenblüten sowohl in den Pflanzen als auch in Sinupret® Tropfen nachgewiesen. In der anderen ist die antientzündliche Wirkung von Ampferkraut dokumentiert. Danach kommt Konstantin Keller, der beim BfArM für pflanzliche Arzneimittel zuständig ist, auf Popp zu: »Professor Keller empfahl die Neuzulassung für das gesamte Bionorica-Portfolio. Er sagte: ›Bei Nachzulassungen wissen Sie nie, ob und wann die Anträge bearbeitet werden, Neuzulassungen werden zeitnah bearbeitet und Sie erhalten zumindest Mängelbescheide, auf die Sie reagieren und aufbauen können; wichtig ist, dass das Verfahren erst einmal anläuft.‹«

Bionorica kann neben seinen neuen Daten aus der präklinischen und klinischen Forschung auch die Sinupret®-Monografie für den Antrag auf Neuzulassung nutzen. Die anfängliche Enttäuschung über sein Scheitern bei der Kommission E wird inzwischen als glückliche Fügung angesehen. Wäre die Monografie veröffentlicht worden, hätten sich andere Pharmaunternehmen auf sie beziehen und das Medikament damit kopieren können. Ohne Veröffentlichung ist das nicht möglich. Mal ganz abgesehen davon, dass Popp Monografien ohnehin für unsinnig hält: »Man kann damit ein Naturprodukt unmöglich erfassen und beschreiben.«

---

[3] Ein **Auftragsforschungsinstitut** – häufig auch als Clinical Research Organization (CRO) bezeichnet – übernimmt Aufgaben bei der Planung und Durchführung klinischer Studien. Es handelt sich hierbei um eine private Dienstleistung für die Pharmaindustrie, mit der die Forschung und Entwicklung von Arzneimitteln beziehungsweise Medizinprodukten unterstützt wird.

Schon bald trifft in Neumarkt ein Mängelbescheid des BfArM bezüglich der Neuzulassung von Sinupret® ein. Abgabetermin ist der 30. Dezember 1996. Eine Urlaubssperre wird verhängt. Abel sagt: »Ich habe alle Mitarbeiter zusammengetrommelt und gesagt: ›Wir arbeiten von heute an so lange auch an Samstagen, bis wir wissen, ob wir die Frist einhalten können.‹« Auch Andörfer ordnet dieses Vorgehen an. Jeder weiß, was die Zulassung von Sinupret® für die Existenz von Bionorica bedeutet.

Alle Mitarbeiter ziehen mit. Dennoch verläuft die Sache dramatisch. An Heiligabend wird bis zum Nachmittag gearbeitet. Am ersten Weihnachtsfeiertag werden alle Gutachten letztmalig abgestimmt. Am zweiten Weihnachtsfeiertag stellt Abel fest, dass die Mittelwerte in den Excel-Tabellen nicht stimmen. Ein Virus im Computersystem hat aus jeder 2 eine 5 gemacht. Ein IT-Fachmann muss kommen. In Andörfers Abteilung glühen fortan die Kopiergeräte. Tausende von Seiten müssen ausgedruckt werden. Stundenlang wird gelocht. In den Gängen stapeln sich die Leitz-Ordner.

Abel und Andörfer kommunizieren in diesen Tagen nur noch in Chiffren. »Kapitel 2.3.1, Seite 547, da müssen wir die Werte überprüfen.« Oder: »Referenzsubstanz 32, Datenbogen 3, Punkt 2.4.1, da gibt es eine Änderung.« Andörfer sagt: »Wir wussten genau, wo was steht.« Abel: »Wir haben uns blind verstanden.« Um 20 Uhr abends ist alles fertig, am nächsten Morgen macht sich der Kurier auf den Weg nach Bonn.

Wenn man Gudrun Abel fragt, wie so etwas möglich ist, antwortet sie: »Wir haben gesehen, wie hart Professor Popp gearbeitet hat in dieser Zeit, das war eine große Inspiration. Und er hat immer gesagt: ›Wir schaffen das! Wir schaffen das!‹ Das zieht einen mit, das begeistert. Diese Begeisterung konnten wir an unsere Teams weitergeben.«

Einige Monate später vermerkt Bernd Andörfer in einer Aktennotiz:

23.03.1997: Bestätigung von Dr. K., dass die für Sinupret® vorliegende Kombinationsbegründung als für ausreichend akzeptiert wurde. »Eine Versagung von Zulassungs- oder Nachzulassungsanträgen nach § 25 (5a) ist daher von uns nicht vorgesehen.«

Am 23. September 1997 wird Sinupret® als einem der ersten pflanzlichen Arzneimittel eine Neuzulassung erteilt; eine Reihe von weiteren Bionorica-Produkten sollte folgen.

THYMIAN IST NICHT GLEICH THYMIAN

Über Bionoricas Heilpflanzenanbau
auf Mallorca

aller anfang ist turbulent

Rosmarin. Rosmarin. Links, rechts, vorne, nichts als Rosmarin zwischen schwarzen Plastikplanen. Man schätzt die Fläche. 200 mal 300 Meter. Oder doch mehr? »Die gesamte Anbaufläche für Rosmarin«, sagt Pavel, »umfasst zehn Hektar.« Und weil er schon mal dabei ist, erklärt er, dass es sich hier um ausgewählte Sorten handele und die Plastikplanen das Mikroklima verbesserten. Höhere Temperaturen, weniger Verdunstung am Boden, geringerer Unkrautdruck. Diese Anbaumethode soll auch vor Insekten schützen, die das Feuerbakterium übertragen. Xylella fastidiosa befällt etwa 100 Pflanzenarten, darunter Weinreben, Oliven- und Obstbäume, aber auch Lavendel oder Rosmarin.

Pavel Patrovsky steht auf einem Feldweg bei Llubí. Hier, im Norden Mallorcas, liegt eine der größten von Bionoricas fünf Anbauflächen. Eine zweite ist gleich in der Nähe, eine dritte auf der Agrarfinca Sa Canova, ein paar Kilometer die Straße runter. Die anderen befinden sich bei Inca und außerhalb von Porreres. Sie umfassen insgesamt 88 Hektar, ihre Ernte wird im nahe gelegenen Consell aufbereitet und in Neumarkt zu Phytopharmaka verarbeitet. Während die meisten Heilpflanzen für Bionoricas Präparate aus unterschiedlichen Anbaugebieten überwiegend in Europa kommen, stammt etwa der Rosmarin für Canephron® zu 80 Prozent aus Mallorca.

Patrovsky, der für Bionoricas Gäste Heilpflanzenführungen macht, kann auch erklären, warum das so ist. In seiner Hand zerbröselt gerade ein Klumpen Erde. Terra rossa wird der rostbraune, lehmige Boden im Mittelmeerraum genannt. Obwohl humusarm, bildet er mit seinen Tonmineralien und Eisenoxiden eine fruchtbare Grundlage. Kalksteinrotlehm, so der deutsche Name, ist überall zu finden auf der Finca Vinagrella von Don Luis, von dem Bionorica das Land gepachtet hat. Auf dem Rückweg werfen wir einen Blick in den Innenhof seines imposanten Gutshofes. Dominiert wird er von einer majestätischen Steineiche, die einen gewaltigen Schatten wirft.

Mallorca also. 300 Tage Sonnenschein mit durchschnittlich mehr als neun Stunden. Heiße Sommer mit extrem wenig Niederschlag. Milde, fast frostfreie Winter. Dazu kaum Umweltbelastungen durch Industrie. Das waren überzeugende Argumente für Michael Popp, um 1995 auf der Ferieninsel mit dem Anbau von Heilpflanzen zu beginnen. Besonders gut gedeihen auf Mallorca Rosmarin, Thymian und Echinacea purpurea, der Purpursonnenhut. Aber auch Mönchspfeffer, Eisenkraut, Artischocke und Spanischer Pfeffer, vulgo Paprika, sind hier in ihrem Element.

Bionorica experimentiert damals bereits intensiv mit Heilpflanzen. Ziel ist, die Variante mit den bestmöglichen arzneilichen Inhaltsstoffen zu finden. Die im Handel erhältliche Ware ist von unterschiedlicher und häufig minderer Qualität. Das ist nur allzu naheliegend, denn Pflanze ist nicht gleich Pflanze. Ihr Chemoprofil hängt von vielen Faktoren ab: Welche Sorte, wo und auf welchem Boden gewachsen, gedüngt, nicht gedüngt, womit gedüngt? Höhe, Klima, Wetter haben einen Einfluss wie auch Erntezeitpunkt, Transport, Lagerung und Verarbeitung nach der Ernte.

Bei Wein kennt das Prinzip jeder. Bei Wein gilt es als selbsterklärend, dass Traube, Provenienz, Jahrgang und Reifeprozess für beträchtliche Unterschiede sorgen. Was bei Önologen begeisterte Debatten auslöst, stellt Phytohersteller vor ein Problem. Vorschriften zwingen sie, Produkte von gleichbleibender, exakt definierter Qualität herzustellen. Dazu gehört, dass der Gehalt von Inhaltsstoffen nur innerhalb einer minimalen Bandbreite schwanken darf.

Anschaulich demonstrieren lässt sich das bei Thymian, von dem es Hunderte von Arten gibt, die sich durch Aussehen, Geruch und Zusammensetzung ihrer Inhaltsstoffe unterscheiden. Die am häufigsten verbreitete ist Thymus vulgaris. Der Echte Thymian, Arzneipflanze des Jahres 2006, liefert eine Reihe von wertvollen ätherischen Ölen, die bei Katarrhen der oberen Luftwege, Bronchitis und Keuchhusten für Linderung sorgen. Ätherisches Thymianöl wirkt nachweislich antibakteriell und antiviral. Verantwortlich dafür sind überwiegend sechs Chemotypen: Geraniol, Linalool, α-Terpineol, trans-Thyanol-4-terpineol-4, Carvacrol und Thymol. Bionorica verwendet Thymian in Bronchipret®.

Angenommen man würde 30 Sorten Thymus vulgaris analysieren, dann würden sich sehr wahrscheinlich 30 unterschiedliche Inhaltsprofile ergeben. Die einen würden mehr Geraniol enthalten, die anderen mehr Linalool, andere sehr wenig Carvacrol, und bei einigen wäre der Thymol-Anteil höher als der aller anderen Chemotypen zusammen. Die Dünnschichtchromatografie stellt solche Profile mittels farbiger Zonen dar. Würde man, um im Bild zu bleiben, 30 Darstellungen nebeneinanderlegen, erhielte man ein völlig dissonantes Patchwork.

Gudrun Abel, die Anfang der Neunzigerjahre die Analytik bei Bionorica leitete, erinnert sich noch gut an die Suche nach den optimalen Heilpflanzen. Die Versuchspflanzen stammen von Samen aus aller Welt oder von Wildsammlungen. »Wir haben dann unterschiedliche Herkünfte auf kleinen Parzellen an unterschiedlichen Orten gepflanzt, in Ungarn, Deutschland, Österreich, Frankreich, auf Mallorca, wo auch immer. Das musste über einen Zeitraum von drei Jahren passieren, um vielfältige Wetterbedingungen zu haben. Von den besten Sorten wurde das Saatgut vermehrt oder wir haben – wo möglich – mit dem Klonen einer speziellen Heilpflanzensorte in Gewächshäusern begonnen.« Klingt plausibel, ist jedoch ein logistischer Albtraum. Bei Schlüsselblumen, so Abel, »hatten wir 105 verschiedene Herkünfte, das war eine Riesensuchaktion, bis wir unter den verblühten Pflanzen genau die mit den besten Laborwerten fanden, um das Saatgut einzusammeln«. Bei Mönchspfeffer gab es in einem Anbaugebiet drei Jahre mit völlig konträrem Wetter. Normal, sehr nass, sehr trocken. Genommen haben sie dann die Sorte, deren Werte im Durchschnitt am stabilsten waren. Und als das Anbauteam Schwierigkeiten hatte, Traubensilberkerzen zum Keimen zu bringen, half der Zufall. Abel entdeckte bei ihrem Gärtner ein schönes Exemplar. Sie fragte: »Wie haben Sie die denn zum Keimen gebracht?« Er: »Ich habe sie über den Winter in der Garage vergessen.« So erfuhr Abel, dass die Traubensilberkerze zum Keimen ein kühles Umfeld braucht.

Was heute auf Mallorca oder bei den Landwirten, mit denen Bionorica kooperiert, wächst, ist das Ergebnis einer ausgeklügelten, konzertierten Fahndung, die seinerzeit viel Geld gekostet hat – bis zu einer Million Mark pro Pflanze. Kombiniert wird der standardisierte Anbau mit Good Agricultural Practices (GAP)[1] und nachhaltigen Methoden, die auch im Ökolandbau Anwendung finden. Einsatz von robusten Sorten. Optimale Feldvorbereitung. Einhaltung von Fruchtfolgen. Auch hier geht es nicht ohne Hightech. So kommt beim Pflan-

_____[1] **Good Agricultural Practice** (GAP) bezeichnet die *gute landwirtschaftliche Praxis,* insbesondere für die Landnutzung. Laut EU ist sie der gewöhnliche Standard der Bewirtschaftung, die ein verantwortungsbewusster Landwirt in der betreffenden Region anwenden würde.

zen GPS zum Einsatz. Vor der Ernte sind es Infrarotgeräte, die anzeigen, wie weit sich die gewünschten Inhaltsstoffe in der Pflanze bereits ausgebildet haben.

Viermal so viel, schätzt Patrovsky, koste Bionorica der Anbau von Rosmarin und Thymian auf Mallorca verglichen mit Handelsware. Der Anbau von Mönchspfeffer sei sogar siebenmal teurer. Dafür hat Bionorica durch seine Zuchtversuche entdeckt, dass die Pflanzen nicht so hoch werden, weniger Blätter und mehr Früchte entwickeln, wenn sie in größeren Abständen gesetzt werden. Und dass sich der Wirkstoffgehalt in den Wurzeln der Traubensilberkerze im Verlauf des Jahres ändert. Der Aufwand zahlt sich aus. »Bessere Chargen von Thymian haben 2,7 bis 3,4 Prozent Gehalt an ätherischem Öl«, sagt Patrovsky, »unser Thymian hat 4,5 bis 5,0 Prozent, unser Rosmarin kann sogar 6,7 Prozent erreichen.«

Um diesen Vorteil nicht zu verlieren, kommt es auf die richtige Ernte an. Vor der Blüte. Nach der Blüte. Morgens. Mittags. Abends. Oft geht es um Stunden. Echinacea beispielsweise muss bei Sonnenaufgang geerntet werden, weil sein API[2] im Verlauf des Tages abnimmt. Wegen der danach einsetzenden Fermentierung muss die Weiterverarbeitung schnellstmöglich beginnen. Das gilt nicht nur für Rosmarin oder Thymian, deren ätherische Öle sich nach der Ernte ebenfalls rasch verflüchtigen, sondern im Prinzip für jede Pflanze.

20 Autominuten von den Rosmarinfeldern von Llubí entfernt liegt die Gemeinde Consell. 1994 kauft Michael Popp dort eine kleine Extraktionsfirma mitten im Ort. Inzwischen ist die Bionorica extracts S.L. ins Gewerbegebiet am Ortseingang gezogen. Früher wurden in dem

---

[2] **API** steht für *Active Pharmaceutical Ingredient* (aktiver pharmazeutischer Wirkstoff), die englische Bezeichnung für einen Arzneistoff. Gemeint ist also die Gesamtheit der arzneilich relevanten Inhaltsstoffe.

Gebäude mit dem hohen Silo Mandeln verarbeitet, heute entstehen hier täglich tonnenweise Konzentrate, Tinkturen, Flüssig- und Trockenextrakte, die in Tanks bis zu 50 000 Litern Fassungsvermögen lagern. Schon von Weitem riecht es nach Kräutern, frisch gemähter Wiese und Ethanol.

Im Inneren trifft der Besucher auf ein kafkaeskes Gewirr aus Tanks, Rohren, Leitungen, Kabeln und Steuerungsgeräten. Mittendrin eine 20 Meter hohe Sprühtrocknungsanlage. Im angrenzenden Labor durchlaufen die fertigen Produkte routinemäßig Prüfungen auf Inhaltsstoffe und Qualität. Hin und wieder kommt auch der örtliche Rabbiner, um die Anlagen nach koscheren Kriterien zu untersuchen. Danach geht die Ware nach Neumarkt, wo sie zu Arzneimitteln verarbeitet wird. Consell liefert aber auch an andere Pharmaunternehmen, mit Heilpflanzen aus Mallorca werden unter anderem Zahnpasta und Magenbitter hergestellt.

1992 kommt Michael Popp zum ersten Mal nach Mallorca. Er besucht dabei auch Sa Canova. Die Finca gehört damals der Bank Sa Nostra, der Sparkasse der Balearen, die zusammen mit der Universität de les Illes Balears landwirtschaftliche Forschung betreibt. Zum insgesamt 14 Hektar großen Areal gehören Gewächshäuser, eine Zisterne, eine Wetterstation und eine Sammlung mallorquinischer Nutzpflanzen. 67 Mandelbaumarten. 33 Johannisbrotarten, die umfassendste Sammlung des Mittelmeerraums. Je 15 Olivenbaum- und Zitrusbaumarten. 17 Varietäten Wein. 237 Arten, alle endemisch, darunter über 50 Obstsorten. Popp hat es einmal »das botanische Erbe der Balearen« genannt.

2008 gerät Sa Nostra im Zuge der globalen Finanzkrise in Schwierigkeiten. 2013 steht Sa Canova zum Verkauf. Popp greift zu (»mein schönster Lustkauf«), lässt die Finca renovieren und Tagungsräume für

150 Personen einrichten. Heute finden auf Sa Canova Informations-veranstaltungen und IHK-Kurse für Apotheker und pharmazeutisch-technische Assistenten statt. Popp hat festgestellt: »Viele davon wissen gar nicht, was unsere Produkte ausmacht und welche Forschung da-hintersteht.« Außendienstmitarbeiter von Bionorica kommen regelmä-ßig zu Schulungen. So auch mallorquinische Schulklassen. Auch der Beirat von Popps Natureheart Foundation for Kids hat schon auf Sa Canova getagt.

Gleichzeitig werden auf vier Hektar Heilpflanzen angebaut und ge-klont. Es wird auf Sa Canova auch mit endemischen Nutzpflanzen und Biomasse experimentiert. Die gewonnenen Erkenntnisse werden – wie schon früher üblich – an einheimische Landwirte weitergegeben. Auf Sa Canova entstehen zudem Gourmetprodukte wie Olivenöl, Balsamico-essig, Gewürzmandeln, Orangenmarmelade oder Meersalz mit Ros-marin, die zusammen mit Michael Popps Wein über die Marke Castell Miquel vermarktet werden.

Für viele Besucher hat jedoch der kleine Heilpflanzengarten die größte Anziehungskraft. Gegenüber den Tagungsräumen ist Bionoricas bota-nischer Kosmos in Miniaturausgabe zu finden, ausgebreitet auf einem sanften Hügel. Zwischen schmalen Schotterwegen leuchten Rosmari-nus officinalis, Thymus vulgaris und Vitex agnus-castus in der Sonne. Auch Verbena officinalis, Echinacea purpurea, Cimicifuga racemosa, Cynara scolymus, Capsicum annuum und Dutzende anderer Heilpflan-zen sind vertreten. Es ist schon so: Wenn man einmal weiß, was in ihnen steckt, ist es ein besonderes Erlebnis, sie anfassen, riechen und spüren zu können.

DER
GRÜNE PROFESSOR
UND DIE
GYNÄKOLOGIN

WOLFGANG WUTTKE *und seine Frau* DANA
über ihr Leben für die Forschung

Vom Hauptbahnhof Göttingen aus sind es keine 15 Minuten. Das Taxi rollt aus der Stadt auf die B3, und dann geht es vorbei an Wald, Wiesen und Ackerland. Nach acht Kilometern kommt Bovenden, 14 000 Einwohner, acht Ortsteile. Fachwerk, Backstein, Vorgärten. Niedersächsisches Eigenheimglücksland. Vor jedem Häuschen ein Staketenzaun, vor jeder zweiten Garage eine Limousine aus Ingolstadt oder Wolfsburg.

Wolfgang Wuttke wohnt gleich hinter der Alten Dorfstraße in einem restaurierten Gehöft mit Pferdestall. Neben der Klingel eine Pferdekopfskulptur aus Metall. Im Flur ein Potpourri gerahmter Pferdebilder. Und schon geht es hinein in die offene Küche. Wo heute lange geblümte Gardinenschals vor unverputzten Wänden hängen, war früher ein Kuhstall. Nebenan, wo ein Sofa und ein offener Kamin stehen, war einst der Partyraum seines Reitervereins. Das war zu Zeiten, als Wuttke noch an Militarywettkämpfen teilnahm. »Als der alte Herr von Hagen das Anwesen verkaufen wollte«, sagt Wuttke, »musste ich nicht lange überlegen.«

Platz nehmen am Esstisch. Der Professor ist ein großer Mann mit einer markanten Nase. Schnurrbart, Brille, hohe Stirn. Inzwischen ist auch seine Frau dazugekommen. Dana Seidlová-Wuttke, eine grazile, elegante Dame, fragt: »Wir hätten Grüntee, Marke Ewiges Leben – möchten Sie? Oder doch lieber selbst gepressten Apfelsaft aus dem eigenen Garten?« Die Wahl fällt auf Ewiges Leben. Dazu gibt es Schokolade und Kekse.

Es ist der Auftakt für ein ebenso lehrreiches wie unterhaltsames Gespräch. Schließlich gibt es viel zu erzählen. Über die Wissenschaft, über Vitex agnus-castus und Cimicifuga racemosa, über zwei bewegte Leben und eine lange und intensive Verbindung mit einem Phytohersteller aus Neumarkt in der Oberpfalz.

»Professor Wuttke«, sagt Michael Popp, »war der erste bekannte erfolgreiche Wissenschaftler, der mit Bionorica kooperierte. Als wir uns kennenlernten, hatten pflanzliche Arzneimittel das Image von Placebos, und es war ganz außergewöhnlich, akademische Forschung auf diesem Gebiet zu machen. Wolfgang Wuttke tat es dennoch – mit uns zusammen.«

Wolfgang Wuttke, geboren 1942, hat mit einer Arbeit über den Nervus opticus[1] bei Katzen promoviert und als junger Forscher sich dem Hypothalamus[2] und seinem Einfluss auf den Hormonhaushalt gewidmet. Er arbeitete in Michigan, USA, beim Max-Planck-Institut und beim Deutschen Primatenzentrum, ehe er für die Universität Göttingen als Direktor die Abteilung für Klinische und Experimentelle Endokrinologie aufbaute. Wuttke hat 200 Doktorarbeiten betreut und war an etwa 500 Studien beteiligt. Dutzende wissenschaftliche Publikationen, etliche davon in den USA. Er saß im Ausschuss des Heisenberg-Programms, wurde unter anderem mit dem Schoeller-Junkmann-Preis[3] und dem Farmitalia Carlo-Erba-Preis[4] ausgezeichnet. Er hat europäische Forschungsgruppen geleitet und war lange Präsident der Deutschen Gesellschaft für Endokrinologie, die er auch international vertreten hat.

Eine große Karriere. Ein Leben für die Forschung – begleitet von zahlreichen pharmakologischen und klinischen Studien. Insbesondere

_____[1] Sehnerv

_____[2] Der **Hypothalamus** ist ein Teil des Gehirns und befindet sich direkt über der Hypophyse (Hirnanhangdrüse), zusammen steuern sie die vegetativen Funktionen des Körpers.

_____[3] Ein mit 10 000 Euro dotierter Wissenschaftspreis der Deutschen Gesellschaft für Endokrinologie, der jährlich an Wissenschaftler verliehen wird, die in Europa tätig und nicht älter als 40 Jahre sind.

_____[4] Wissenschaftspreis der Arbeitsgemeinschaft Internistische Onkologie.

aller anfang ist turbulent

Wuttkes Forschung zu Vitex agnus-castus und Cimicifuga racemosa, die er häufig zusammen mit seiner Frau durchführt, erregt weltweit Aufsehen. Die Wirkstoffe aus Mönchspfeffer und Traubensilberkerze werden traditionell gegen Frauenleiden eingesetzt, meist bei Regel- und Klimakteriumsbeschwerden.

»Wir haben nachgewiesen«, erzählt Wuttke, »dass Vitex agnus-castus die Ausschüttung von Prolaktin hemmt, was positiven Einfluss auf die prämenstruell schmerzende Brust hat; aber auch, dass Cimicifuga nicht toxisch für die Leber ist und Hitzewallungen, psychische Beschwerden oder Scheidentrockenheit vermindern kann. Außerdem hilft es bei Gelenkbeschwerden und stärkt die Knochen. Gleichzeitig hat es keine östrogenen Wirkungen auf die Brust oder die Gebärmutterschleimhaut, auch eine Erhöhung des Thromboserisikos muss nicht befürchtet werden.« Frau Seidlová-Wuttke beschrieb deshalb in ihrer Habilitationsschrift 2009, die teilweise aus Studien für Bionorica hervorgegangen ist, die Eignung von Cimicifuga als nicht östrogene Alternative zur Hormonersatztherapie.

Dana Seidlová, geboren in Prag, kam 1997 als Stipendiatin nach Göttingen. Als Gynäkologin landete sie zwangsläufig bei Professor Wuttke, der auf diesem Gebiet damals als einer der weltweit führenden Forscher galt. Aus der beruflichen Zusammenarbeit entwickelte sich schnell mehr. Hochzeit ein Jahr später. Wenngleich das Paar seine Aufgabenteilung am Arbeitsplatz beibehielt. »Ich war die Denkmaschine«, sagt Wuttke, »Dana hat unsere Projekte im Labor umgesetzt.« Seidlová-Wuttke ergänzt: »Gemeinsam haben wir darauf geachtet, dass alles penibel akkurat belegt war, um eine wissenschaftliche Veröffentlichung nicht zu gefährden.«

»Wir waren«, sagt Wuttke, »das perfekte Team.« Und wer die beiden nur einmal erlebt hat, kann sich ihn sehr gut als imposanten Chef vorstellen. Gleichzeitig denkt man aber auch unwillkürlich an das Axiom: Hinter jedem erfolgreichen Mann steht eine starke Frau. Deshalb war irgendwann auch Schluss mit dem Militaryreiten. Als Wuttke seine junge Frau einmal zu einer Parcoursbesichtigung mitnahm, beschied sie ihm angesichts der Gefahren für Ross und Reiter: »Du bist wohl verrückt!« Er ist dann auf Tennis umgestiegen.

Anfang der Neunzigerjahre. Wuttke ist Berater bei einem deutschen Phytohersteller. Dieser hat ein Medikament, das auf dem Wirkstoff der Traubensilberkerze basiert. Der Firmenchef sagt zu Wuttke: »Das Produkt verkauft sich wie verrückt, aber wir wissen nicht, warum. Könnten Sie das nicht mal erforschen?« Aus unerfindlichen Gründen ging die Firma der Sache aber nicht weiter nach. Wuttke lässt die Anekdote bei einem Treffen mit Hans-Oskar und Michael Popp beiläufig fallen. Worauf die Popps sagen: »Unser Mastodynon® basiert auf Vitex agnus-castus. Würden Sie es denn für uns erforschen?« So kamen sie zusammen. Später kamen Forschungen zu Agnucaston® und Klimadynon®, die Michael Popp neu entwickelt hatte, dazu. Dass Wuttke wegen seiner Affinität zu Heilpflanzen in Forscherkreisen auch belächelt wurde (»bei vielen war ich nur *Der grüne Professor*«), störte bei Bionorica niemanden, ganz im Gegenteil.

Die Kooperation ist von Beginn an intensiv und erfolgreich. In Bionoricas Forschungsbericht für die Jahre 1994 bis 2004 tauchen die Namen Wuttke und Seidlová-Wuttke 67-mal in Verbindung mit publizierten Studien auf. Das Paar stellte die Ergebnisse seiner Arbeit mit Bionorica zudem auf zahlreichen Kongressen vor. »Es war nicht schwer zu erkennen«, sagt Wuttke, »dass Bionorica im Phytomarkt eine absolute Ausnahme darstellte.« Warum das so sei, lasse sich leicht erklären: »Michael Popp ist in der Tat ein Phänomen.« Frau Seidlová-Wuttke erkennt dabei Parallelen zu ihrem Mann. »Sie haben beide diesen Blick in den Augen, der sagt: Ich kämpfe um meinen Erfolg, egal, was kommt.«

Ein wenig hat der Forschungseifer in den letzten Jahren zwar nachgelassen, doch beruflich aktiv ist das Ehepaar dennoch. Beide betreiben Praxen in Göttingen, spezialisiert auf die Diagnostik und Therapie hormoneller Störungen und Übergewicht bei Männern und Frauen. Und weil der Besucher sich davon angesprochen fühlt, dreht sich das Gespräch postwendend um Cholesterin, Triglyzeride, Glucose, Blutzucker und Insulin, gefolgt von gut gemeinten Ernährungstipps. »Nicht Fett macht fett, sondern Kohlehydrate«, sagt Professor Wuttke, »ich sage immer, nach 16 Uhr keine Kohlehydrate, Sport wäre ideal, dazu nehmen Sie am besten unsere Produkte.«

Gemeint sind die Produkte ihrer Nahrungsergänzungsmittelfirma VerdeVital®, insbesondere Produkte, die ecdysonhaltiges Spinatpulver enthalten. Ecdyson, genauer ß-Ecdyson, ist ein tierisches Hormon, das etwa bei Spinnen für die Verpuppung und bei Krebsen für die Häutung zuständig ist. Ecdyson, versichert Professor Wuttke, hemme den Fettzellenaufbau und beuge Übergewicht vor. »Große Bauchfettdepots«, so Wuttke, »können zum Metabolischen Syndrom führen und damit das Risiko für Arteriosklerose, Hypertonus[5], Herzinfarkte,

——[5] Bluthochdruck

Schlaganfälle und Typ-II-Diabetes erhöhen.« Im Übrigen könne Ecdyson Osteoporose entgegenwirken, den Aufbau von Muskeln fördern und die Bildung von Erythrozyten[6] anregen.

Ecdysonhaltiges Spinatpulver befindet sich übrigens auch in den Produkten von VetGenial®, dem zweiten Unternehmen des Ehepaares, dessen Zielgruppe Pferdebesitzer sind. Logisch: einmal Reiter, immer Reiter. Und man darf nicht vergessen: Auch Pferde können zunehmen. Letzte Frage: Wenn jetzt jemand sagen würde: *Das ist doch alles Quatsch – glaubt doch kein Mensch, dass Pflanzen das alles können!* Wuttke versteht die Ironie und bleibt dennoch ernst: »Glauben Sie mir: Man weiß erst ganz, ganz wenig darüber, was Pflanzen können.«

_____[6] Rote Blutkörperchen

aller anfang ist turbulent

KAPITEL VIER

erfolgsformel phytoneering

Bionoricas Konzept revolutioniert die Pharmabranche

2007 gibt Michael Popp dem US-amerikanischen Arzt Marcus Laux[1] ein Interview. Laux praktiziert Naturheilkunde in Los Angeles, schreibt Ernährungs- und Gesundheitsratgeber und ist als TV-Experte tätig. Im Gespräch geht es um Phytopharmaka. Eine Frage bewegt Laux dabei besonders.

»Ich habe gehört, Sie setzen auf etwas, das sich Phytoneering nennt. Was ist das?« Popp freut sich über die Frage, über Phytoneering erzählt er gerne. Mit nichts kann er seine Philosophie und sein Unternehmen besser beschreiben.

Okay, lassen Sie mich eine Geschichte erzählen. 1998 traf ich einen jungen Werber, der für meinen Verband BPI[2] gearbeitet hat. Dieser Mann heißt Martin Stanscheit und ist sehr kreativ und clever. Also bat ich ihn, für mich zu arbeiten, da ich während dieser Zeit viel Geld in meine Spezialextrakte investierte. Ich dachte: Hey, ich mache etwas ganz Besonderes. Ich habe eine Spezialfirma mit höchsten Standards. Meine Mitbewerber haben das nicht. Ergo: Meine Marke muss das ausdrücken, damit Bionorica innerhalb der Branche heraussticht.

Das Prinzip hinter Phytoneering ist einfach: Wir arbeiten mit der Natur, aber um die Schätze der Natur erkennen und nutzen zu können, brauchen wir modernste Technologien. Deshalb arbeitet Bionorica neben vielem anderen mit Biotechnologie, Molekularbiologie und Zellmodellen, wir nutzen physikalische Techniken für analytische Methoden. Daneben beobachten wir ständig andere Branchen, von denen wir lernen können. Wir wollen wissen: Was macht die Lebensmittelindustrie;

_____[1] Dr. **Marcus Laux** ist im Januar 2016 verstorben.
_____[2] Gemeint ist der Bundesverband der Pharmazeutischen Industrie **(BPI)**.

erfolgsformel phytoneering

was machen die Brauereien; was ist der neueste technische Stand in der
Schadstoffmessung?
Das hört sich vielleicht komisch an, aber auch wir müssen eine künstliche
Nase entwickeln. Wir untersuchen nämlich die Expirationsluft beim Men-
schen. Damit wollen wir herausfinden, ob das ätherische Öl in unseren
Produkten im Organismus des Menschen nachweisbar ist. Es ist unglaub-
lich, aber wissen Sie, dass wir in der Luft, die Sie ausatmen, Thymol finden
können, nachdem Sie zwei Bronchipret®-Tabletten geschluckt haben? Wir
wissen, dass der Inhaltsstoff resorbiert wurde und Ihre Lungen erreicht
hat. Alles bei uns basiert auf der Natur, aber wir verbinden sie mit mo-
dernster Technologie. Deshalb nennen wir es Phytoneering – Phyto für
die Pflanzen und neering für Engineering.

Popp wusste immer, dass er etwas anderes machen, dass er mit seinen
Produkten nicht die Klischees über pflanzliche Arzneimittel bedienen
will. Er will keine Erfahrungs-, keine Glaubens-, keine Klostermedizin
machen. Bionorica hat nichts mit Omas Hausmitteln zu tun.

Und auch nichts mit der Lehre einer Maria Treben[3], deren Ratgeber *Gesundheit aus der Apotheke Gottes* ein weltweiter Bestseller wurde.
Schließlich stützen sich Trebens Erkenntnisse nicht auf analytische Forschung und evidenzbasierte Studien. Sie demonstrieren vielmehr, dass
exakte Wissenschaft bei Heilpflanzen wichtig, mitunter sogar überlebenswichtig ist.

Stiftung Warentest etwa stellte fest, Treben empfehle Pflanzen zur
Behandlung schwerer Krankheiten bis hin zu Krebs, deren Wirksamkeit
nicht nachgewiesen sei. Teilweise verwechsele sie dabei wichtige Fach-

---

[3] **Maria Treben** (* 27. September 1907 in Saaz, Österreich-Ungarn, als Marie Günzl; † 26. Juli 1991
in Grieskirchen, Österreich) war eine österreichische Kräuterkundige und Autorin. Sie galt als Spe-
zialistin für Pflanzenheilkunde. Ihr Buch **Gesundheit aus der Apotheke Gottes** wurde in mehr als
20 Sprachen herausgegeben und bis dato über neun Millionen Mal verkauft.

begriffe, beispielsweise den Zucker Inulin mit dem Hormon Insulin, wodurch sie fälschlich Löwenzahn gegen Diabetes mellitus empfehle. »Ihr Schöllkraut-Rezept gegen Leber- und Gallenleiden ist eine Anleitung zur Vergiftung. Der Ratschlag, Ohnmächtigen einen Esslöffel Schwedenbitter einzuflößen, ist lebensgefährlich.«[4] Die Universitätsklinik Freiburg urteilt in einem Ratgeber für Krebspatienten über Treben: »Gefährlich sind Ratschläge, primär gut operable und damit heilbare Tumoren zuerst versuchsweise mit Kräutern zu behandeln, zum Beispiel Hodenkrebs mit Spitzwegerich-Umschlägen.«[5]

»Heilpflanzen oder Phytopharmaka«, so Popp, »können in vielen Fällen chemisch-synthetische Medikamente nicht ersetzen, ich würde das als allgemein bekannt voraussetzen.« Wichtiger sei ihm, dass sie nicht weiter als harmloses Pendant angesehen, sondern als Teil der Schulmedizin anerkannt würden. Auch auf die Unterscheidung zu Homöopathika legt er Wert. Auf gar keinen Fall aber dürfe man Phytopharmaka mit Nahrungsergänzungsmitteln verwechseln. Im Interview mit Laux erzählt Popp, was er diesbezüglich in den USA beobachtet habe.

Jeder weiß, dass es eine Menge Unsinnsprodukte gibt, deren Bestandteile teilweise keine Wirkung nachweisen können. Die Unternehmen bringen irgendwas auf den Markt, vielleicht ein homöopathisches Produkt zum Abnehmen. Sie investieren zwei Millionen US-Dollar in Werbung und wissen, wenn sich das verkauft, bekommen sie vier Millionen zurück. Das muss innerhalb von drei bis sechs Monaten vonstattengehen, denn das

---

[4] Stiftung Warentest (Hrsg.): **Die andere Medizin. Nutzen und Risiken sanfter Heilmethoden.** 2. Auflage, Stiftung Warentest, Stuttgart 1992, S. 117.

[5] Hartmut Henß, Elke Reinert: **Komplementäre Verfahren.** *Universitätsklinikum Freiburg, Krebsverband Baden-Württemberg e. V., Stuttgart 2015.*

erfolgsformel phytoneering

Produkt ist danach erledigt, weil es nicht wirkt und die Käufer das natürlich schnell herausfinden. Sie können die Menschen nicht dauerhaft täuschen. Bionorica hat eine ganz andere Philosophie. Wir überzeugen unsere Kunden mit der tatsächlichen Wirksamkeit und Sicherheit unserer Produkte.

Bei Popp muss alles solide, berechenbar, nachweisbar sein. Deshalb setzt er von Beginn an auf Analytik, Forschung und Hightech. Das umfasst das ganze Unternehmen vom Heilpflanzenanbau über die Pharmakologie bis hin zur Produktion.

Eine Zäsur stellt dabei die Einführung der Vakuumtechnologie dar. 1999 lässt Popp über Monate hinweg unterschiedliche Extraktionsverfahren testen: Sprühtrocknung unter Vakuum, Vakuumbandtrocknung, Vakuumtrocknung in der Kammer. Seinerzeit das Neueste vom Neuen. Vakuum bietet den Vorteil, dass bei deutlich niedrigeren Temperaturen verdampft werden kann. Die medizinisch relevanten und flüchtigen Wirkstoffe bleiben auf diese Weise besser erhalten. Außerdem können Flüssigextrakte zu Dickextrakten oder nativen Trockenextrakten mit wesentlich stärkerer Wirkung konzentriert werden.

Bionorica ist 1999 noch ein kleines Unternehmen neben den Bahngleisen im Wald. Doch hinter der eher bescheidenen Fassade verbirgt sich da bereits einer der modernsten Phytohersteller der Welt, dessen Vakuumtechnologie mit dem Deutschen Innovationspreis ausgezeichnet wurde. Damit die hochmoderne Technik auch effizient genutzt wird, schickt Popp seine Leute regelmäßig zu Kursen, Kongressen, Schulungen, Arbeitsgruppen der Pharmabranche, aber auch zu fachfremden Symposien, bei denen es um Wasseraufbereitung und Filtration oder Gärungsprozesse geht. All dies ist wichtig, um den Schatz der Natur zu nutzen und den Menschen zugänglich zu machen. Alles zusammen ist das eine schöne Geschichte – wie gemacht für einen begabten Erzähler.

Köln, Konrad-Adenauer-Ufer 83. Die Büros der MSCN GmbH befinden sich im fünften Stock des Hauses mit Blick auf den Rhein. An der Wand gerahmte Fotos von Rockstars, auf der Designerkommode darunter eine Reihe von Trophäen. Global Awards. Deutscher Marketing Preis. Marken-Award. Deutscher PR-Award. Comprix. Martin Stanscheit, der Inhaber von MSCN, ist nicht mehr so jung wie bei der ersten Begegnung mit Popp, aber Kreativität und Cleverness hat er nicht eingebüßt. Und man kann sich schon vorstellen, welche Irritation der junge, langhaarige Werber und Hobbymusiker in Neumarkt anfangs ausgelöst hat.

Stanscheit war bei Coca-Cola und hat für Sony, Commodore und VEBA gearbeitet. Er hat den Stromanbieter Yello »an den Start gebracht mit 98 Prozent Markenbekanntheit im ersten Jahr«. Als er von Popp angesprochen wird, berät er gerade den Vorstand der Telekom. Große Namen. Große Budgets. Wilde Zeiten. Stanscheit ist meist im Privatflugzeug unterwegs. Dann kommt er nach Neumarkt. Der Taxifahrer kennt gerade mal die Kerschensteinerstraße, von Bionorica hat er noch nie gehört. Stanscheit: »Erst hielt ich die Firma für ein großes Mietshaus.« Er lässt sich alles zeigen und stellt fest: »Bunt, nett, aber auch ein bisschen unsortiert.«

Der Jahresumsatz beläuft sich 1998 auf 88 Millionen Mark. »Das ist«, so Stanscheit, »in einem Bereich, in dem du keine großen Manöver machen kannst, und wenn ein Schlag von außen kommt, kippst du sofort um.« Das wirft Fragen auf. »Wofür steht das Unternehmen? Was sind das für Produkte? Was ist die Kompetenz? Was kannst du dieser

Firma empfehlen? Innen haben sie Historie, Ingredienzien, Menschen, Know-how. Außen sind der Markt und Regularien.« Grübelei. »Wie kannst du eine Geschichte erzählen, die authentisch, glaubwürdig und nach vorne gedacht ist? Die Natur ist gut. Naturmedizin ist positiv besetzt, aber sie hat keine Glaubwürdigkeit und damit keine Anerkennung.«

Er greift nach ein paar Filzstiften, steht auf und geht an die Tafel. Grafik macht anschaulich. Waagrechte Achse: links die Natur, rechts die Wissenschaft. Senkrechte Achse: unten die Emotion, oben die Ratio. Stanscheit: »Im Quadranten links unten sind Maria Treben, die Südtiroler Kräuterbäuerinnen, die Glaubenswelt. Nicht seriös, heißt es. Im Quadranten rechts sind oben Novartis, Bayer, Roche, die Giganten, der Maßstab der Pharmaforschung. Die, sagt der Gesetzgeber, sind okay.« Stanscheit tippt mit dem Finger in den Quadranten links unten und sagt: »Michael Popp hatte mir schon gesagt: ›Wir sind anders, wir haben Hightech vom Anbau bis zur Produktion, wir haben klinische Studien.‹ Auch die Neuzulassung für Sinupret® lag schon vor. All das wollte Popp aufzeigen.«

Stanscheits Vorschlag damals: »Wir können die Firma von links unten nach rechts, in Richtung Seriosität und Anerkennung und weiter nach oben bewegen, wenn wir eine wissenschaftliche Basis haben. Die muss aber durchgängig sein. Die Emotion, die uns die Natur gibt, müssen wir dabei nicht aufgeben.«

Das Programm braucht einen Namen, logisch. »Du musst die Dinge *branden*«, sagt Stanscheit, »um sie zugänglich zu machen.« *Phyto* ist klar. Für Stanscheit steckt in *neering* neben Technik und Wissenschaft aber auch Pionier. Schließlich hat das, was Bionorica verfolgt, zuvor kein Phytohersteller gemacht. »Die archaische Weisheit der Natur mit der modernen Welt zu verbinden – das war neu.« Selbst die Belegschaft in Neumarkt reagiert zunächst, »als hätten wir gesagt, ihr müsst sofort die Erde verlassen und auf einen anderen Planeten ziehen«.

Es ist eine kongeniale Verbindung. Auf der einen Seite der technikaffine Unternehmer, Wissenschaftler und Visionär, der die Natur entschlüsseln will. Der verstehen will, wie ein Blatt, ein Kraut, eine Blüte, ein Baum über Jahrmillionen auf Umwelteinflüsse reagiert hat. Wie Pflanzen über Inhaltsstoffe Schutzmechanismen gegen Hitze, Kälte, Dürre, Überschwemmung, Fressfeinde, Pilzbefall, Bakterien entwickelt haben. Und wie der Mensch diese Inhaltsstoffe nutzen kann.

Auf der anderen Seite der kreative Denker, Macher und Geschichtenerzähler, der dafür eine Chiffre findet, ein Leitbild bastelt, eine Phytoneering-Charta formuliert. Der mit einer Wortschöpfung das Wesen eines ganzen Unternehmens umschreibt. Und der sofort erkennt, »welche Türe sich hier auftut. Die Natur hat für alles eine Lösung. Die Natur hat das dickste Laborbuch der Welt geschrieben. Wir nutzen die Methoden des 21. Jahrhunderts, um dieses Laborbuch zu lesen, es ist, als würde man Zaubertinte überschreiben.«

Bionoricas Außendienst spricht erstmals im Jahr 2000 über Phytoneering. Die Botschaft kommt an. Apotheker verstehen sie. Ärzte verstehen sie. Wissenschaftler sowieso. Endlich hat eine Philosophie, eine Haltung, ein außergewöhnliches Geschäftsmodell in der Pharmabranche einen Namen. Was sich früher nur langatmig und umständlich beschreiben ließ, ist nun kurz und knapp auf den Punkt gebracht. Dazu passt, dass das Thema Naturmedizin allgemein mehr Aufmerksamkeit findet, was allerdings eher an einer energischen Münchnerin liegt.

erfolgsformel phytoneering

Marcela Ullmann begegnet Michael Popp erstmals Anfang der Neunzigerjahre. Damals ist sie Chefredakteurin von *Naturamed*, Deutschlands führender Naturmedizinzeitschrift für Ärzte. Ullmann findet den jungen Unternehmer aus der Provinz spannend. »Das ist einer«, stellt sie fest, »der wirklich ein Anliegen hat und auch die Kraft, es zu verfolgen.« Ullmann: »Die Schulmedizin hat damals auf die Naturmedizin zu Unrecht herabgesehen. Das entsprang ihrer Selbstüberschätzung. Allerdings hatte auch die Naturmedizin eine Schwäche. Sie hat nicht konsequent die Spreu vom Weizen getrennt.« Ihre Schlussfolgerung: »Wir müssen etwas tun, um die Naturmedizin konsequent wissenschaftlich zu erforschen, und die Ergebnisse dieser Forschung bekannt machen.«

Die Idee eines Komitees Forschung Naturmedizin (KFN) stellt sie zunächst in Neumarkt vor. »Ich wusste«, so Ullmann, »als Vorsitzender kommt nur Michael Popp infrage.« Sie liegt richtig. Neben dem Vorstand gibt es ein Kuratorium, dem zwölf forschende Phytohersteller angehören, und einen wissenschaftlichen Beirat, der von Professor Theodor Dingermann[6] geleitet wird. In Arbeitsgruppen werden Forschungsprojekte diskutiert und verfolgt. Ullmann sagt: »Michael ist ein wunderbarer Fachmann, der viele Ideen beigesteuert und sich enorm engagiert hat.« Mit ihm und Michael Habs vom Wettbewerber Schwabe bildet Ullmann »die Führungstroika«. Über Pressekonferenzen und Dokumentationen erreicht das KFN nach und nach auch die Medien und damit die Öffentlichkeit. Das von Volker Fintelmann[7] herausgegebene *Kompendium Phytopharmaka* gilt schon bald als Leitfaden.

_____[6] **Theodor Dingermann** (* 10. Juli 1948 in Kevelaer) ist ein deutscher Pharmazeut. Er war von 1990 bis 2013 Professor für Pharmazeutische Biologie an der Johann Wolfgang Goethe-Universität Frankfurt am Main. Seine Fachgebiete sind Biochemie und Molekularbiologie.

_____[7] **Volker Fintelmann** (* 2. Februar 1935 in Berlin) ist ein deutscher Facharzt für Innere Medizin. Er befasst sich schwerpunktmäßig mit Phytotherapie und anthroposophischer Medizin.

Am 1. Januar 2004 tritt das Gesetz zur Modernisierung der gesetzlichen Krankenversicherung (GMG) in Kraft. Mit zahlreichen Kürzungen im Gesundheitsbereich will die rot-grüne Koalition in Berlin eine Senkung der Versicherungsbeiträge erreichen. Ein Bereich, der dem Rotstift zum Opfer fällt, sind pflanzliche Arzneimittel, die fortan nicht mehr erstattungsfähig sind. Die meisten Phytohersteller reagieren panisch. Ein Großteil ihres Umsatzes läuft über Rezept. Das heißt, der Umsatz wird einbrechen. Also wird gespart, als Erstes beim Außendienst. Wozu jetzt noch in Arzt- und Apothekerbesuche investieren? Lieber alles Geld in die Werbung stecken, um den Käufer direkt anzusprechen.

Unter Popp hat Bionorica häufig mutig und auch antizyklisch gehandelt. Diesmal wieder. 2003 umfasst der Außendienst von Bionorica 68 Personen. Bionorica spart nicht beim Außendienst, sondern schickt seine Leute weiter zu Ärzten und Apothekern. Das Thema Phytoneering erweist sich dabei als Segen. Es ist keine Verkäufermasche, kein Vertreterklimbim, vielmehr liefert es seriöse Informationen, neue Einsichten und stößt Lernprozesse an. Phytoneering vertieft das Verständnis für Phytopharmaka. Gerade Ärzte und Apotheker schätzen das, schließlich tragen sie auch eine Verantwortung für die Gesundheit ihrer Patienten und Kunden.

Hinzu kommt das sogenannte Grüne Rezept, eine Idee, die Bionorica mit dem Bundesverband der Pharmazeutischen Industrie (BPI) entwickelt. Ärzte erhalten vorgefertigte Formulare, die aussehen wie ein Rezept und bei der Empfehlung eines pflanzlichen Arzneimittels genutzt werden sollen; teilweise sind Präparate wie Sinupret® bereits aufgedruckt. Über den BPI wird erreicht, dass Phytopharmaka bei Patienten bis zwölf Jahre erstattungsfähig bleiben. Ende 2004 hat Biono-

erfolgsformel phytoneering

rica nur acht Prozent seines Umsatzes eingebüßt und seine Marktanteile ausgebaut; bei den Wettbewerbern liegen die Verluste weitaus höher.

Mitten in dieses turbulente Jahr fällt eine interessante Personalie. Uwe Baumann, promovierter Mikrobiologe und Biochemiker, wird Leiter für Marketing und Vertrieb. Baumann war bei Hoffmann-La Roche und bis zu seinem Wechsel zu Bionorica bei Novartis in leitender Position. Auf der anderen Seite der Pharmawelt, die auf Chemie basiert und in Milliarden denkt. Baumann hatte bei Roche einmal ein Diätmittel eingeführt, das mehr Medienecho erhielt als Viagra. Man kennt sich, so ist das im Pharmageschäft. Irgendwann fragt ihn Popp. Baumann denkt: Die machen 62 Millionen Euro Umsatz, bei Novartis bin ich alleine für 160 Millionen Umsatz verantwortlich. Dann aber: »Ein Mann, der eine Firma komplett neu aufbaut, ohne ihre Identität und Tradition zu verraten, imponiert mir.«

Baumann weiß, er kann Leadership. Marketing sowieso. »50 Prozent davon sind Mathematik, du musst die richtigen Kunden mit der richtigen Botschaft treffen.« Auch das Herz schlägt für den Arbeitgeberwechsel. Baumann war Gründungsmitglied der Grünen. Umweltschutz, Ökologie, Naturwissenschaft. »Für mich passt das ganz genau.« Bionorica ist zudem ein nachhaltiges und soziales Unternehmen. »Bei Grundverständnis und Grundvision haben Michael Popp und ich eine große Übereinstimmung.« Doch der entscheidende Grund, Popps Angebot anzunehmen, ist die Perspektive. »Hier«, weiß Baumann, »kann ich richtig etwas bewegen.«

Baumanns Ansage zum Dienstantritt: »Bionorica muss den Sprung machen von einer kleinen Firma am Rande des Waldes zu einer großen, funktionierenden Firma mit internationaler Ausrichtung.« Stanscheit hat dafür das international taugliche Branding parat: »We are the Phytoneering Company, wir wollen ganz nach vorne, die großen Geschichten erzählen. Wenn man in 100 Jahren zurückblickt, wird man sagen: Bionorica steht für die Renaissance der Naturmedizin.«

Was für eine Entwicklung. Eine komplett neue Strategie – vom Feld, auf dem die Heilpflanze wächst, bis zum fertigen Arzneimittel. Hightech überall, neuerdings auch mit Massenspektrometrie[8]. Was am Jahresende übrig bleibt, wird weiter zu großen Teilen in die Forschung gesteckt. In Bionoricas Forschungsberichten für die Jahre 1994 bis 2004 sind bereits 16 Patente für Arzneimittel, Produktionsverfahren und technische Anlagen dokumentiert. 2005 wird in Innsbruck die Bionorica research GmbH gegründet. Ziel des Instituts ist die Erforschung und Entwicklung von pflanzlichen Arzneimitteln, dabei geht es auch um die Suche nach neuen Indikationen und Produkten für die Firma. Inzwischen hat Popp bei Bionorica auch einen wissenschaftlichen Beirat installiert, der geleitet wird von Ernst Mutschler[9], dem zu dieser Zeit führenden deutschen Pharmakologen.

Phytoneering ist die Erfolgsformel, die alles erklärt und gleichzeitig für rasantes Wachstum sorgt. 2000 liegt der Umsatz noch bei 47 Millionen Euro. 2005 sind es bereits 82 Millionen. 2007 wird ein Umsatz von 105 Millionen bilanziert. Für etwa die Hälfte des Betriebsergebnisses ist inzwischen das Ausland verantwortlich, mit Russland als größtem internationalem Markt. Dort boomen insbesondere die gynäkologischen Produkte, allen voran Mastodynon®. Bionorica eröffnet aber auch

---

[8] Die **Massenspektrometrie** bezeichnet ein Verfahren zum Messen der Masse von Atomen oder Molekülen.

[9] **Ernst Mutschler** (* 24. Mai 1931 in Isny im Allgäu) ist ein deutscher Emeritus für Pharmakologie. Er war Direktor des Pharmakologischen Instituts für Naturwissenschaftler der Johann Wolfgang Goethe-Universität Frankfurt am Main.

erfolgsformel phytoneering

Büros in Kasachstan, Weißrussland, Usbekistan und der Ukraine. Zusammen mit dem Heilpflanzenanbau sind es bereits zwölf Tochtergesellschaften in acht Ländern.

2007: In Neumarkt wird ein neues Verwaltungsgebäude eröffnet. Es steht völlig im Einklang mit der Natur. Fotovoltaikanlage, Blockheizkraftwerk, betrieben mit nachwachsenden Rohstoffen, ausgestattet mit intelligenten Materialien. Gelebte Firmenphilosophie. Die Medien sprechen von einem »baulichen Meilenstein in Ökoeffektivität, Umwelt- und Gesundheitsverträglichkeit«. Für den Spitznamen sorgt die Farbe der Fassade: das blaue Haus.

2008: Bionorica feiert 75-jähriges Bestehen. Bei den Feierlichkeiten ist auch Michael Glos, damals Bundesminister für Wirtschaft und Technologie, dabei. Doch das Highlight des Jahres kommt per Post. Erst glaubt Popp, sich verlesen zu haben. Aber da steht es tatsächlich, schwarz auf weiß. Herr Prof. Dr. Michael A. Popp wird zu einer feierlichen Gala nach Frankfurt in die Alte Oper geladen. Anlass ist die Preisverleihung Entrepreneur des Jahres, initiiert von der Prüfungs- und Beratungsgesellschaft Ernst & Young.

GLÜCK
HOCH DREI

MICHAEL POPP *wird Unternehmer*
des Jahres 2008

Natürlich kann er nicht wissen, was auf ihn zukommt. Um zu wissen, wie eine Preisverleihung abläuft, muss man eine hinter sich haben. So weit ist es noch nicht. Bislang hat er nur das Portal unter der Inschrift »DEM WAHREN SCHOENEN GUTEN« durchschritten und über das Foyer den Großen Saal erreicht. Die Fassade imposante Neorenaissance, das Interieur postmoderne Grandezza. Michael Popp hat schon viel gesehen, aber das Ambiente beeindruckt ihn. Gut tausend Gäste, Medienprominenz. Natürlich hat er weiche Knie.

9. Oktober 2008, Alte Oper, Frankfurt. Gleich werden die Unternehmer des Jahres gekürt. Ausgewählt hat sie eine Jury, zu der unter anderem Lothar Späth, der ehemalige Ministerpräsident Baden-Württembergs, Bettina Würth von der Würth-Gruppe und der Präsident der Fraunhofer-Gesellschaft, Hans-Jörg Bullinger, gehören. Vorher aber spricht Wolfgang Glauner, Organisator und Projektleiter des Wettbewerbs, der von der Prüfungs- und Beratungsgesellschaft Ernst & Young ausgerichtet wird. »Mittelständische Unternehmen bilden den Motor der deutschen Wirtschaft«, sagt Glauner, »doch die Menschen hinter diesen Erfolgen stehen nur selten im Fokus der Öffentlichkeit.« Deshalb solle ihr unternehmerisches Engagement an diesem Abend besondere Anerkennung finden.

Prämiert werden Vertreter aus Industrie, Handel, Dienstleistung, IT und Start-up. Popp erinnert sich: »Da sitzt du dann in dieser tollen, rappelvollen Alten Oper, alle tragen Smoking oder Abendkleid, und wenn du schon mal da bist, dann möchtest du auch gewinnen.« Die Nominierten der Kategorie »Industrie«[1] werden vorgelesen. »Als Erstes kommt Bionade, und du denkst: Da hast du keine Chance.« Schade um

_____[1] Insgesamt waren 47 Bewerbungen für die Kategorie »Industrie« eingegangen; zu den Nominierten gehörten neben Bionorica die Unternehmen Bionade (Erfrischungsgetränke) und Centrotherm (Solartechnik und Halbleiter).

die schöne Bewerbung seiner Kölner Werbeagentur MSCN, in der alles steht: Umsatz und Mitarbeiterzahl von 2002 bis 2007 verdoppelt; Auslandsumsatz verzigfacht trotz Währungskrise in Osteuropa; Gewinn verzehnfacht. Dazu ein Triple A Rating bei den Banken. Und das alles muss man erst einmal hinkriegen, wenn die Firma, die man mit 29 übernimmt, zunächst ein Sanierungsfall ist.

Alle Nominierten werden mit einem kurzen Film vorgestellt. Danach Stille, Spannung, Herzklopfen. Der Briefumschlag mit dem Namen des Siegers wird von Holger Steltzner, Herausgeber der *Frankfurter Allgemeinen Zeitung*, geöffnet. »Unternehmer des Jahres ist Michael Popp von Bionorica in Neumarkt – herzlichen Glückwunsch.« Die Jury hat damit exakt das gewürdigt, was die Bewerbung ausdrückte und vom Veranstalter als wünschenswert angesehen wurde. »Mit zweistelligen Wachstumsraten und vielen neuen Produkten«, so Glauner, »führen die Preisträger ihre Märkte an, das hat die Jury beeindruckt.« Und: »Zum Erfolgsrezept der Preisträger gehört eine hohe Innovationskraft.« Wenn ein Unternehmen diese Kriterien erfüllt, dann Bionorica.

Michael Popp hat keine Rede vorbereitet. Die Preisträger bei »Entrepreneur des Jahres« halten nie eine Rede. Sie werden von einem Journalisten auf der Bühne in ein kurzes Interview verstrickt. Popp sagt dabei den schönen Satz: »Die Natur ist einfach genial, davon bin ich fasziniert.« Auf die Frage, was sich in den letzten Jahren am meisten für ihn geändert habe, bemerkt er: »Früher haben mich die Banken nach meinen Sicherheiten gefragt, heute frage ich die Banken nach ihren Sicherheiten.« Der Satz steht danach in allen Zeitungen. Der Rest ist Party. Und doch hält Popp an diesem Abend kurz inne und denkt zurück. Wie alles anfing. »Dass ich die Möglichkeit hatte, mir das alles selbst nach meinen Vorstellungen aufzubauen, das war Glück hoch drei.«

EINKLINKEN UND GESTALTEN

Über MICHAEL POPP *und seine Lobbyarbeit in Deutschland und Europa*

Mitte der Neunzigerjahre kommen in Belgien auffallend viele Frauen mit Nierenschäden in die Notaufnahme. Viele von ihnen haben ein Urothelkarzinom[1] des oberen Harntrakts. Es kommt zu Todesfällen. Nachforschungen ergeben, dass alle Patientinnen zuvor in einer Diätklinik behandelt wurden. Dort erhielten sie eine Mischung aus chinesischen Kräutern, darunter Aristolochia fangchi in hoher Dosis.

Osterluzei ist eine weltweit verbreitete Pflanzenart mit Eintrag im chinesischen Arzneibuch, in dem allerdings eine Erläuterung für ihre Anwendung und Dosierung fehlt. In Europa sind Präparate, die Osterluzei enthalten, seit 1981 verboten, weil sie als nierentoxisch und krebserregend gelten. Dass sie in der belgischen Diätklinik verwendet werden, liegt an einem Versehen; ihre Wurzeln sehen denen einer anderen Heilpflanze ähnlich. Eine Qualitätskontrolle, die dieses Missgeschick verhindern kann, findet nicht statt.

Der Vorfall sorgt in ganz Europa für Schlagzeilen. Ein deutscher Arzt lässt daraufhin 80 chinesische Heilkräutertees analysieren. Sie sind allesamt mit Schwermetallen und Ackergiften belastet, darunter Blei, Cadmium, DDT[2] und dem als Rattengift verwendeten Thallium. Die Werte liegen mitunter 100-mal über denen von Heil- und Wildpflanzen aus Europa oder Amazonien. Dazu passt, dass in Deutschland zur gleichen Zeit Echinacea purpurea, der Purpursonnenhut, in der Kritik steht. Echinacea-Präparate gelten als mögliche Ursache für lebensgefährliche Allergien und Blutungen.

_____[1] Als **Urothelkarzinom** werden maligne Tumore des Übergangsgewebes (Urothel), das die ableitenden Harnwege auskleidet, bezeichnet. Sie kommen als Krebs des Nierenbeckens, der Harnleiter, der Harnröhre und als Blasenkrebs vor.

_____[2] Dichlordiphenyltrichlorethan, kurz **DDT**, ist ein Insektizid, das seit Anfang der Vierzigerjahre als Kontakt- und Fraßgift eingesetzt wird. Inzwischen glaubt man, dass DDT und einige seiner Abbauprodukte hormonähnliche Wirkungen haben und beim Menschen Krebs auslösen können. In den meisten westlichen Industrieländern ist DDT daher seit den Siebzigerjahren verboten.

In der Europäischen Union (EU) und vielen europäischen Ländern gibt es keine stringente Regelung für die Zulassung von Phytopharmaka. Weshalb sich die Europäische Arzneimittelagentur (EMA) in London einschaltet. Sie ist für die Bewertung und Überwachung von Arzneimitteln innerhalb der EU und des Europäischen Wirtschaftsraums (EWR) zuständig. Es folgt die Gründung der sogenannten Herbal Medicinal Products Working Party (HMPWP), die eine entsprechende Richtlinie ausarbeiten soll. »Als ich das erfahren habe«, sagt Michael Popp, »habe ich mich erneut eingeklinkt.«

Einklinken ist eine niedliche Umschreibung für Popps öffentliches Engagement. 1991 wird er Vorstandsmitglied des Landesverbandes Bayern des Bundesverbands der Pharmazeutischen Industrie (BPI); 1994 BPI-Vorstandsmitglied auf Bundesebene; 1998 stellvertretender BPI-Vorsitzender. Da hat er schon entscheidend an der 4. Novelle des Arzneimittelgesetzes mitgewirkt. Später gibt es intensiven fachlichen Austausch mit Konstantin Keller, der beim Bundesinstitut für Arzneimittel und Medizinprodukte (BfArM) für die Zulassung pflanzlicher Arzneimittel zuständig ist. Bernd Wegener, damals BPI-Vorsitzender, sagt: »Wo Popp Rahmenbedingungen für sein Geschäftsfeld schaffen wollte, hat er Maßstäbe gesetzt.« Der Vorteil für die Behörden: Sie verstehen, wie die Industrie arbeitet und in welchen Zwängen sie steckt.

Von 2001 an ist Popp nun häufig in Brüssel. »Ich bin eigentlich ein *no name*«, sagt er, »mit einem kleinen Unternehmen in der Oberpfalz, das keiner kennt.« Doch Emilia Müller, seinerzeit bayerische Ministerin für Europaangelegenheiten, lädt Popp zu Expertenmeetings ein und stellt politische Kontakte her. Sie kommt aus dem Landkreis Schwandorf, nicht weit von Neumarkt entfernt. Über Müller gerät Popp auch an Dagmar Roth-Behrendt, die damalige Sprecherin für Umwelt-, Verbraucher- und Gesundheitspolitik in der SPE-Fraktion[3]. Mit Roth-Behrendt kommt es zu einem denkwürdigen Termin.

Zunächst musste ich zwei Stunden warten. Dann kam Frau Roth-Behrendt und sagte: »Ich habe leider nur 15 Minuten Zeit.« Als Nächstes: »Was machen Sie gleich noch mal?« Ich: »Mein Unternehmen heißt Bionorica, wir machen unter anderem Sinupret®.« Ihre Reaktion: »Oh, das ist dieses Medikament, von dem mir immer übel wird.« Darauf war ich natürlich nicht vorbereitet. Nach zwei Stunden Gespräch nannte sie mich den »Mercedes unter den Phytoherstellern«.

Fortan wird Popp in Brüssel zu Anhörungen eingeladen, in denen der Inhalt für die neue EU-Richtlinie erarbeitet werden soll. Popp ist der einzige Unternehmer unter Politikern und Funktionären. Nebenher bespricht er sich ausführlich mit Professor Konstantin Keller vom BfArM. Keller hat den Vorsitz in der HMPWP und ist – wie Popp – ein energischer Verfechter einer EU-Richtlinie für pflanzliche Arzneimittel. Von den Vertretern einiger Mitgliedsstaaten wird diese jedoch vehement abgelehnt. Die Italiener wollen ihre einflussreichen Nahrungsergänzungsmittelhersteller schützen. Die Briten vertreten die Interessen der indischstämmigen Lobby und deren ayurvedische Produkte. Andere wiederum wollen innerhalb der Richtlinie eine Plattform für die traditionelle chinesische Medizin installieren. Die Situation ist verfahren, keine Einigung in Sicht.

---

[3] Die Sozialdemokratische Partei Europas **(SPE)** umfasst 33 sozialdemokratische und sozialistische Parteien sowie Arbeiterparteien aus der Europäischen Union und aus Norwegen sowie weitere assoziierte Parteien aus mehreren anderen europäischen Ländern und der Türkei.

Was dann passiert, sieht ihm ähnlich. »Michael Popp«, so Wegener, »hat eine angenehme Direktheit und keine Angst vor klaren Worten, das schätze ich sehr.« Popp selbst erinnert sich: »Ich bin aufgestanden und habe losgewettert gegen diese Nischeninteressen und dass wir uns aus Qualitätsgründen nicht auf andere, wissenschaftlich nicht gestützte Heilpflanzenkulturen einlassen dürfen.« Roth-Behrendt meint daraufhin: »Uns muss klar sein, dass nicht jeder so gute Arzneimittel haben kann wie Professor Popp. Also, wenn wir jetzt eine Direktive machen, brauchen wir Unterscheidungen.« Es ist der Brückenschlag zu einem Kompromiss, an dessen Zustandekommen Popp großen Anteil hat.

Die Richtlinie 2004/24/EG wird im am 30. April 2004 verabschiedet. Sie sieht eine Aufteilung von pflanzlichen Arzneimitteln und entsprechender Kennzeichnung in drei Kategorien vor.

- Traditionelle pflanzliche Arzneimittel, die seit 30 Jahren in Europa auf dem Markt sind und unterdosiert sind, dafür aber nur ein Qualitätsdossier vorweisen müssen;
- *Well-Established-Use*-Arzneimittel, die auf bibliografischen und wissenschaftlichen Daten sowie einem Qualitätsdossier basieren;
- *Stand-Alone-Application*-Arzneimittel mit eigenständigen wissenschaftlichen, pharmakologischen und klinischen Studien, die in den meisten Fällen gestützt werden von modernen toxikologischen Daten, häufig basierend auf Spezialextrakten, gewonnen durch aufwendige Verfahren vom Saatgut bis zur Produktion.

Die letzte Kategorie ist seine, dorthin gehören die Produkte von Bionorica. Damit ist sichergestellt, dass der Konsument Herkunft, Qualität und Unbedenklichkeit der Produkte tatsächlich beurteilen kann.

Popp fühlt sich, »als würden Ostern, Weihnachten und Geburtstag zusammenkommen«. Wie sich noch herausstellen sollte, freut er sich zu früh. Obwohl eine Frist von sieben Jahren gewährt wird, hapert es innerhalb der EU vielerorts an der Umsetzung der Richtlinie 2004/24/EG. Für Wegener steht dennoch fest: »An Michael Popp kann man sehen, was ein Visionär mit Engagement und Kampfgeist erreichen kann. Der Einfluss, den er in Deutschland und Europa diesbezüglich ausgeübt hat und noch ausübt, ist für einen Mittelständler mehr als bemerkenswert.«

VERSUCH, IRRTUM, ERFOLG

Landwirt KLAUS SCHMIDT *über den*
Anbau von Heilpflanzen

Man klingelt und in der Haustüre erscheint ein großer Mann. Breite Schultern, graues Haar, kräftiger Händedruck. Wie man sich einen Landwirt vorstellt. Und kaum sitzt man in der Küche vor einem Becher Kaffee, wird auch schon debattiert über Ackergifte und Ökolandbau, über Biogasanlagen und Umweltschutz. Noch ein Schluck Kaffee. Noch eine Selbstgedrehte. Und weiter geht es über Zukunft und Perspektive der Landwirtschaft. Unter dem Tisch gähnt Linus, ein großer schwarzer Hund, in dem neben Labrador und Berner Sennenhund auch ein bisschen Border Collie steckt.

Reichertshofen, 300 Einwohner, 15 Minuten Autofahrt entfernt von Bionorica. Klaus Schmidts Hof liegt mitten im Dorf. Bis 1994 standen hier 23 Milchkühe im Stall, dazu eine Handvoll Kälber. Danach hat Schmidt angefangen mit Kartoffeln und pflanzte nebenher Winterweizen, Roggen und ein wenig Mais. »Mit 45 Hektar kannst du als viehloser Betrieb nicht reich werden«, sagt Schmidt, »letztlich sind wir alle dem Preisdruck der Mühlen- und Futtermittelkonzerne und der Großmolkereien ausgesetzt.« Auch in Deutschland kämpfen immer mehr Landwirte ums wirtschaftliche Überleben.

1997 nimmt Bauer Schmidt an einer Informationsveranstaltung von Bionorica teil. Gesucht werden Landwirte, die Heilpflanzen anbauen. »Ich dachte: Das hörst du dir mal an«, sagt Schmidt. »Ich war schon immer interessiert, etwas Neues zu lernen.« Zur ersten Veranstaltung kommen 30 Landwirte, bei der zweiten sind es noch 15, von denen neun auf kleinen Parzellen probeweise Brennnessel, Eisenkraut, Schlüsselblume, Goldrute und Ampferkraut anbauen, später kommt Johanniskraut dazu. Vier Landwirte steigen schließlich auf größeren Flächen in den langfristigen Anbau ein. Das Saatgut und die Setzlinge kommen von Bionorica, dessen Anbauberater die Landwirte begleiten.

Bauer Schmidt erkennt bald, dass Heilpflanzenanbau schwieriges Terrain ist. Es gibt kaum Fachliteratur. Tipps von anderen Landwirten? Fehlanzeige. Erste Erkenntnis: Hat mehr mit Gartenbau zu tun als mit Landwirtschaft. So muss der Boden völlig eben sein, um eine lückenlose Bepflanzung und Unkrautregulierung zu gewährleisten. Zweite Erkenntnis: Sorgt für viel Handarbeit, für die schwer Personal zu finden ist. Und noch etwas lernt Bauer Schmidt: »Alles hängt vom Wetter ab, das ist bei Heilpflanzen viel entscheidender für die Qualität als bei Kartoffeln oder Getreide.« Unter welcher Überschrift er die letzten 22 Jahre zusammenfassen würde? »Versuch und Irrtum.« Beim Ampferkraut etwa wurden alleine »sieben bis acht unterschiedliche Herkünfte ausprobiert«.

Heute baut Schmidt auf insgesamt sechseinhalb Hektar Eisenkraut und Ampferkraut an, dazu ein wenig Gelben Enzian. »Ganz wichtig ist gutes, sortenreines, keimfähiges und unkrautfreies Saatgut. Du brauchst gesunde, homogene Jungpflanzen, die richtige Saat- und Pflanztechnik zur richtigen Zeit.« Auch bei der Unkrautbekämpfung darf Schmidt nicht zu spät kommen. Ackerwinde, Distel oder Quecke können ihm jederzeit in die Quere kommen. Noch dramatischer wäre es, sollte Bauer Schmidt Pflanzen übersehen, die Pyrrolizidinalkaloide (PA)[1] enthalten. Dazu gehören Vergissmeinnicht, Huflattich, Borretsch oder Beinwell, vor allem aber Jakobskreuzkraut, das an Rucola erinnert. »Zehn Pflanzen davon auf einem Hektar, und du kannst die ganze Ernte wegschmeißen.« PAs gelten als lebertoxisch und möglicherweise krebserregend. Schmidts Fazit: »Wer pennt, verliert.«

[1] **Pyrrolizidinalkaloide (PA)** ist eine Sammelbezeichnung für Alkaloide, deren Grundstruktur das Ringsystem Pyrrolizidin enthält. In der Natur kommen Pyrrolizidinalkaloide als sekundäre Pflanzenstoffe in über 6000 verschiedenen Arten von Blütenpflanzen vor, hauptsächlich in den Familien der Korbblütler, Raublattgewächse, Hülsenfrüchtler (Crotalaria) und Orchideen. Den Pflanzen dienen diese Stoffe vornehmlich zur Abwehr von Verbiss.

Zweimal wöchentlich kontrolliert Schmidt die Felder, alleine schon wegen drohender Schädlinge wie Gastrophysa viridula, dem Grünen Sauerampferkäfer, oder Pilzbefall, der dem Eisenkraut gefährlich werden und eine ganze Ernte vernichten kann. Die Herausforderung ist umso größer, als bei Heilpflanzen nur organischer Pflanzenschutz erlaubt ist. Der Anbau von Getreide oder Mais ist im Vergleich dazu einfach, weil es dort vom Saatgut über den Dünger bis hin zu den Maschinen standardisierte Verfahren gibt. »Im Zweifel kann ich hier mit chemischem Pflanzenschutz noch viel retten, und selbst wenn die Qualität nicht stimmt – für Viehfutter und Biogasanlagen reicht es allemal.«

Bauer Schmidt hat seine Entscheidung für die Heilpflanzen dennoch nie bereut. Obwohl man auch damit, wie er sagt, nicht reich werden kann. »Wenn alles gut läuft, verdient man aber auch gut.« Bionorica, so Schmidt, »war stets ein verlässlicher Abnehmer, und gemeinsam mit den Anbauberatern haben wir noch jede Herausforderung gemeistert.« Besonders stolz ist er auf seine Erntegeräte, die er aus mehreren konventionellen Landmaschinen zusammengebastelt hat, weil er auf dem Markt keine geeignete Ware finden konnte. Wenngleich das nicht alles sei, was für die Arbeit mit Heilpflanzen spreche.

»Schauen Sie«, sagt Klaus Schmidt, »Weizen, Mais oder Gerste – das ist anonymes Schüttgut, aus Heilpflanzen hingegen werden Medikamente. Damit tue ich etwas Gutes. Damit tue ich etwas für die Gesundheit von Menschen. Das ist für mich eine ganz besondere Motivation.«

Klaus Schmidt ist Landwirt in Sengenthal-Reichertshofen. Der Ort liegt etwa acht Kilometer südwestlich von Neumarkt in der Oberpfalz.

der
richtige
ansprechpartner

KAPITEL FÜNF

*Bionoricas wissenschaftliches Netzwerk
ist weltweit einzigartig*

Ein Clou. Ein Paradigmenwechsel. Ein Meilenstein der klinischen Forschung. Man kann seine Erregung spüren, während er spricht. Er beschreibt die Studie und ihre überraschende Erkenntnis noch einmal in anderen Worten. Noch lauter, noch anschaulicher. Doppelt erzählt wirkt besser, wenn man einen medizinischen Laien zu Gast hat. Seine Frau kommt um die Ecke und fragt, ob man noch Kaffee haben möchte. Sie lächelt milde. Sie kennt das. Sie weiß um seine Leidenschaft und auch um seine Hartnäckigkeit. Tausende Male erlebt, diese Momente, in denen Professor Dr. med. Dr. h. c. Kurt G. Naber sein Thema findet und ins Schwärmen gerät.

Ein Bungalow am Stadtrand von Straubing. Große Fenster mit Blick auf den Garten, dahinter Wiesen und Äcker. Seit zwei Stunden geht das so. Naber, ein robuster, freundlicher älterer Herr, hat die Unterschiede zwischen Grundlagenforschung und klinischen Studien erläutert, gefolgt von einer kurzen Einführung in die Pharmakokinetik.[1] Wir waren bei Paul Ehrlich und Sahachiro Hata, genauer gesagt beim Ehrlich-Hata-Präparat 606, das unter dem Namen Salvarsan als erstes Syphilispräparat vermarktet wurde. Logisch, dass es danach um die Paul-Ehrlich-Gesellschaft (PEG) ging, deren Präsident Naber war. Und insbesondere um deren interdisziplinären Ansatz. »Meine Aufgabe«, so Naber, »war häufig, Mediziner unterschiedlicher Fachrichtungen und ihre Ideen zusammenzubringen.«

Hier kommt Michael Popp ins Spiel. Naber sagt: »Wissenschaftler brauchen die richtigen Ansprechpartner. Wir wollen hochwertige klini-

---

[1] Die **Pharmakokinetik** beschreibt die Gesamtheit aller Prozesse, denen ein Arzneistoff im Körper unterliegt. Dazu gehören die Aufnahme des Arzneistoffes (Resorption), die Verteilung im Körper (Distribution), der biochemische Um- und Abbau (Metabolisierung) sowie die Ausscheidung (Exkretion).

der richtige ansprechpartner

sche Studien und unvoreingenommene Auftraggeber, die uns dabei unterstützen.« Umso besser, wenn dieser Auftraggeber ebenfalls interdisziplinär geprägt ist. »Da sind wir uns durchaus ähnlich«, sagt Naber. »Michael Popp ist schließlich Pharmazeut, Wissenschaftler, Naturphilosoph und Kaufmann in einem.«

Über Jahrzehnte arbeiten sie nun schon zusammen, zuletzt bei der bahnbrechenden Can-UTI-7-Studie, die Naber zusammen mit Professor Wagenlehner wissenschaftlich begleitete und zu diesem Clou führte, dem Paradigmenwechsel, von dem er spricht. »Can« steht für Bionoricas Produkt Canephron®. »UTI« steht für Urinary Tract Infection. Und die siebte aus einer Reihe von Studien ergab, dass Canephron® bei der Behandlung einer akuten, unkomplizierten Blasenentzündung bei Frauen einem Antibiotikum nicht unterlegen ist. Naber glaubt: »Sie wird das Therapiekonzept in diesem Bereich völlig verändern.«

Kurt Naber wird 1941 in Łódź, Polen, geboren. Der Vater ist Arzt. Obwohl deutschstämmig, wird er zunächst zur polnischen Armee abkommandiert. Danach rekrutiert ihn die Wehrmacht. Später gerät er in Norwegen in britische Kriegsgefangenschaft. Die Mutter flieht im Februar 1945 mit drei kleinen Kindern nach Dresden. Zum Glück ist die Person, bei der sie Unterschlupf sucht, nicht auffindbar, weshalb sie weiterzieht. In den nächsten Tagen bombardieren die Briten die Stadt. Über Pirna gelangt die Familie nach Wengen im Allgäu, wo Naber Kindheit und Jugend verbringt. Er kann sich immer noch daran erinnern, wie er zwischen Flüchtlingsfamilien auf dem Marktplatz stand und wartete, dass der Familie eine Unterkunft zugewiesen wurde. »Ich weiß, wie sich die Flüchtlinge heute fühlen müssen, wenn sie hier ankommen.« Er studiert in München Medizin, Promotion 1966. Schon als junger Arzt verschreibt Naber sich der Urologie. Um sie drehen sich auch seine

Forschungen am VA Hospital in Madison, US-Bundesstaat Wisconsin. 1973 habilitiert er sich an der Universität Marburg, wo er 1974 zum Professor ernannt wird. Von 1975 bis zu seiner Pensionierung leitet er als Chefarzt die Urologische Klinik am Klinikum St. Elisabeth in Straubing. Dort betreut Naber Dutzende von Doktoranden, darunter auch Florian Wagenlehner, heute Direktor der Klinik für Urologie, Kinderurologie und Andrologie des Universitätsklinikums Gießen. Alles in allem: 800 publizierte Artikel; zahllose Referate bei wissenschaftlichen Kongressen; Forschung und Verbandsarbeit im In- und Ausland; einer der weltweit führenden Urologen auf dem Gebiet der urologischen Infektiologie.

1974 wird Naber von einem Vertreter eines Nürnberger Phytoherstellers angesprochen. Bionorica sucht nach einem wissenschaftlichen Beleg, dass ihr Produkt Canephron® die Nierenfunktion unterstützt. »Ich sagte: ›Das hört sich alles gut an, wir können eine Studie entwerfen, aber erst wenn wir die Ergebnisse haben, werden wir sie zuordnen. Und ganz wichtig: Die Studie muss unabhängig vom Ergebnis publiziert werden.‹« Nachdem die Studie erfolglos verläuft, ist die Veröffentlichung für Bionoricas Absichten eher kontraproduktiv. Naber: »Mir war klar, die sehe ich nie wieder.«

Irgendwann in den Neunzigerjahren meldet sich ein Herr Popp aus Neumarkt. Als der Name der Firma fällt, denkt Naber: »Sind das nicht die, die ich damals so brüskiert habe?« Richtig, wieder Bionorica. Michael Popp, erst seit einigen Jahren Firmenchef, bittet Naber, eine »Übersichtsarbeit« zu Canephron® zu erstellen. Wirksamkeit bei Harnwegsinfektionen. Prophylaxe in diesem Kontext. Verbesserung der Nierenfunktion nicht ausgeschlossen. Was ist schon bekannt? Was lässt sich noch erforschen? Naber sagt: »Was wir danach hatten, waren allenfalls gut angelegte Erfahrungsberichte, die meisten retrospektiv. Mein Vorschlag war: Jetzt müssen wir das mit einer These verknüpfen, prospektiv, eine Studie mit höchsten Ansprüchen, natürlich wieder mit einer Veröffentlichung. Ich war total überrascht, dass er darauf komplett eingegangen ist.«

Die Episode ist kein Einzelfall. Um die medizinische Wirksamkeit von pflanzlichen Arzneimitteln zu belegen, braucht Popp die Wissenschaft. Also bemüht er sich um ihre prominentesten Vertreter und baut Kontakte zu zahlreichen Universitäten und Forschungseinrichtungen auf. So entsteht über die Jahre ein weltweites wissenschaftliches Netzwerk, das für einen Phytohersteller einmalig ist.

»Er wollte«, erinnert sich Naber, »dass die Phytos auf denselben Level kommen wie die chemisch-synthetischen Produkte. Er wollte mir nichts aufschwatzen und hatte kein Problem mit kritischen Fragen. Er war an einer ehrlichen Diskussion interessiert. Und weil er selbst Wissenschaftler ist, konnte er hervorragend zuhören und am Ende ein pointiertes Resümee ziehen.« Pontus Stierna vom schwedischen Karolinska-Institut meint: »Das Wichtigste an Forschung ist, dass du weißt, worum es geht, wonach du suchst und welche Möglichkeiten du hast. Nur wenn du alle Punkte verbinden kannst, siehst du das gesamte Bild. Michael kann das.«

Das sagt die Wissenschaft

Was mich an Bionorica schon immer überzeugt hat, sind die wissenschaftliche Ausrichtung des Unternehmens und ihr Phytoneering-Konzept. Ich bin sehr stolz, dass ich als Urologe helfen konnte, die Wirksamkeit von Canephron® durch Studien zu belegen und es damit in Russland zu etablieren. Mein Sohn ist inzwischen selbst Facharzt für Urologie und hält auf medizinischen Foren wissenschaftliche Vorträge über Canephron®. Es sind transparente, faire und von der gemeinsamen Begeisterung für die Wissenschaft geprägte Beziehungen, die uns mit Professor Popp und Bionorica verbinden. Für uns wie für ihn ist es eine lebenslange Aufgabe, sich der Gesundheit der Menschen zu widmen.

ALEXANDER AMOSOW
Professor am Forschungsinstitut für Uro-Nephrologie und Reproduktive Gesundheit
Moskau, Russland

Das erste Mal kam Michael Popp mit der inzwischen sehr bekannten ARhiSi-1-Studie auf mich zu, in der wir untersuchten, ob wir den Übergang vom Schnupfen zur schweren Entzündung der Nebenhöhlen verhindern können. Ich habe ihm gesagt, wir machen keine lauwarmen Sachen, wir haben höchste Ansprüche an unsere Studien. Aber ich habe schnell verstanden: Da will jemand eine richtige Studie machen, wie die Profis aus der Pharmaindustrie; der steht zu 100 Prozent hinter seinem Thema und ist dennoch jederzeit offen für Kritik. Und er weiß, was er dafür aufwenden muss, um zu seriösen Ergebnissen zu kommen. Damit kann ich als Wissenschaftler gut leben. Am Ende kämpfen wir beide um das bestmögliche Ergebnis.

CLAUS BACHERT
Professor und Klinikchef der Universität Gent, Belgien

Was mich an Michael Popp am meisten fasziniert, ist, dass er eine Brücke baut zwischen vermeintlichen Widersprüchen. Als Visionär hat er die großen Zusammenhänge im Blick, als detailorientierter Forscher und Unternehmer ist er aber gleichzeitig extrem penibel in der Sache. Die Standardisierung seiner Produkte ist außergewöhnlich. Alles, was Bionorica macht, ist geprüft und abgesichert. Damit überzeugt er mich als Mediziner und Wissenschaftler. Ich würde mir wünschen, dass Bionorica mit seinen Produkten – trotz aller Hindernisse bei der Zulassung – noch einmal einen Versuch macht, sich den US-Markt zu erschließen. Phytomedizin ist auch hier im Kommen. Bionorica ist genau das, was wir brauchen.

DAVID W. KENNEDY
Professor und Leiter HNO-Heilkunde, University of Pennsylvania, USA

2012 traf ich auf einer wissenschaftlichen Konferenz die Bionorica-Managerin Natalia Schewtschenko, die mir von ihrem Unternehmen und von dem Projekt Phytothek erzählte. Die evidenzbasierte Phytomedizin als Kompetenzfeld in der Apotheke zu etablieren, hat mich begeistert. Wissen Sie, das wahre Kapital einer Firma ist das immense Wissen ihrer Mitarbeiter in Verbindung mit Menschlichkeit. Achtung, Vertrauen und Freundlichkeit sind gelebte Werte bei Bionorica. Ganz besonders haben wir das 2014 und 2015, in den Jahren großer politischer Krisen, erlebt. Bionorica hat seine wissenschaftlichen Kooperationen fortgeführt. So entstehen über eine professionelle Zusammenarbeit hinaus nachhaltige Freundschaften.

IGOR ALBERTOWITSCH ZUPANETS
Professor und Leiter des Lehrstuhls für klinische Pharmakologie und klinische Pharmazie, Universität Charkiw, Ukraine

Noch ist nicht abzusehen, welche Bedeutung Phytopharmaka in Zukunft bei der Bekämpfung der Antibiotikaresistenz haben. Aber wir können zumindest Potenziale abschätzen. Es wird darum gehen, aus den über Jahrhunderte gesammelten Erfahrungen und den modernen pflanzlichen Medikamenten diejenigen Kandidaten herauszufiltern, die besonders Erfolg versprechend sind. Wenn sich in weiter reichenden Experimenten und Studien, auch am Menschen, zeigen lässt, dass sich mit Phytomedizin schwere Infektionen, beispielsweise im Rahmen einer Sepsis, eindämmen lassen, könnte eine parallele Gabe solcher Extrakte gemeinsam mit den klassischen Antibiotika irgendwann Standard sein. Hier ist Bionorica durch die bereits initiierten Studien sehr weit vorne.

ANDRÉ GESSNER
Professor und Direktor des Instituts für Medizinische Mikrobiologie und Hygiene an der Universität Regensburg

Michael Popp sagt: »Ich gehe immer ganz tief rein in meine Forschung, ich muss genau wissen, wie meine Arzneimittel funktionieren.« Dazu gibt es ein schönes Beispiel. Es handelt von Enzian. Popp: »Häufig wurde moniert, Enzian sei ein Bitterstoff, der habe doch in Sinupret® nichts verloren. Doch dann haben wir herausgefunden, dass insbesondere dieser Enzian über den Magen den Körper anregt, in den Nebenhöhlen antibakterielle Stoffe gegen Sinusitis zu bilden.« Was folgt, ist eine längere Ausführung über Lysozyme[2], Defensine[3] und N-Chlortaurin[4]. »Unglaublich«, sagt Popp am Schluss, »es ist wirklich unglaublich.« Mit seinen Studien und seiner Detailversessenheit macht sich Popp bald einen Namen in der wissenschaftlichen Community. Das liegt auch an seinen Vorträgen, die sich nicht nur um Forschungsergebnisse zu Bionorica-Produkten drehen. Einer davon sollte richtungsweisend sein. Es ist der 1. Februar 2007, als Popp beim HNO-Kongress in Kuala Lumpur über Phytoneering und Wein spricht. In Schanghai spricht er danach über traditionelle Medizin und Naturmedizin; in Moskau beim Urologiekongress über Phytopharmaka. Spätestens jetzt kennt ihn das Who is who der Branche. Selbst renommierte Schulmediziner, denen pflanzliche Arzneimittel bis dahin eher suspekt erschienen, nehmen Notiz von dem Phytohersteller aus der Oberpfalz.

David Kennedy, der damalige Präsident der American Rhinologic Society, lädt Popp im April 2009 zu seinem Rhinology World Congress nach Philadelphia ein. Am Abend vor der Eröffnung bittet er seinen deutschen Gast um ein Grußwort an die versammelte Forschergemeinde. Eine Geste wie ein Ritterschlag. »It takes one to know one«, sagt man in Amerika. Was du selbst bist, erkennst du in anderen. Die wissenschaftliche Community erkennt in Popp einen der ihren. Bald

———[2] **Lysozyme** sind Enzyme, die als Teil des angeborenen Immunsystems bei Tieren vorkommen und außerdem in Pflanzen, Pilzen, Bakterien und bei Bakteriophagen gefunden werden.

———[3] **Defensine** kommen als antimikrobielle Peptide in allen tierischen Organismen und höheren Pflanzen vor. Sie dienen der Abwehr von mikrobiellen Erregern, vor allem Bakterien, aber auch Pilzen und Toxinen. Ferner wird davon ausgegangen, dass sie die Vermehrung von Viren hemmen. In Säugetieren findet man sie zahlreich auf Haut- und Schleimhautoberflächen. Während einer Entzündungsreaktion steigt die körpereigene Produktion der Defensine an.

———[4] **N-Chlortaurin** (NCT) ist ein körpereigenes Antiseptikum, das von weißen Blutkörperchen unter anderem zur Abwehr von Krankheitserregern gebildet wird.

der richtige ansprechpartner

schon meldet sich der Grazer Professor Stammberger[5] und bittet Popp um einen Vortrag bei der Endovienna in Wien.

Irgendwann während all dieser Ereignisse etabliert Bionorica die Tradition des wissenschaftlichen Dinners. Die Idee kommt von Stierna. Bei Arbeitsessen – etwa am Rande von Kongressen – wird über neue Studien, wissenschaftliche Ideen und Visionen debattiert. Der Moskauer Nephrologe Amosow hat festgestellt: »Wann auch immer man Michael Popp trifft – er fragt nach, er interessiert sich, er ist voll motiviert, ich kenne keinen Pharmaunternehmer, der sich so für die Wissenschaft engagiert.« Popps Innsbrucker Doktorvater Günther Bonn hat eine schlichte Erklärung: »Er ist selbst ein sehr talentierter Wissenschaftler, seine Doktorarbeit von 1991 wird in der Szene noch heute diskutiert. Michael ist aber auch ein sehr talentierter Unternehmer. Diese Kombination ist einmalig.«

Bei Nabers und Wagenlehners Studie zu Canephron® kommen beide Aspekte wieder einmal zusammen. Blasenentzündungen gehören zu den häufigsten bakteriell bedingten Infektionen. Betroffen sind aufgrund ihrer Anatomie vor allem Frauen. Blasenentzündungen sind zudem einer der häufigsten Anlässe für die Verordnung von Antibiotika, in Deutschland alleine in jährlich 6,3 Millionen Fällen. Die naheliegende Frage: Was wäre, wenn sich beweisen ließe, dass Canephron® in der Therapie einer akuten, unkomplizierten Blasenentzündung einem Antibiotikum wie Fosfomycin[6] nicht unterlegen wäre? Vor allem vor dem Hintergrund der virulenten Debatte über Antibiotikaresistenzen.

[5] **Heinz Stammberger** (*1. Dezember 1946; † 9. Dezember 2018) war Leiter der Klinischen Abteilung für HNO-Heilkunde an der Universitätsklinik Graz. Bekannt wurde er unter anderem durch seine Operationstechniken in der endoskopischen Nasennebenhöhlen- und Schädelbasischirurgie, die heute weltweit als Standard gelten.

[6] **Fosfomycin** ist ein Antibiotikum, das in der Humanmedizin bei schweren bakteriellen Infektionen eingesetzt wird.

Gedacht, gemacht. In zahlreichen Treffen zwischen Naber, Wagenlehner und Popp wird die Hypothese erarbeitet. An der folgenden randomisierten, doppelblinden, doppel-dummy, multizentrischen Phase-III-nicht-Unterlegenheitsstudie[7] nehmen 659 Patientinnen teil. Rosmarin, Tausendgüldenkraut und Liebstöckel gegen die geballte Power aus dem Chemielabor. Michael Popp erinnert sich: »Viele sagten: Völliger Unsinn, funktioniert nic.« Und täuschen sich. Das Fazit der Can-UTI-7: Durch Canephron® wird eine vergleichbare Reduktion der Symptome erreicht wie durch Fosfomycin. Hinzu kommt der Nachweis guter Verträglichkeit. Im Oktober 2018 wird die Studie veröffentlicht. Popp sagt: »Jede veröffentlichte Studie ist für mich wie der Gewinn eines Oscars.« Diesmal war es ein Oscar und der Golden Globe.

Womit wir beim Clou wären, beim Paradigmenwechsel, dem Meilenstein. »Vergleicht man ein Phytotherapeutikum mit einem Antibiotikum«, so Naber, »wird niemand über die antibakterielle Wirkung des Phytotherapeutikums sprechen. Dass Canephron® nicht antibakteriell wirkt, ist nicht das Thema.« Was dann? »Dass die Zahl der Bakterien im Verlauf unserer Studie statistisch gleich blieb, die Beschwerden aber verschwanden.« Das heißt? »Dass es offenbar ein immunologisches Abkommen im Körper zwischen Wirt und Bakterien gibt, das bestimmt, wann Bakterien pathogen werden und wann nicht. Ergo, das

_____[7] **Randomisierung** ist ein Verfahren, bei dem die Versuchspersonen unter Verwendung eines Zufallsmechanismus unterschiedlichen Gruppen zugeordnet werden.
In **doppelblinden** Studien wissen Studienteilnehmer und Forscher nicht, welcher Teilnehmer welche Behandlung oder das Placebo erhält.
Beim **Double-Dummy**-Verfahren werden den Patienten in der Kontroll- und Verumgruppe beide Darreichungsformen gleichzeitig verabreicht; eine Darreichungsform ist jedoch immer ein Placebo.
Multizentrisch bedeutet, dass eine klinische Studie an verschiedenen Studienzentren gleichzeitig durchgeführt wird. Dadurch ist eine hohe Anzahl von Studienteilnehmern gewährleistet.
Phase-III-Studien sind klinische Studien, bei denen das Arzneimittel an einem größeren Patientenkollektiv erprobt wird.

der richtige ansprechpartner

Hauptziel einer Therapie muss nicht zwingend die Beseitigung von Bakterien sein.«

Bei vielen klinischen Studien ist jedoch genau das ein zentraler Parameter, vorgegeben von den Behörden, die für die Zulassung und Beurteilung der Studien zuständig sind. In Deutschland ist es das Bundesinstitut für Arzneimittel und Medizinprodukte (BfArM), in den USA etwa die mächtige Food and Drug Administration (FDA). »Eigentlich müssten die jetzt umdenken«, sagt Naber, »das Phänomen ist schon länger bekannt, wir haben mit unserer Studie noch einmal eine Türe aufgestoßen. Die Behörden müssen nur noch durch diese Türe gehen. Die Forschung würde sich dadurch massiv verändern.«

Man will gerade fragen, ob er, Naber, denkt, dass die Pharmabürokratie dazu bereit ist. Da fällt einem ein, dass er vorher eine Parabel aus Dostojewskis Roman *Die Brüder Karamasow* erzählte. Irgendwo zwischen Pharmakokinetik und Syphilis kam er darauf, warum, ist nicht mehr klar.

Die Parabel ist im Original einigermaßen kompliziert. Nabers Version geht so: »Eines Tages kommt ein Mann zum Großinquisitor und sagt: ›Auf dem Marktplatz läuft jemand rum, der sieht aus wie Jesus.‹ Der Großinquisitor befiehlt, diesen Jesus festnehmen zu lassen. Er lässt sich mit ihm in einen Raum sperren. Er sagt: ›Herr, ich wusste gleich: Du bist es. Du bist zurückgekommen! Aber merkst du nicht, dass du alles kaputt machst? Seit Jahrhunderten verwalten wir, was du doch wolltest. Wir haben den Weg gefunden, deine Lehre zu bewahren. Du solltest uns dabei nicht stören, bitte gehe zurück zum Vater.‹«

Man muss gar nicht lange fragen, was Naber damit meint. Man kann es sich auch so denken.

DER UNZÄHMBARE SCHWEDE

Zu Besuch bei PONTUS STIERNA
in Stockholm

Diese Woche, sagt er am Telefon, könne er unmöglich. Wichtige Termine in Stockholm. Er erzählt irgendwas von Schauspielern, Persönlichkeiten aus Politik und Wirtschaft. Die Woche darauf sei er auf den Philippinen. Er müsse eine Insel inspizieren; ein Bekannter wolle damit seine Schulden bei ihm begleichen. Danach jederzeit gerne.

Zwei Wochen später kommt eine E-Mail. Er habe sich einen Tag freigenommen. Man könne ausgiebig plaudern und danach gemeinsam zu Mittag essen: »Was hältst du davon, mein Freund?« Und: »Du nimmst am besten den Arlanda Express vom Flughafen zum Stockholmer Hauptbahnhof, dort hole ich dich ab.« Ob er denn wisse, wie sein Gast aussehe? »Keine Sorge, ich finde dich.«

Lars Eric Pontus Stierna wird 1951 in Stockholm geboren. Der Vater leitet die staatliche Gesundheitsbehörde, die Mutter ist Soziologin. Schon als Kind entwickelt er ein Faible für Bücher. Tütenweise schleppt er sie aus der Bibliothek, jede freie Minute verbringt er mit Lesen. Als Teenager sitzt er am Esstisch, wenn die Eltern Gäste haben. Hochrangige Beamte, der Finanzminister, der Ministerpräsident, beziehen ihn in die Konversation mit ein. Als junger Mann geht er für ein Jahr nach Los Angeles. Palmen, Strand und schnelle Autos. Er genießt das süße Leben im Land der unbegrenzten Möglichkeiten. Wieder trifft er auf prominente, wohlhabende, interessante Menschen, darunter einen Arzt, der ihm extrem imponiert. Er kommt mit zwei Erkenntnissen nach Schweden zurück: dass er Arzt werden will und im Leben alles erreichen kann.

Pontus Stierna studiert Medizin am renommierten Karolinska-Institut, wo er 1988 einen Doktor in Medizin erwirbt. Was nun folgt, ist eine schier atemberaubende Karriere als Forscher im Bereich der

Oto-Rhino-Laryngologie[1]. Stierna veröffentlicht 160 Studien, Bücher und Arbeitspapiere, hält eine Vielzahl von Patenten für wissenschaftliche Verfahren. 600 Vorträge. Zahlreiche Auszeichnungen. Er leitet Forschungen und medizinische Projekte auf der ganzen Welt, setzt Maßstäbe als Forscher, nimmt Einfluss auf Arzneimittelrichtlinien und die Redaktionen von wissenschaftlichen Magazinen. Nebenher berät Stierna die Pharmabranche. Alles, was Rang und Namen hat. AstraZeneca, Schering-Plough. Medivir. GlaxoSmithKline. Pfizer La Jolla Laboratories. Aber auch die Gesundheits-, Telekommunikations- und IT-Branche schätzen seine Expertise. Seine Beraterjobs sind zu viele, um sie alle aufzuzählen.

Frage an Michael Popp: »Auf welchen Menschen werde ich treffen in Stockholm?« Antwort: »Pontus ist ein grandioser Wissenschaftler mit tollen, teilweise verrückten Ideen, der unglaublich viel weiß und kann, der in der wissenschaftlichen Community vernetzt ist wie kaum ein Zweiter, der aber daneben immer schon ein wildes Leben gelebt hat.« Popp schüttelt lächelnd den Kopf, und schon kommen sie, die Geschichten. Über die erste Zusammenarbeit am Karolinska-Institut für Bionorica, die wegweisend war für Sinupret®. Über ein Abendessen am Rande eines Kongresses in Wien, zu dem Stierna so viele Wissenschaftler anschleppte, dass das Restaurant überfüllt war. Über einen Motorradausflug in Schweden, der in einem Rockerklub endete. Und dann ist da noch die Anekdote von der Geburt seines jüngsten Kindes. Stierna hatte versäumt, eine Babyschale zu besorgen, weshalb für die Abholung im Krankenhaus eine Chiquita-Bananenkiste aus dem nächstgelegenen Supermarkt herhalten musste. Popp sagt: »In der Szene ist er bekannt wie ein bunter Hund.«

[1] Hals-Nasen-Ohren-Heilkunde (HNO).

der richtige ansprechpartner

Ankunft Hauptbahnhof Stockholm, Gleis 1. Man erkennt ihn von Weitem. Regenmantel, schwarzes Jackett, gestreiftes Hemd, die Brille baumelt an einer Schnur über dem Bauchnabel. Er ist längst nicht mehr so schlank wie auf einigen Bildern, die im Internet kursieren. Das Haar ein bisschen schütterer. Doch das Funkeln in den Augen ist noch da. Im Taxi erzählt er, vor einiger Zeit sei auch er am Hauptbahnhof abgeholt worden. Er sei von einem Vortrag in Moskau gekommen. »Man hat mich praktisch vom Flugzeug in die Talkshow im Frühstücksfernsehen gezerrt.« Es ging um Allergien. »Ganz Schweden hat mich gesehen.« Und: »Habe ich schon erzählt, dass mein Leben Teil eines Dokumentarfilms werden soll? Filmemacher aus Deutschland und Schweden arbeiten bereits daran.« Wo fahren wir eigentlich hin? »Ins Grand Hotel, dort habe ich mich zum ersten Mal mit Professor Popp getroffen.«

Es ist Vormittag, kurz nach elf. Stierna steuert auf die Bibliothek neben der Lobby zu. Er entert einen Polstersessel und lässt sich nach hinten fallen. Auf die erste Frage geht er nicht ein, die zweite überhört er. Seine Themen findet er alleine. Zellulärer Stress. Infektionen. »Explosionsartige Entzündungen«. Fortan geht es um Hormone, Kortison und Genregulation, Nasenschleimhaut, Kehlkopf und Asthma, aber auch um die Verbindung aus Steroiden und Sterberisiko. Und um Ratten und Hasen, die bei Stierna aus Forschungszwecken in Computertomografen landeten, geht es auch. »Ich war der Erste, der Tiere mit Bakterien infiziert und an ihnen Pflanzentherapie analysiert hat. Man hielt mich für komplett verrückt. Wir haben ebenso kopfschüttelnde wie bahnbrechende Sachen gemacht.«

Er ist nicht komplett verrückt, vielleicht ein bisschen. Ansonsten ist er ein freundlicher, herzlicher Mann, der fantastisch erzählen kann.

Wenn Stierna über die Wissenschaft spricht, kann es allerdings passieren, dass er Tiefen erreicht, in die ihm wenige folgen können. Laien sowieso nicht. Man sagt: »Pflanzliche Wirkstoffprofile sind schwierig.« Stierna winkt ab: »Ach was, das ist doch ganz einfach.« Selbst weltberühmte Pharmakonzerne seien völlig verzweifelt zu ihm gekommen. Stierna: »Wer hat sie gerettet?« Man ahnt die Antwort. Stierna: »Es war der unzähmbare Professor vom Karolinska.«

Wenn er da so vor einem sitzt, nicht zu stoppen in seiner Suada, versprüht Stierna eine Leidenschaft, als wolle er der ganzen Welt noch einmal beweisen, was er doch längst bewiesen hat. Dass er ein außergewöhnlicher Forscher ist, eine Ikone der Wissenschaft. Irgendwann muss doch genug sein, erst recht mit 67? »Nein, nein«, sagt Stierna mit sanfter Entrüstung, »ich bin immer noch informiert, ich kenne immer noch alle Themen und alle wichtigen Figuren innerhalb der Forscherkommune.« Und: »Ich lese viel, ich arbeite hart, ich werde niemals glücklich sein ohne meine Arbeit. Ganz ehrlich: Ich habe eine Menge Spaß dabei.«

Das sei im Übrigen nichts Besonderes. Da gehe es ihm, sagt Stierna, nicht anders als Michael Popp. »Wissen Sie, was mich an Michael immer beeindruckt hat?« Was denn? »Er sagt, was er glaubt, und er tut, was er sagt, und er setzt sich ein Ziel, und das verfolgt er konsequent. Das gefällt mir.« Warum? »Es geht im Berufsleben doch immer nur um eines: Dass du etwas bist in deinem Feld, dass du wirklich etwas erreichst.« Natürlich spricht er hier auch für sich.

Da haben sich die Richtigen getroffen, damals in Stockholm im Grand Hotel. Popp sei auf ihn zugegangen, sagt Stierna, »er hatte von mir und meiner Forschung und meiner Theorie über Sinusitis als Kombination von Entzündung und Infektion gehört«. Er habe ihm

der richtige ansprechpartner

daraufhin erklärt: »Sinupret® wirkt, weil es beides bekämpft. Du hast die Daten, du hast den Nachweis, du kannst nur nicht erklären, was sie bedeuten. Dieses Problem musst du lösen. Du brauchst ein Patent, damit du dein Produkt schützen, damit du es vermarkten kannst.« Auch bei Canephron® sei er sofort begeistert gewesen: »Das ist eine super Wirkstoffkombination. Das ist wie ein Elfmeter ohne Torwart – bei diesem Produkt kannst du die klinische Anwendung nicht versemmeln.«

So seien sie Freunde geworden, erzählt Stierna, der Unternehmer aus der Oberpfalz und der kuriose Professor aus Schweden. Stierna hat Popp eingeführt in sein berufliches Netzwerk. Popp hat Stierna mitgenommen nach Neumarkt und Mallorca und nach Innsbruck ins Phytovalley. Stierna hat für Bionorica geforscht und weltweit über Sinupret® und dessen Bedeutung bei der Rhinosinusitis referiert. Plötzlich setzt Stierna seine Brille auf und schaut auf die Uhr. »Oh, schon eins, wir müssen hinüber ins Restaurant.«

Das Restaurant im Grand Hotel heißt Veranden. Gediegene Atmosphäre, auf den Tischen beiger Damast, an der Wand Lampen aus Kristall. Durch die immense Glasfront blickt man auf die Schären und den Königspalast. Stierna plaudert mit dem Kellner. Großartige Weihnachtsfeiern mit dem Karolinska, aus dem er 2011 ausgeschieden ist, habe man im berühmten Veranden erlebt, aber auch glamouröse Dinner für internationale Gäste. Schon möglich, dass dabei ordentlich Alkohol im Spiel war. Heute ordert er Mineralwasser, dazu Forelle, auf der Haut gegrillt. Seit geraumer Zeit esse er bewusster, leichter, sagt Stierna, auch beim Alkohol passe er auf. Mal abgesehen von dem einen oder anderen Glas leichten Rotweins. Zehn Kilo habe er dadurch schon abgenommen. Noch nicht genug. Schließlich habe er zwei kleine Kinder, eine junge Frau, und was LDL-Cholesterin und Bluthochdruck für einen Mann seines Alters bedeuten, muss ihm nun wirklich keiner erklären.

Pontus Stierna hat sechs Kinder von drei Frauen. Drei erwachsene Töchter stammen aus seiner ersten Ehe, die auch daran scheiterte, dass er mal wieder im Flugzeug nach New York saß, während seine Frau mit Gästen beim Abendessen wartete. Die Forschung. Die Kongresse. Die internationalen Projekte. Es konnte nicht gut gehen. 1984 geht sein bester Freund auf die Philippinen. Als Stierna ihn besucht, verliebt er sich in Land und Leute. Der Rest ergibt sich. Und wie das so ist bei Lars Eric Pontus Stierna, entwickeln sich die Dinge dabei mitunter dramatisch. Ein Sohn, geboren 1993 auf den Philippinen, lebt dort und studiert Medizin. Auch seine aktuelle – sehr viel jüngere – Lebensgefährtin ist Philippinin; mit ihr hat er Kinder im Alter von neun und zwei Jahren.

Nichts von dem, was Stierna erzählt, ist langweilig, vieles unterhaltsam, manches schlicht großartig. Am leidenschaftlichsten jedoch erzählt er über die Philippinen. Da wird die Forelle kalt, und der Kellner rückt näher heran, um mitzuhören. Stierna erzählt von Dinnerpartys mit Steven Seagal[2], Manny Pacquiao[3] und lokalen Politikern. Stierna erzählt auch von eleganten Weihnachtspartys für die Schönheitswettbewerbe zur Teilnahme am Miss-Universe-Finale, das 2016 auf den Philippinen ausgetragen wurde.

_____[2] **Steven Frederic Seagal**, gebürtiger US-Amerikaner, ist Filmschauspieler, Produzent, Regisseur, Musiker und Kampfsportler.

_____[3] **Manny Pacquiao** ist ein philippinischer Profiboxer und Politiker; er ist der erste und aktuell einzige Profiboxer, der in sieben Gewichtsklassen als Weltmeister anerkannt wurde.

_____
der richtige ansprechpartner

Immer dabei zwischen Ballsälen, Luxusvillen und Jachtausflügen: einer der einflussreichsten Geschäftsmänner der Philippinen, der sein Geld unter anderem mit Casinos gemacht und ein imposantes Familienunternehmen in Südostasien aufgebaut hat. Die Businesslegende, mit der Stierna eng befreundet ist, bedrängt ihn schon seit Längerem: »Solltest du deine Freundin heiraten, würde ich voll dahinterstehen.«

Er könnte natürlich noch stundenlang weitermachen. Sind so viele Geschichten. Doch inzwischen ist es kurz nach drei. Er muss weg. Das Büro seiner Rechtsanwälte liegt um die Ecke. Die Herren Juristen warten schon. Man kommt nicht mehr dazu, zu fragen, worum es geht. Vielleicht sind es E-Health Solutions, es könnte auch um IT-Plattformen, Marketingkampagnen, Business Process Optimizing oder Investments im Pharmabereich gehen. Oder doch etwas ganz anderes? Bei einem wie ihm ist alles möglich.

DER RUSSISCHE FREUND

Auf eine Tasse Tee mit WLADIMIR KOSLOW
in Moskau

der richtige ansprechpartner

Im Café des Moscow Marriott Grand Hotel sitzt ein großer Mann mit blondem Haar und akkurat gestutztem Oberlippenbart. Klaviermusik wabert hinaus in die Eingangshalle. Hinter dem Tresen zischt die Espressomaschine. Gegenüber eine Runde junger russischer Geschäftsleute, die auf den Bildschirmen an der Wand ein Fußballspiel verfolgen.

Wladimir Sergejewitsch Koslow trifft sich auf ein Tasse Tee mit Harel Seidenwerg. Einige Stunden zuvor ist eine Tagung für Ärzte, die Bionorica im Marriott veranstaltete, zu Ende gegangen. Seidenwerg hatte sie für Bionoricas Ressort Medical Relations organisiert und moderiert. Jetzt sitzen sie wieder einmal zusammen: zwei Männer, die sich lange kennen, die sich schätzen und mögen. Seidenwerg sagt über Koslow, einen leisen, höflichen Mann, der sich selbst niemals so präsentieren würde: »Man kann überhaupt nicht beschreiben, welche Bedeutung Professor Koslow in Russland und in der internationalen Community hat.«

Man muss es dennoch versuchen. Koslow gilt als einer der weltweit führenden Hals-Nasen-Ohren-Ärzte und Wissenschaftler, insbesondere bei der mikroendoskopischen Chirurgie der Nasennebenhöhlen. Er ist Leiter des Lehrstuhls für Oto-Rhino-Laryngologie an der Zentralen Staatlichen Medizinakademie des russischen Präsidialamts. Koslow ist auch Miterfinder eines Sinuskatheters namens JAMIK und hat einen Trokar[1] für Eingriffe in der Oberkieferhöhle entwickelt. Von seinen insgesamt 18 Erfindungen sind drei in 26 Ländern patentiert worden. Derzeit arbeitet er an einer Apparatur, die es ermöglicht, Nasenoperationen auf einem Monitor zu verfolgen. Was in der russischen HNO-Heilkunde heute Maßstab ist, geht zu großen Teilen auf Koslow zurück.

_____[1] Der **Trokar** ist ein Instrument, mit dessen Hilfe in der minimalinvasiven Chirurgie scharf oder stumpf ein Zugang zu einer Körperhöhle geschaffen und dieser durch ein Rohr (Tubus) offengehalten wird.

Koslow hat sich aber auch einen Namen gemacht als Initiator und Organisator zahlreicher Veranstaltungen. So war er maßgeblich am XX. Internationalkongress »Infektionen und Allergie der Nase« beteiligt, wie auch am IV. Russischen Rhinologenkongress, an dem 750 Ärzte aus 34 Ländern teilnahmen. Wenn Russland nach einem Vertreter für die Europäische Rhinologische Gesellschaft oder eine andere internationale HNO-Organisation sucht, dann fällt die Wahl zuverlässig auf ihn. Seit 2001 ist er Träger des Nationalpreises »Prizwanije«, was so viel heißt wie Berufung, und als Auszeichnung für die besten Ärzte Russlands vergeben wird.

Kein Wunder, dass Koslow von langen Arbeitstagen und großen Belastungen spricht. Natürlich ist auch seine Moskauer Praxis, die er neben seiner wissenschaftlichen Arbeit betreibt, meist überfüllt. »Ich liebe die Wissenschaft, ich liebe es, als Dozent und Redner aufzutreten, am Ende aber lebe ich für meine Patienten. Mein Credo ist: Hilf immer zuerst dem Menschen, das ist das Wichtigste.« Seidenwerg meint: »Diesen Spagat aus Praktizieren, Forschen und Unterrichten meistern nur ganz wenige.« Stimmt es, dass zu seinen Patienten auch Wladimir Putin gehört? Koslow lächelt bescheiden. Darüber spricht man nicht. Aber man kann sich schon denken, wen der Kreml anruft im Falle einer Erkältungswelle im Palais des Präsidenten.

»Es muss 1998 gewesen sein«, erzählt Koslow, »als ich erstmals Kontakt zu Bionorica hatte. Nataliya Amosova und Ivan Kolchenko haben den Kontakt hergestellt.« Bionorica war erst ein Jahr zuvor nach Russland gekommen; Amosova und Kolchenko gehörten zu den ersten Angestellten des Moskauer Büros. Die Anfrage nach einer wissenschaftlichen Zusammenarbeit kam wie gerufen. Schließlich hatte Koslow in Deutschland studiert.

der richtige ansprechpartner

»Ich war in Fulda bei Professor Graf, in Mainz bei Professor Mann und in Würzburg bei Professor Helms. Die deutschen Kollegen haben mir viel Wissen mitgegeben, es war immer mein Traum, dieses Wissen in Russland weiterzugeben.«

Koslow arbeitete damals noch in Jaroslawl, 282 Kilometer nordöstlich von Moskau, wo er das Gebietskrankenhaus zum Zentrum für mikroendoskopische Oto-Rhino-Laryngologie ausgebaut hatte, nicht zuletzt mit dem in Deutschland erworbenen Fachwissen. Mit Unterstützung von Bionorica konnte er nun in Jaroslawl einen internationalen Kongress veranstalten. »Bionorica war eines der ersten Unternehmen«, so Koslow, »das meine Arbeit unterstützte.« Dass pflanzliche Arzneimittel Gegenstand der Forschung waren, stellte kein Hindernis dar. »Wir hatten in der Sowjetunion eine sehr gute Ausbildung für Schulmediziner, auch die Pharmaindustrie produzierte auf einem hohen Standard, dennoch existierte weiter parallel dazu unsere traditionelle Naturmedizin. Noch heute gibt es viele Heilkundige, die Tinkturen, Salben und Heilpflanzentees nach alten Rezepten herstellen. Diese Produkte sind in der Bevölkerung nach wie vor sehr beliebt.«

Irgendwann reist Koslow nach Mallorca, um Bionoricas Heilpflanzenanbau zu studieren. Dann nach Neumarkt, wo er die Produktion kennenlernen will. Danach zieht er begeistert Bilanz. »Auf Mallorca spürst du die Qualität jeder Pflanze, die Organisation dort ist perfekt. Auch die Produktion ist absolut beeindruckend, du kannst hundertprozentig sicher sein, dass sich in jeder Tablette derselbe Anteil an Wirkstoffen befindet. Bionorica setzt mit seinem Prinzip des Phytoneerings hier weltweit Maßstäbe.«

Das, so Koslow, erzähle er auch gerne, wenn er Vorträge halte oder im Auftrag von Bionorica bei internationalen Veranstaltungen spreche;

wie 2018 beim Rhinology Congress in London. Koslow sagt: »Früher hat man operiert, dann hat man Antibiotika verschrieben, heute ist Sinupret® das Mittel der Wahl. Ich glaube an diese Medizin, ich verschreibe diese Produkte jeden Tag, und ich mache das aus vollster Überzeugung.«

Schön, wenn man voreinander Respekt hat. Noch besser, wenn sich dabei eine Freundschaft ergibt. Zwischen Michael Popp und Wladimir Koslow ist es so gekommen, vielleicht auch, weil es Koslow einmal gelang, eine Bekannte von Popp zu heilen. Popp über Koslow: »Es gibt nur wenige Ärzte, die über genauso viel Expertise auf ihrem Spezialgebiet verfügen wie Wladimir.« Koslow über Popp: »Es gibt nur wenige Unternehmer, die ich auch als Menschen so schätze wie Michael.« Was beide darüber hinaus verbindet, ist die Liebe zur Natur. Koslow ist leidenschaftlicher Fliegenfischer. Als Nächstes, erzählt er, stehe Lachsangeln vor Murmansk auf dem Programm. Danach geht es nach Jakutien. Nur er und die Natur. Nur der Fluss, die Angel, der Köder und der Fisch. Von morgens bis abends. Keine Termine. Kein Telefon. »So komme ich zur Ruhe, so kann ich entspannen und nachdenken.«

Bionorica und Russland sind wie Popp und Koslow. Das passt einfach. 2018 verkaufte Bionorica in Russland 22 Millionen Verpackungen und machte 98 Millionen Euro Umsatz. Und natürlich sprechen Koslow und Seidenwerg deshalb an diesem Nachmittag auch ein wenig über das Geschäft und insbesondere über Bionoricas neue Fabrik in Woronesch, die 2020 den Betrieb aufnehmen soll. Seidenwerg sagt, er würde sich wünschen, dass die deutsche und die russische Politik ein ähnlich harmonisches Verhältnis hätten. Professor Popp ist ohnehin »ein Verfechter der These, dass es zwischen den USA und China im Kampf der

Großmächte einen dritten Pol geben muss. Eine starke Allianz zwischen Deutschland und Russland könnte dieser Pol sein.«

Professor Koslow lächelt. Er hört es gerne, sagt aber auch, er sei Realist. »Man muss verstehen, was Russland ist, bei uns ist alles anders.« 17 Millionen Quadratkilometer, 50-mal größer als Deutschland. »Wir haben Flüsse, die sind Tausende von Kilometern lang und haben keine Brücke.« Neun Zeitzonen. »Wenn es in Kaliningrad früher Nachmittag ist, ist es in Wladiwostok Mitternacht.« Schwieriges Klima. »In Sibirien gibt es Temperaturschwankungen zwischen plus 40 Grad Celsius im Hochsommer und 60, 70 Grad unter null im Winter.« Dazu weit über 100 Völker. »Neben Russen gibt es Tataren, Udmurten, Baschkiren, Inguschen, Kalmücken, Burjaten, Jakuten und vieles mehr, alle haben ihre eigene Sprache, Lebensweise und Kultur.« Es sei schwierig, sagt Koslow, das alles zu verbinden. »Umso schöner ist es, dass Bionorica schon eine Brücke gebaut hat.«

Dazu passt eine Anekdote, die Matthias Claus erzählt. Der Russlandchef von Bionorica war vor einigen Jahren mit Michael Popp im Oblast[2] Woronesch unterwegs, um ein Grundstück für die geplante Fabrik zu suchen. Auf der Rückfahrt passierten die beiden eine kleine Ortschaft. In der Ortsmitte: eine kleine Apotheke, kaum größer als eine Hütte. Popp sagte: »Stopp, da müssen wir rein.« In der Apotheke saß eine alte Frau hinter einem Fenster. Drumherum stapelweise Bionorica-Packungen. Sinupret®, Canephron®, Bronchipret®, Tonsilgon®, Mastodynon®, Klimadynon®. Alles da. »Wir waren fast ein wenig geschockt«, sagt Claus. »Ganz normal«, sagt Professor Koslow, »in Russland ist Bionorica überall.«

_____[2] **Oblast** ist die Bezeichnung für einen größeren Verwaltungsbezirk in Bulgarien, Kasachstan, Kirgisistan, Russland, der Ukraine und Weißrussland.

EIN KRAUT GEGEN MALARIA

Über die Forschung der chinesischen
Nobelpreisträgerin TU YOUYOU

Die Akademie für traditionelle chinesische Medizin (TCM) – 13 Institute, sechs Krankenhäuser, eine Graduiertenschule sowie ein Verlag für Fachbücher und Fachzeitschriften – befindet sich im Pekinger Stadtbezirk Dongcheng. Zu den Wissenschaftlern, die bei ihrer Gründung 1955 dort die Arbeit aufnehmen, gehört die Pharmakologin Tu Youyou, die am Institut für Materia Medica beschäftigt ist.

2008 erhält Tu in der Dongzhimen S. Alley Besuch von einem deutschen Unternehmer. Michael Popp will die Forscherin unbedingt kennenlernen. Den Kontakt stellt die Akademie her, für die Popp als Berater tätig ist. Er soll bei der Modernisierung der TCM helfen. Für den Besuch gibt es zwei Motive. Zum einen interessiert sich Popp für Artemisia annua; Tu untersucht den Einjährigen Beifuß seit Jahrzehnten. Zum anderen fühlt er sich der Forscherin verbunden: »Tu hat wirklich Tolles geleistet, aber lange hat man ihre Ergebnisse zurückgewiesen und negiert. Sie hat wie ich einen Spießrutenlauf erlebt.«

Schon 1979 veröffentlicht das *Chinese Medical Journal* einen Artikel, der auf Tus Arbeit beruht und aufzeigt, dass Artemisia annua Malariapatienten heilen kann. Der britische Tropenmediziner Sir Nicholas White sagt: »Auf nur fünf Seiten stand all das, wofür eine westliche Pharmafirma 300 Millionen Dollar ausgegeben hätte.« Er gibt den Artikel an die Weltgesundheitsorganisation weiter. Was dann passiert, halten Kritiker für einen gesundheitspolitischen Skandal. Das Magazin *Geo* nennt es »eine Chronik der Ignoranz, Fehleinschätzung und Verschleppung«. Doch der Reihe nach.

Am 23. Mai 1967 erteilt die chinesische Regierung der Akademie den Auftrag, nach einem Malariamittel auf pflanzlicher Basis zu suchen. Den Anstoß dazu gibt der Vietnamkrieg. Die nordvietnamesische Armee verliert mehr Soldaten durch Malaria als in der Auseinandersetzung mit dem militärischen Feind. Ho Chi Minh wendet sich daher hilfesuchend an Staatschef Mao Zedong. Dieser lässt 500 Wissenschaftler aus 60 Instituten abkommandieren, die fortan 40 000 Wirkstoffe testen. »Projekt 523« – die Zahl ist angelehnt an das Gründungsdatum – unterliegt strengster Geheimhaltung.

Tu stößt 1969 zum »Projekt 523«. Beim Studium alter chinesischer Handschriften entdeckt sie ein Handbuch für Notfallbehandlungen des Gelehrten Ge Hong aus dem Jahr 340 nach Christus. Darin wird bei Malaria auf das Wildkraut Qinghaosu – der chinesische Name von Artemisia annua – verwiesen. Aber auch gegen Fieber, bei Wurmbefall, Diarrhö, Entzündungen, Infektionen und zur Stärkung des Immunsystems wird es traditionell eingesetzt. Sein bitterer Geschmack gilt als Qualitätsmerkmal. Bitter hat in der TCM einen hohen Stellenwert, da es gegen Verschleimung wirkt, die Verdauungsorgane stärkt und Organismus und Psyche in Harmonie und Gleichgewicht bringt.

Relativ schnell gelingt es Tu, den Wirkstoff Artemisinin zu isolieren. Doch erste klinische Studien damit führen nicht zum erhofften Erfolg. Manchmal tötet Artemisinin in Labortieren die Plasmodien, die für die Auslösung von Malaria verantwortlich sind, ab. Manchmal aber auch nicht. Tu nimmt sich die Handschriften noch einmal vor und findet den entscheidenden Hinweis. Es liegt an der Zubereitung. Zu viel Hitze bei der Extraktion schadet dem Wirkstoff. Sie verwendet daher Ester als Lösungsmittel, später synthetisiert sie das hochwirksame Derivat Dihydroartemisinin. Damit heilt sie erst Mäuse und Affen, dann auch 20 Malariapatienten.

der richtige ansprechpartner

Es ist eine epochale Entdeckung, vergleichbar etwa mit der des Penizillins. 1972 ist der Wirkstoff verfügbar. 1973 können 3000 Patienten in klinischen Versuchen geheilt werden. In der westlichen Welt wäre Tu damit schlagartig berühmt. Nicht in China. Auch im ersten international publizierten Artikel über Tus Errungenschaft wird ihr Name nicht genannt.

Malaria tropica ist eine Geißel der Menschheit. Sie beginnt mit Fieber und Kopfschmerzen, führt zu Leber- und Nierenversagen und endet im Hirnkoma. Anfang der Achtzigerjahre werden Millionen Malariatote gezählt, die meisten davon in Afrika. Nicht nur Tropenmediziner White geht davon aus, dass Tus Forschungsergebnisse von der in Genf ansässigen WHO mit Begeisterung aufgenommen werden. Schließlich sind die Krankheitserreger bei den gängigen Medikamenten wie Resochin® und dessen Nachfolger Fansidar® längst mehrfachresistent. Ergo: Die WHO müsste Artemisinin in die Richtlinien zur Malariatherapie aufnehmen und über ihren Global Fund finanzielle Förderung und weltweite Verbreitung gewährleisten.

Die WHO tut nichts dergleichen. Stattdessen äußert sie Bedenken an der Theorie der TCM und der Methodik der chinesischen Forschung. 1980 beauftragt sie ein Institut der U.S. Army, ein Artemisinin-Medikament gegen Malaria zu entwickeln. 1981 hält Tu einen Vortrag auf dem 4. Weltsymposium für die Chemotherapie von Malaria in Peking und stellt dabei erneut ihre überragenden Forschungsergebnisse vor. Die WHO ignoriert diese weiter. 1992 legt das von ihr beauftragte Institut der U.S. Army seine Ergebnisse vor. Sie sind unbefriedigend. Die WHO nimmt es als Bestätigung für ihre Zweifel.

Inzwischen liegen zahlreiche praktische Belege für die medizinische Wirkung aus Südostasien vor, wo Artemisia ohne WHO-Plazet eingesetzt wird, auch weil es im Vergleich zu den konventionellen Präparaten kostengünstiger ist. Die WHO kontert 1998 mit der Initiative »Roll Back Malaria«, mit der die Zahl der Malariatoten bis 2010 weltweit halbiert werden soll. Sie scheitert mangels sachkundiger Umsetzung. Schließlich klagen 13 international renommierte Malariaforscher gegen die WHO und ihren Global Fund wegen schweren Amtsvergehens. Erst jetzt lenkt man in Genf ein und erklärt den Einsatz von Artemisinin bei Malaria zur Richtlinie.

2007 machen sich Louis Miller und Su Xinzhuan vom National Institute of Allergy and Infectious Diseases im US-Bundesstaat Maryland auf die Suche nach dem Entdecker von Artemisinin. »Wir konnten«, sagt Miller, »eine ganz klare Linie erkennen, die ihre Arbeit von den Anfängen bis zum Schluss verbindet.« Sie erfahren aber auch, dass Tus Mann während der Kulturrevolution im Arbeitslager war. Um einen Malariaausbruch in Südchina zu studieren, musste sie ihre jüngere Tochter zu ihren Eltern geben. Ihre ältere Tochter brachte sie in eine Vollzeitkrippe, wo sie bei der Familie ihrer Lehrerin wohnte. Tus Erklärung: »Meine Forschung hatte damals Priorität, dafür musste ich mein Privatleben opfern.«

2011 veröffentlichen Miller und Su ihren Report im Wissenschaftsjournal *Cell*. Im selben Jahr erhält Tu den Lasker Award. Im Dezember 2015 wird sie als erste Chinesin mit dem Nobelpreis für Medizin ausgezeichnet. Die Zahl der jährlichen Malariatoten ist da – auch durch Artemisinin – weltweit bereits um 60 Prozent gesunken.

Als Michael Popp 2008 auf Tu Youyou trifft, ist sie bereits 78. Popp erinnert sich an »eine ganz liebe, bescheidene Frau«. Er ist ein wenig

der richtige ansprechpartner

irritiert, unter welchen Bedingungen sie arbeitet. Kein Computer, kaum moderne Apparaturen. Die Dokumente ihrer nationalen und internationalen Auszeichnungen, darunter der Albert Einstein World Science Price von 1987, bewahrt sie in einem schlichten Metallschränkchen auf. Am Ende vereinbart Bionorica auch mit Tu eine wissenschaftliche Zusammenarbeit.

Heute weiß man, dass Artemisia annua 600 biologisch wirksame Inhaltsstoffe hat. Der Extrakt der Pflanze wirksamer ist als der isolierte Wirkstoff. Der ORAC-Wert, der für das antioxidative Potenzial steht, beträgt 72 820. Zum Vergleich: Blaubeeren kommen auf 2630. Der ORAC-Wert begründet auch die herausragende Wirkung der Heilpflanze gegen freie Radikale. Kurzum, ein Gesundheitselixier allererster Güte. Professor Popp lässt Artemisia annua für seinen Tee in China anbauen und trinkt ihn täglich. Das schützt, heißt es, auch vor Prostatakrebs.

im
tal der
forschung

KAPITEL SECHS

Das Phytovalley® in Innsbruck ist
Bionoricas zweites Zuhause

Perlweißer Boden, zitronengrasgrün die Treppenhäuser, weinrot sind die Wände und der Plafond. Dazwischen klobige Sitzelemente, die aussehen wie missratende Pommes frites. Alleine die Aula ist ein Erlebnis. Wer nach oben blickt, erkennt im ersten Stock Seminarräume mit beschrifteten Glasfronten. Die englischen Signaturen sind ein erster Hinweis, worum es in dieser Einrichtung geht. Crystalins. Exon. Gene. G 1 Phase. Adhesion, Nuclear. Major groove. Matrix proteins. In der Mensa neben der Aula sitzen zwei Studierende bei einer Melange und einem Kipferl und blättern in Lehrbüchern. Sagt der eine: »Wo sind wir gerade – Penicillin?« Sagt der andere: »Penicillin – so schaut's aus.«

Innsbruck, Innrain 80–82. Das Centrum für Chemie und Biomedizin (CCB) der Leopold-Franzens-Universität befindet sich in einem schachtelförmigen Gebäude mit Höfen, Sichtachsen und Rücksprüngen. Die Fassade aus Aluwabenpaneelen, dazu Sonnenschutzgläser in Goldtönen. 196 000 Kubikmeter Baumasse. 18 000 Quadratmeter Forschungsfläche inklusive Tierhaus. Es ist ein architektonisches Meisterwerk, das je nach Blickwinkel und Witterung anders aussieht. Abends, wenn die Lichter in den Büros angehen, scheint es über dem Fluss und der Uferpromenade zu schweben.

Es wäre ein schönes Thema für einen Plausch mit dem freundlichen Herrn im zweiten Stock, Zimmer 02.231. Aber man ist nicht wegen der Architektur gekommen. Günther Bonn, weißes Haar, randlose Brille, ist Leiter des Instituts für Analytische Chemie und Radiochemie. Ein gebürtiger Innsbrucker, der in seiner Heimatstadt Chemie studiert und am Institut für Radiochemie promoviert hat. Seinen Doktor in Philosophie danach macht er summa cum laude. Als Nächstes folgt ein Forschungsaufenthalt an der Yale University. Ivy League. Es gibt kaum bessere Adressen. Bereits mit 35 doziert Bonn an der Universität Innsbruck. Mit 37 wird er als jüngster Chemieprofessor Österreichs an die Universität Linz gerufen. Mit 41 kehrt er zurück zu seiner Alma Mater und wird Professor für Analytische Chemie; Leiter des Instituts für Analytische Chemie und Radiochemie ein Jahr später.

Ein Wunderkind der Wissenschaft, wenn man so will. Auf jeden Fall ein Meister seines Fachs, wofür auch 29 Patente sprechen, darunter eines, das weltweit Maßstäbe für die Gendiagnostik bei Brustkrebs gesetzt hat. Bonn, unter anderem Träger des Ehrenrings der Österreichischen Akademie der Wissenschaften, spricht darüber nicht. Bonn spricht lieber über Forschungspolitik. »Mich hat immer die Frage interessiert: Wie kann man die Politik richtig beraten, um zu konstruktiven Ergebnissen zu kommen.« Zehn Jahre war er Vizepräsident des Rats für Forschung und Technologie, der die österreichischen Ministerien berät. Bonns Vorschlag: »Wir brauchen einen Schulterschluss zwischen Forschung und Industrie.« Auch deswegen gibt es in Österreich Forschungsförderung vom Staat – im Gegensatz zu Deutschland.

Insbesondere das Bundesland Tirol hat sich einen Namen als Forschungsstandort gemacht. Dessen Aushängeschild ist untrennbar mit Bonn verbunden. Das Innsbrucker Phytovalley® ist ein Cluster von Lehr- und Forschungseinrichtungen sowie Unternehmen, die sich mit Pflanzen beschäftigen. Vereinfacht gesagt liefern die Institute des CCB die akademische Grundlagenforschung. Zusammen mit den Kollegen der Medizinischen Fakultät der Universität bilden sie das Austrian Drug Screening Institute (ADSI), dessen Geschäftsführer ebenfalls Bonn ist. 500 Wissenschaftler und 1300 Studierende sind auf diese Weise vernetzt. Das ASDI fungiert als Bindeglied zu den Unternehmen, die überwiegend pflanzliche Arzneimittel, Kosmetik oder Lebensmittel

herstellen. »Es geht dabei«, so Bonn, »um die Etablierung von Qualitätsstandards und die Entwicklung von Produkten, die Wirksamkeit
und Produktsicherheit optimal miteinander verbinden.«

Das Phytovalley® ist eine Konstellation, die weltweit einzigartig ist.
Wenn es nach Bonn geht, ist sie auch geografisch und historisch am
Rande der Nordkette[1] bestens aufgehoben. Schließlich hat die Arten-
vielfalt des Alpenraums die Pflanzenmedizin der Region über Jahrhunderte geprägt. Ein besonders geschichtsträchtiges Beispiel findet
sich noch heute im Museum von Schloss Ambras bei Innsbruck. Gemeint ist das Original von Philippine Welsers[2] Arzneimittelbuch aus
dem 16. Jahrhundert.

Ohne Bonns Engagement wäre das Phytovalley® nicht entstanden.
Das sagt jeder. Dass dessen Zustandekommen enorm gefördert wurde
von Bionorica und Michael Popp, bestreitet aber auch niemand. Es ist
nicht die erste wissenschaftliche Kooperation der beiden. Popp hat bei
Bonn promoviert. Seit 1999 hat er eine Lehrbefugnis als Honorarprofessor für Analytische Phytochemie am CCB. Seit 2001 hält er Vorlesungen
in pharmazeutischer Biologie. Gemeinsame Forschungsprojekte gibt
es schon länger. Weshalb Popp seine Bionorica research GmbH bewusst
in Innsbruck ansiedelte. Bionorica gehörte 2012 auch zu den Mitgrün-
dern des ADSI, das zu 40 Prozent von der Industrie finanziert wird.
Bonn ist zudem Mitglied im Aufsichtsrat der Bionorica SE.

Die jüngste wissenschaftliche Kooperation zwischen Innsbruck und
Neumarkt wurde im Oktober 2017 präsentiert: das neu geschaffene
Michael Popp-Institut für pflanzliche Wirkstoffforschung (MPI) an der
Leopold-Franzens-Universität. Vorgesehen sind zwei Stiftungsprofes-

---

[1] Die Inntalkette, wegen ihrer Lage nördlich von Innsbruck **Nordkette** genannt, ist die südlichste
und kürzeste der vier großen Gebirgsketten im Karwendel.

[2] **Philippine Welser** (* 1527 in Augsburg; † 24. April 1580 auf Schloss Ambras, Innsbruck in Tirol)
war eine Augsburger Patriziertochter und die Ehefrau von Erzherzog Ferdinand II. von Habsburg,
Landesfürst von Tirol.

suren, die von Bionorica und dem Land Tirol bezahlt werden. Rektor Tilmann Märk spricht von einem »Meilenstein für unsere Alma Mater«. Michael Popp betont die »geballte Kompetenz am Standort« und »hervorragende Zusammenarbeit«. Weshalb er die bislang in Innsbruck investierten 35 Millionen Euro gerne aufstocke. Er erhoffe sich dadurch, so Popp, auch neue Ideen für pflanzliche Arzneimittel. Bis 2020 sollen 20 Personen am MPI forschen. Innerhalb des CCB werden sie an den Fachbereich Pharmakognosie angeschlossen. Bonn: »Das bringt unser Phytovalley® auf ein ganz neues Level.«

Anstelle einer Fußnote ein kurzer Einschub: Die Pharmakognosie (von griechisch *pharmakon*, Heilmittel, Gift, Zaubermittel, und *gignoskein*, erkennen, erfahren, kennenlernen), auch Drogen- oder Arzneikunde genannt, ist die Lehre von den biogenen – also pflanzlichen und tierischen – Drogen, Arzneimitteln und Giftstoffen. Für Popp ist sie ein »extrem wichtiges Teilgebiet der Pharmazie, weil wir es bei Heilpflanzen eben mit Vielstoffgemischen mit Tausenden von Inhaltsstoffen zu tun haben«. Sie tiefgründig zu analysieren, ist der Schlüssel zum Verständnis über ihr pharmazeutisches Potenzial. »Es ist schlichtweg enttäuschend«, sagt Popp, »dass die Erforschung von Heilpflanzen in Deutschland fast ausgestorben ist; Lehrstühle für Pharmakognosie gibt es bei uns jedenfalls nicht mehr.«

Zurück zum Centrum für Chemie und Biomedizin, diesmal vierter Stock. An den Glaswänden der Seminarräume wieder Aufschriften. Johanniskraut. α-Helix. COX-1. Sesquiterpenes. L-Dopa. In vivo. In vitro. UUU. Lipinski's Rule of 5. In Raum 04.022 ein langer Besprechungstisch, eingefasst von Bücherregalen. Meterweise Fachliteratur. *Tyler's*

Honest Herbal. A Sensible Guide to the Use of Herbs and Related Remedies. Afrikanische Arzneipflanzen und Jagdgifte. The Merck Index: An Encyclopedia of Chemicals, Drugs, and Biologicals. Fünf Bände über die Flora von Nord- und Osttirol und Vorarlberg. 17 Bände von *Hagers Enzyklopädie der Arzneistoffe und Drogen.* Das passende Ambiente für ein Gespräch über die Pharmakognosie.

Die Pharmakognosie am CCB wird von Hermann Stuppner geleitet. Stuppner wird in Südtirol geboren, wo er das angesehene Franziskanergymnasium in Bozen besucht. Studium der Pharmazie in Innsbruck. Dissertation über Polysaccharide aus Echinacea purpurea (»Nach wie vor eine wichtige Arzneipflanze«). Danach eineinhalb Jahre an der University of California in Irvine. 1993 habilitiert Stuppner über Heilpflanzen aus der Ayurveda-Lehre (»Ich hatte schon immer was übrig für botanische Exoten«). Eigentlich will er in der pharmazeutischen Industrie Karriere machen. Doch dann wird ihm eine Professur für Pharmakognosie am CCB angeboten. Wie das Leben halt so spielt.

Wenn man fragt, was seine Arbeitsgruppe mache, sagt Stuppner: »In ein paar Sätzen lässt sich das unmöglich beschreiben.« Weshalb er es mit einer längeren Erzählung versucht, zugeschnitten auf konkrete Beispiele. »Nehmen wir Herba Rumicis acetosae, also Ampferkraut. Da gibt es – wie bei allen Pflanzen – unterschiedliche Arten. Wir versuchen nun herauszufinden, wie man sie unterscheiden kann. Oder wir untersuchen, ob und wie Ginkgo die Blutgerinnung beeinflusst. Wir isolieren und analysieren die Inhaltsstoffe von Pflanzen, versuchen, diese in ihrer Reinform darzustellen, und untersuchen dann die Wirkmechanismen. Wie greift diese oder jene Substanz ein. Nur wenn wir wissen, welche Bestandteile für welche Wirkung verantwortlich sind, können wir sie standardisieren.«

Stuppner blickt auf das Gegenüber und lächelt milde: »Sie können es sich vorstellen wie bei einer Landkarte. Sagen wir, unsere Aufgabe lautet: Wie komme ich von Innsbruck nach Paris? Eine Möglichkeit wäre, über München und Straßburg zu fahren, eine andere, über Mailand und Genf. Man könnte aber auch kleine, verwinkelte Straßen durch die Alpen nehmen. So in etwa bewegen wir uns durch die DNA einer Pflanze. Dabei kann es passieren, dass man auf halbem Weg merkt, Madrid ist als Ziel viel interessanter als Paris. Oder man merkt in Paris, hoppla, da geht es noch weiter, wir müssen nach London, und am Ärmelkanal stellt sich die Frage: Tunnel oder Fähre? Und das wäre erst der Anfang.«

Dazu muss man wissen, dass die Pflanzenwelt immer noch eine gigantische Terra incognita ist. Michael Popp sagt: »Man schätzt, dass es 20 000 Heilpflanzen für die Behandlung von Krankheiten gibt. Davon wurden aber erst 100 intensiver erforscht.«

Wer das Thema nach dem Besuch bei Stuppner weiter vertiefen möchte, etwa aus der Sicht eines Phytoherstellers, braucht dazu weder Auto noch Schiff. Er kann zu Fuß gehen. Raus aus dem CCB, den Innrain entlang und rechts in die Holzhammerstraße. Über den Fluss und an der ersten Ampel links in den Mitterweg. Vorbei an McDonald's und MERKUR Markt, durch die Unterführung der Bahngleise, die zur S-Bahn-Station Hötting führen. Schon steht man vor dem Science Park, Hausnummer 24, wo die Bionorica research GmbH und das Michael Popp-Institut residieren.

Stefan Schönbichler kennt den Weg auswendig. In beide Richtungen. Er hat bei Professor Stuppner studiert und bei Professor Bonn promoviert. Das Thema seiner Doktorarbeit: Nahinfrarotspektroskopie (NIRS), eine physikalische Analysetechnik, die mit kurzwelligem

im tal der forschung

Infrarotlicht arbeitet. Schönbichler hat mathematische Modelle entwickelt, durch die sich die Konzentrationen von Inhaltsstoffen einer Pflanze innerhalb kürzester Zeit berechnen lassen. »Ich habe mir schon damals Gedanken gemacht, wie man die Methodik so entwickelt, dass sie für einen Phytohersteller wie Bionorica einsetzbar wäre.« Von Professor Bonn wusste er, »dass Professor Popp diese Vision schon lange hatte«. Nach seiner Dissertation kam Schönbichler als wissenschaftlicher Mitarbeiter zu Bionorica research. Heute ist er dort Head of Analytical Research.

Bionorica research, so Schönbichler, sei »eine hochmoderne analytische Spezialeinheit, die zwischen Neumarkt und der akademischen Forschung positioniert ist«. Die Direktiven kämen meist aus Neumarkt, beispielsweise aus der Abteilung Forschung und Entwicklung. »Die Kollegen wissen genau, welche Pflanzen sie erforschen wollen, und wir beginnen dann mit der Suche nach den Wirkstoffen.« Dabei werde die Grundlagenforschung universitärer Einrichtungen wie die des CCB genutzt, aber auch die Arbeit des ADSI, die auf die konkrete industrielle Anwendung ausgerichtet ist.

Häufig geht es dabei um die Heilpflanzen, die in Sinupret® enthalten sind. Nicht selten um Primula, die Schlüsselblume, die Michael Popp neben Rosmarin und Cannabis übrigens zu den interessantesten Heilpflanzen zählt. 500 Arten von Primula gibt es, die sich alle durch eine charmante Laune der Natur auszeichnen. Unter den Inhaltsstoffen der Blüten dominieren Flavonoide, in der Wurzel sind es Saponine. Entsprechend unterschiedlich ist die Wirkung der Pflanzenextrakte. »Die strukturelle chemische Vielfalt ist wissenschaftlich sehr reizvoll«, sagt Schönbichler, »außerdem erfreut die Schlüsselblume auch das Auge, Ästhetik spielt auch bei Wissenschaftlern eine Rolle.«

Die zentrale Methode zur Findung von Wirkstoffen nennt sich Activity-Guided Fractionation. Ganz einfach zu verstehen, sagt Schönbichler: »Wir haben zum Beispiel einen Heilpflanzenextrakt, der aus tausend Substanzen besteht. Und diesen Extrakt schneiden wir jetzt in tausend Teile und schauen uns jedes einzelne Teil ganz genau an. Was ist drin? Welches Teil wirkt? Dazu verwenden wir Chromatografie, Massenspektrometrie, multivariate[3] Datenanalyse und Bioanalytik. Die Bioanalytik untersucht Blut, Urin, Plasma. Was im Körper ankommt. Wenn wir einen Wirkträger identifiziert haben, stellt sich die Frage: Was für ein Erbgut muss die Pflanze haben und wie bauen wir sie an, wann ernten, wie verarbeiten, wie düngen wir? Auf allen Ebenen kooperieren wir mit den Kollegen in Neumarkt und werden von den Wissenschaftlern des CCB und ADSI begleitet.«

Bei manchen Heilpflanzen kann sich diese Arbeit über Jahre hinziehen. Schönbichler: »Es gibt Arzneidrogen, über die könnte man locker 500-seitige Bücher schreiben.« Schließlich geht es nicht nur darum, Heilpflanzen nach unbekannten Wirkstoffen zu untersuchen. »Manchmal«, so Schönbichler, »kennt man den Inhaltsstoff, weiß aber nicht, bei welcher Indikation er wirksam ist. Manchmal kennt man den Wirkstoff und die Indikation, weiß aber nicht, dass er sich auch für eine andere Indikation eignen würde.« So vielfältig und faszinierend die Natur ist, so schwer kommt man ihr auf die Schliche. So gibt es Hinweise, dass Cimicifuga racemosa, die Traubensilberkerze, aufgrund ihrer Vielzahl von Terpenen möglicherweise Adipositas entgegenwirkt. »Das macht die Heilpflanze spannend«, so Schönbichler, »daraus ein Arzneimittel zu machen, ist ein langer Weg.«

_____[3] Mithilfe von **multivariaten** Verfahren werden in der Statistik mehrere Variablen oder Zufallsvariablen zugleich untersucht.

im tal der forschung

Nicht dass man das alles verstehen muss. Wenn Pflanzenforscher etwa über die Wirkung von Bioflavonoiden auf die Solphase und ihre Korrelation zu Epithelzellen sprechen, das Ganze natürlich unter Berücksichtigung von Chloridionen und CFTR-Kanälen, fühlt sich der Laie wie auf einem fremden Planeten. Dieser Eindruck entsteht auch bei einem Rundgang durch die Arbeitsräume der Bionorica research, die mit hochtechnischem Gerät vollgepackt ist. Hinter der Produktbezeichnung Dionex ASE 350 Thermo Scientific verbirgt sich ein beschleunigter Hochdrucklösungsmittelextraktor. Ein grauer Metallkoloss mit einem kanonenartigen Aufsatz namens Sciex API 4000 LC-MS/MS-System dient als Massenspektrometer. Durch das hohe dunkelblaue Rohr des maXis II High Resolution LC-QTOF werden offenbar Ionen geschossen, um ihr Massengewicht zu definieren.

Die Begegnung mit der Phytoforschung ist aufregend, einschüchternd und ermüdend zugleich. Man steht vor Screens mit mysteriösen bunten Bildern und Kurven. Das Inhaltsprofil von Bockshornklee sieht aus wie die Nordkette. Das tragbare NIRS-Gerät, das Schönbichler mitentwickelt hat, sieht aus wie eine übergewichtige Version des Phasers aus *Raumschiff Enterprise*. Sinnigerweise funktioniert sie wie eine Pistole aus einem Science-Fiction-Film. Wobei das Infrarotlicht, das sie abgibt, die Moleküle in der Pflanze anregt und sie zum Schwingen bringt. Man drückt auf einen Abzug, es piepst, kurz darauf reagiert die Digitalanzeige. Die Mitarbeiter sprechen unterdessen von Big Data. Sinngemäß sagen sie: Durch Big Data könnten erstmals große Datenmengen aus verschiedenen analytischen Methoden zusammengeführt, falsifiziert und im Sinne der Entwicklung neuer und wirkungsvoller Arzneimittel ausgewertet und angewendet werden. Bionorica hat dafür bereits ein groß angelegtes Projekt initiiert.

ALLE MÖGLICHKEITEN DER WELT

Zu Besuch bei einer Vorlesung
von PROFESSOR POPP *in Innsbruck*

Raum M.EG.180, der linke Teil des Großen Hörsaals im Centrum für Chemie und Biomedizin (CCB). Titel der Vorlesung: »Phytopharmaka: Vom Anbau zum Fertigarzneimittel.« Lernergebnis laut Studierendenportal: »Die Studierenden erwerben Kenntnisse über evidenzbasierte pflanzliche Arzneimittel, die innovative Alternativen bieten – insbesondere unter dem Risiko-Nutzen-Aspekt. Dabei wird vermittelt, wie man traditionelles Wissen und Erfahrungsmedizin für moderne Arzneientwicklungen aus Heilpflanzen nutzen kann.« Die Vorlesung ist Teil des Diplomstudiums Pharmazie; III. Studienabschnitt; 8./9. Semester; Wahlfach Pharmakognosie.

15:45 Uhr. Professor Popp beginnt pünktlich. Er blickt auf etwa 30 Studenten, fast alle weiblich. Womöglich haben sie etwas verschüchtert Platz genommen angesichts des anspruchsvollen Sujets. Doch Popp versichert zur Begrüßung wohlwollend: »Das ist auch eine Vorlesung über Unternehmertum und Erkenntnisse aus meinem Leben.« Er erzählt, wo er herkommt, was er macht und dass Forschung dabei zentral ist. Gefolgt von einem Glückwunsch Richtung Auditorium: »Man kann Ihnen gratulieren, dass Sie sich für einen Beruf im Gesundheitswesen entschieden haben. Wir brauchen dringend neue Forschung. Bewerben Sie sich für eine Doktorarbeit. Sie kann der Beginn einer tollen Karriere sein, die möglicherweise auch ins Ausland führt. Als Pharmazeut haben Sie alle Möglichkeiten der Welt.«

Michael Popp weiß wirklich, wovon er spricht. Und damit keine Zweifel aufkommen, ob sich pharmazeutisch überhaupt noch etwas entdecken ließe, gerade im Phytobereich, zitiert er Charles Duell, den ehemaligen Chef des US-Patentamtes. Duell sagte 1899: »Alles, was erfunden werden kann, ist erfunden worden.« Dem folgt ein Zitat von Ken

Olsen, Gründer der Digital Equipment Corporation, der 1977 sagte: »Es gibt keinen Grund, warum irgendjemand einen Computer in seinem Haus haben wollen würde.« Popp: »Na ja, ganz unrecht hat Herr Olsen nicht gehabt, mitunter reicht auch ein Tablet.«

Was der Professor damit sagen will: *Hört nicht auf die Zweifler! Glaubt an eure Visionen, folgt euren Überzeugungen! Lernt, forscht, geht raus und verändert Pharmazie, verändert die Welt!* Man könnte auch sagen: Tut, was Popp mit Bionorica getan hat. Oder versucht es wenigstens.

Und so erfahren die Studierenden zunächst, wie aus Josef Popps Nürnberger Einmannbetrieb ein weltweit führender Phytohersteller wurde. Popp erklärt, worauf es beim Heilpflanzenanbau ankommt, bei der Fertigung, wie wichtig Pflanzenanalytik ist, um die Natur zu entschlüsseln und ihre Schätze dem Menschen zugänglich zu machen. Es folgen Klassiker aus dem poppschen Repertoire. *Monografien taugen nichts. Stellen Sie sich vor, man würde eine Monografie des Menschen anlegen – wie würde die aussehen? ... Jede Heilpflanze braucht einen anderen Prozess. Es gibt kein Generikum eines Phythopharmakons. ... Coca-Cola konnte auch nie kopiert werden.* ... Natürlich spricht Popp auch über Hightech und klinische Studien. Zwischendurch die Frage: »Haben Sie Mutschler[1] gelernt?« Einige schüchterne Handmeldungen. Popp: »Das ist ein Muss für jeden Pharmazie- und Medizinstudenten.«

Jasmin Neumann aus Moers bei Düsseldorf, die demnächst ihre Diplomarbeit schreiben wird, möglicherweise über Cannabinoide, hat Professor Popp im Hörsaal erlebt. Auf die Frage, weshalb Sie sich für Pharmazie

---
[1] Gemeint ist **Ernst Mutschler**; siehe »Erfolgsformel Phytoneering«, Seite 98.

im tal der forschung

entschieden hat, nennt sie die »guten Jobchancen«, vor allem aber die »Vielseitigkeit des Fachbereichs«. Die Kernfächer Pharmakologie, pharmazeutische Technologie, pharmazeutische Chemie und Pharmakognosie werden übergreifend gelehrt. Das Ergebnis? »Pharmazeuten haben ein überragendes, umfassendes Wissen.« Über Professor Popp sagt Neumann: »Er weiß sehr gut, was er macht und was er will.« Und weil Popps Vorlesungen mit einem Besuch in Neumarkt verbunden sind, weiß auch Neumann, was sie will: »Bei Bionorica im Labor zu arbeiten, wäre das Nonplusultra.«

Dozent und Studierende treffen tags darauf um 8:30 Uhr wieder aufeinander. Raum M.01.470 liegt über der Mensa mit Blick auf das große Foyer des CCB. Diesmal beginnt Professor Popp mit Stephaniae radix, der Stephaniawurzel, deren Wirkstoff Tetrandrin unter anderem entzündungshemmend und schmerzlindernd ist. Popp erklärt, wie diese bei der Herstellung eines traditionellen chinesischen Arzneimittels einmal mit einer anderen Wurzel verwechselt wurde. Dadurch kam es in Belgien zu zahlreichen Nierenvergiftungen. Deshalb, so Popp, seien Analyse und Qualitätskontrolle bei Heilpflanzen so wichtig, das gelte im Übrigen auch für ayurvedische Präparate. Es ist die Überleitung zur Schattenseite des Geschäfts mit der Natur. »In einem Jahr wurde zum Beispiel alleine in den USA mehr Johanniskraut verkauft als weltweit produziert wurde.« Oder: »In 40 Prozent der Nahrungsergänzungsmittel, die mit Ginkgo werben, ist gar kein Ginkgo.« Zu guter Letzt: »99 Prozent aller Health Claims von Nahrungsergänzungsmitteln in Polen sind falsch.«

Man wundert sich immer wieder, was er alles weiß, wie umfangreich und vielseitig er informiert ist. Popps Vorlesungen sind gespickt mit Wissenswertem. Der Professor spricht über Resveratrol und Insulin. Er klärt auf: »Die Müdigkeit ist der Schmerz der Leber.« Schon sind wir bei Bionoricas Produkt Silimarit®, das auf einem Trockenextrakt aus Mariendistel basiert und der Leber helfen soll. Auch Ausführungen über das Mikrobiom[2] des Menschen dürfen nicht fehlen. *Es hat hundertmal mehr Gene als das menschliche Genom. Antibiotika haben einen schlimmen Einfluss auf das Mikrobiom. Die Darmflora braucht Monate, um sich davon zu erholen. Bedenken Sie, was das bedeutet, wenn so gut wie jede Zivilisationskrankheit auf eine Dysbalance in der Darmflora zurückgeht ...* Und schon ist er wieder woanders. Man könnte ihm stundenlang zuhören.

Wie sagte doch die angehende Pharmazeutin Jasmin Neumann auf die Frage, wann ihr bewusst war, den Traumberuf gefunden zu haben: »Genau weiß ich es nicht mehr, ich weiß nur, dass Professor Popp entscheidend dazu beigetragen hat.«

---

[2] Unter **Mikrobiom** versteht man im weitesten Sinne die Gesamtheit aller Mikroorganismen der Erdkruste, der Gewässer und der Erdatmosphäre. Im engeren Sinne ist die Gesamtheit aller den Menschen oder andere Lebewesen besiedelnden Mikroorganismen gemeint. Zumeist werden damit primär die Darmbakterien (Darmflora) in Verbindung gebracht, aber auch alle Mikroorganismen, die auf der äußeren Haut (Hautflora) und auf den Schleimhäuten leben, etwa in der Mundhöhle, der Nasenhöhle oder den Genitalorganen.

KINDERLEBEN
BESSER MACHEN

Über MICHAEL POPPS
Natureheart Foundation for Kids

November 2018. Es ist gegen neun Uhr abends, als Michael Popp sich von seinem Tisch im Ballsaal des Münchner Charles Hotel erhebt und zur Bühne schreitet. Er trägt einen schwarzen Smoking, passend zum festlichen Rahmen seines alljährlichen Charity Dinners. Wie immer sind die Gäste illuster. Das Menü ist einmal mehr exquisit. Als nächster Gang steht geschmorte Rinderschulter an, dazu Monte Sion, Popps Rotwein von Castell Miquel auf Mallorca.

Die Fernsehmoderatorin Bettina Cramer hat die Gäste zuvor ebenso taktvoll wie charmant begrüßt. Ihr folgte der Musiker und Schauspieler Paul Falk mit seinem stimmungsvollen Song »1000 Lieder sind nicht genug«. Und nicht wenige im Saal fiebern schon jetzt dem Highlight des Abends entgegen. Zur großen Versteigerung stehen diesmal unter anderem: zwei Übernachtungen in der Executive Suite des Hotels Adlon in Berlin, ein Besuch bei Ferrari in Maranello sowie ein Kurzurlaub auf Mallorca. Dazu Schmuck, Haute Couture, diverse Kunstwerke, auch ein privates Abendessen mit Sternekoch Bernhard Reiser wird offeriert.

An all das denkt Popp aber nicht auf seinem Weg zum Podium. Er denkt an eine Kinderklinik in Rostow am Don in Südrussland, die er 2007 zusammen mit Martin Stanscheit besuchte. Was er dort gesehen hat, wird er nie vergessen. Graue Wände, von denen der Putz rieselt. Schmutzige Böden. Lecke Wasserleitungen, verrostete Armaturen, kaputte Fensterscheiben. Dazwischen leidende Kinder in abgenutzten Laken. In diesem Krankenhaus fehlte es an allem: Ärzte, Pfleger, medizinische Geräte, Medikamente, von Spielsachen oder Bilderbüchern ganz zu schweigen. Am meisten jedoch berührten Popp die traurigen Augen der Kinder.

im tal der forschung

Nach seiner Rückkehr gründet Michael Popp, Vater von drei Töchtern, die Stiftung Phytokids. Ihr Ziel: die Unterstützung von kranken, benachteiligten oder verwaisten Kindern. Entsprechend dem Geist und der Philosophie, die Bionorica leiten, soll die Natur dabei im Mittelpunkt stehen. Der Name der Stiftung kommt von Stanscheit, dem Inhaber von Bionoricas Kölner Kreativagentur MSCN. Um die Botschaft der Stiftung bekannt zu machen, komponiert der Werber ein Hörspiel. Darin reist das kranke Mädchen Lea nach Phytoland, um sich von der Natur und deren Wundersaft Superpret heilen zu lassen. Mithilfe der Pflanzen und Preti, dem Frosch, gelingt es, Moder, den schleimigen Herrscher von Dunkelland, zu besiegen.

»*Die Reise nach Phytoland* ist eine Geschichte über Solidarität und Freundschaft zur Natur«, sagt Stanscheit. »Die Botschaft dahinter lautet: Wenn du positiv auf die Natur zugehst, dann kommt sie auch auf dich zu und hilft dir.«

Inzwischen firmiert Popps Stiftung unter Natureheart Foundation for Kids. Unterstützt werden überwiegend Kinderkrankenhäuser in Osteuropa, Russland und Zentralasien. Sie werden ausgestattet mit modernen medizinischen Geräten, um schonende und kindgerechte Behandlungsmethoden möglich zu machen. Natureheart renoviert marode Gebäude, finanziert Schulungen des Klinikpersonals, installiert Therapie- und Spielräume. Die Stiftung bietet aber auch Weiterbildung und Freizeitprogramme an. In Deutschland werden Mittagessen für Hortkinder, Jugendcamps oder die Teilnahme an den Special Olympics gefördert. Auf Mallorca erfahren Kinder im Heilpflanzengarten von Sa Canova alles über Wert und Nutzen der Natur. Insgesamt sind es 35 Projekte in acht Ländern.

Für die gute Sache konnte Popp eine Reihe von prominenten Mitstreitern gewinnen. Den Stiftungsbeirat bilden Natalia Klitschko, die Opern- und Musicalsängerin Anna Maria Kaufmann, der Fußballtrainer Felix Magath, der Medienunternehmer Alexander Elbertzhagen und Leila Namasowa-Baranowa, eine der renommiertesten Kinderärztinnen Russlands. Natureheart-Botschafterin Diana Langes-Swarovski begründet ihr Engagement so: »Kinder können nicht über ihre Lebensumstände entscheiden, aber wir können uns entscheiden, diese ein klein wenig besser zu machen.«

Um dafür die Grundlagen zu schaffen, greifen die Gäste bei Michael Popps Charity Dinners gerne freiwillig ins Portemonnaie. Bei der Versteigerung im Charles Hotel kommen diesmal 152 692,11 Euro zusammen. Damit nähert sich die Spendensumme der Stiftung seit ihrer Gründung der Marke von drei Millionen.

Michael Popp beginnt seine Rede an diesem Abend mit den Worten: »Die Natur ist gut. Wir alle wissen: Wer Waldspaziergänge macht, lebt länger. Wir wissen, dass Antibiotika bei Kindern schlimme Folgen für das ganze Leben haben können. Wir wollen daher möglichst vielen Kinder die Natur nahebringen. Aber in erster Linie wollen wir einfach nur helfen. Wir wollen ein Lächeln in ihre Gesichter zaubern, damit sie ihre Angst und ihre Not für eine Weile vergessen. Wir wollen ihnen ein menschenwürdiges Umfeld geben, gerade in Momenten der Krankheit.«

Dann erzählt Popp vom Besuch eines Waisenhauses in Kirgisistan, das von Natureheart komplett renoviert und ausgestattet wurde. Anschließend traf er in einem weiteren Projekt der Stiftung, einer Kinderklinik in Kasachstan, auf eine Gruppe behinderter Kinder. Zum Abschied

im tal der forschung

kam ein Mädchen in einem Rollstuhl auf ihn zu. Sie konnte nicht sprechen. Deshalb stemmte sie sich mühsam hoch und umarmte den fremden Mann aus Deutschland, der Kindern hilft. Als sich ihre Blicke trafen, wusste Popp, dass ihn Natureheart immer begleiten wird. »Die Kinder«, sagt er, »geben mir mehr, als ich ihnen gebe, ihre Dankbarkeit ist unbezahlbar.«

KAPITEL SIEBEN

weitere aussichten: heiter bis sonnig

Eine aktuelle Bestandsaufnahme
der Bionorica SE

Wer über die A 3 kommt, fährt erst Richtung B 299, dann vorbei an der Altstadt und links auf die Ringstraße. Von dort bis zum Wirtshaus Oberer Ganskeller, rechts in die Regensburger Straße, vorbei am Ärztehaus und kurz vor Aldi Süd wieder rechts ab. Ein paar Hundert Meter weiter kommen die Maximilian-Kolbe-Schule und ein Sportplatz und vor dem Vereinsheim der Schützengesellschaft von 1433 eine scharfe Linkskurve. Gleich danach Ankunft. Neben den Gehsteigen Rosmarin, Thymian und Salbei, vor dem Eingang zur Geschäftszentrale Eiben, flankiert von Lavendel, Purpursonnenhut und Nachtkerze.

7. März 2019. Bilanzpressekonferenz bei der Bionorica SE, Kerschensteinerstraße 11–15, Neumarkt in der Oberpfalz. Etwa 15 Medienvertreter, hauptsächlich Lokalpresse, sind in den Tagungsraum »Sinupret« gekommen; auch das Bayerische Fernsehen ist da. Punkt elf geht es los. Auf der Leinwand erscheint eine Fotomontage. Es ist das Deckblatt des Geschäftsberichts 2018 und zeigt Medikamentenpackungen, einen Erlenmeyerkolben, eine Cannabispflanze, ein Koordinatensystem mit einer ansteigenden Kurve und vier Herren in dunklen Anzügen – die Vorstände. Schon klar, was jetzt kommt.

Michael Popp, der Vorstandsvorsitzende, und Uwe Baumann, Vorstand Global Business, referieren abwechselnd. Vorab: Die Geschäftszahlen sind überragend. 338 Millionen Euro Umsatz, ein Plus von 13,8 Prozent gegenüber dem Vorjahr. Rekord. 20,3 Millionen verkaufte Packungen alleine in Deutschland. Noch ein Rekord. Über 1700 Mitarbeiter weltweit, knapp 1000 davon in Deutschland. Bionorica ist Marktführer bei den pflanzlichen Arzneimitteln in Deutschland, aber auch in Russland, Osteuropa und Zentralasien. Sinupret® hat weiter 62 Prozent

Marktanteil in Deutschland; in Russland liegen Sinupret®, Canephron® und Mastodynon® in ihren jeweiligen Marktsegmenten auf Platz eins.

Popp spricht über »Wachstum«, »wegweisende Forschungsergebnisse«, »hohe und nachhaltige Investitionen«. Baumann betont die »Ausbildungs- und Kompetenzoffensive«. Bis Ende 2018 hat Bionorica in Zusammenarbeit mit der Industrie- und Handelskammer insgesamt 800 Apotheker und 2500 Pharmazeutisch-technische Assistenten zu Phytoexperten ausgebildet. Aufklärung statt Werbeslogans. Dafür verteilten die Apotheker zuletzt die Note 1,84, auch das ein Spitzenwert in der Pharmabranche.

So geht das noch eine Weile. Russland? Erhebliche Steigerung. Ukraine? Enormer Zuwachs. Polen? Eine Erfolgsstory, die rasant an Fahrt gewinnt. Österreich? Umsatz und Absatz gesteigert. Auch Bionoricas Forschung und das Phytovalley in Innsbruck werden ausführlich erläutert. Danach spricht Popp über seine Stiftung, die neuerdings Natureheart Foundation for Kids heißt und seit ihrer Gründung 2,5 Millionen Euro für einen guten Zweck bereitgestellt hat. Zum Abschluss gibt er vor einer mit Efeu bewachsenen Wand im Foyer des Verwaltungsgebäudes ein Interview für das Fernsehen.

Hört sich an wie ein Kinderspiel, ist aber keine leichte Übung. Die Journaille will Neuigkeiten. »Dummerweise«, so Popp, »liefern wir jedes Jahr die gleichen Nachrichten: Wir sind wieder überproportional gewachsen; wir sind weiter Marktführer; bei fast allen unseren Produkten steigen die Verkaufszahlen; unsere Eigenkapitalquote liegt immer noch über 70 Prozent. Gut, hier und da gibt es Probleme mit dem Rubelkurs oder der politischen Lage in der Ukraine, aber wir verdoppeln deswegen noch lange nicht die Preise. Das ist also auch keine Nachricht.«

Die Highlights sind diesmal die Can-UTI-7-Studie, in die Bionorica über Jahre viel Geld gesteckt hat. Nun wurde nachgewiesen, dass Canephron® bei einer akuten, unkomplizierten Harnwegsentzündung bei Frauen einem Antibiotikum nicht unterlegen ist. Auch das Cannabisgeschäft liefert Stoff für Schlagzeilen (siehe »Heilender Hanf«, Seite 201). Mit den Rezepturwirkstoffen Dronabinol und Cannabidiol wurden 2018 insgesamt 27 Millionen Euro erlöst – ein Plus von 64 Prozent. Anderntags bei der Bilanzpressekonferenz für die überregionalen Medien im Düsseldorfer Interconti Hotel wiederholt sich das Schauspiel. Popp beteuert dennoch, dass ihn das Schaulaufen vor den Medien nicht langweile: »Ich mache das sogar gerne, schließlich bekommen wir ja dadurch die Anerkennung für unsere Arbeit.«

Wer wissen will, wo ein Großteil dieser Arbeit stattfindet, sollte nach einem Pressetermin in Neumarkt nicht gleich nach Hause fahren, sondern mit Herrn Huyer einen Rundgang durch die Produktion machen. Bernhard Huyer kommt 1971, als Bionorica noch in der Nürnberger Dürrenhofstraße residiert. Extrahiert wird mit Koliertuch im Trichter über einem Glasballon. Anschließend wird mit gereinigtem Wasser verdünnt. Die Freigabe erfolgte nach Geruch, Geschmack und Aussehen, den verbliebenen Alkoholgehalt bestimmte eine Messspindel. Als Bionorica nach Neumarkt umzieht, wird Huyer Produktionsleiter. Das mit den Führungen macht er, seit er Rentner ist.

Eine Viertelstunde später steht man im weißen Kittel und mit Stulpen über den Schuhen zwischen Rohren, Bottichen und riesigen Chrom-Nickel-Edelstahl-Tanks, die über zwei Etagen reichen. Darin zirkulieren die Drogen, wie getrocknete Pflanzenteile in der Pharmazie genannt werden, in einer Ethanol-Wasser-Mixtur. Fortan geht es um Mischverhältnisse, Temperaturen, Massendurchflussmessungen, Inertisierung[1], Plattenverdampfer, Fein-, Mittel- und Grobsiebe und vieles andere, bei dem man schnell den Überblick verliert. Man versteht allerdings, dass Bionorica für das Verfahren der Vakuumtrocknung mehrere Patente besitzt. Und auch, dass hier Flüssigextrakte verdampft werden, bis am Ende Pulver mit maximal einem Prozent Feuchtigkeitsgehalt übrig bleibt. Bei Thymian sieht es aus wie dunkelgrünes Mehl; Mönchspfeffer ist schwarz und von kristalliner Konsistenz; Purpursonnenhut erinnert eher an feinen Sand.

Man könnte jetzt hinüberschlendern zu den Verpackungslinien. Oder ein Stockwerk höher in die Labore der Produktentwicklung oder Qualitätskontrolle. Überall träfe man auf Hightech, zu deren Verständnis man besser Naturwissenschaften oder Ingenieurwesen studiert haben sollte. Überall das Gleiche: bei der Qualitätskontrolle, bei der Rohstoffbeschaffung, in der Abteilung für präklinische Studien, bei den Experten für klinische Studien oder im Bereich der Arzneimittelzulassung, der von Bernd Roether geleitet wird. »Für ein neues Produkt«, so Roether, »umfasst der Antrag schon mal 50 000 Seiten, das sind eine Menge Informationen, Nachweise, Belege, die beschafft werden müssen.« Wohlgemerkt für alle 52 Länder, in denen Bionorica seine Produkte verkauft.

1987, als die Entscheidung fiel, mit der Produktion nach Neumarkt zu gehen, stand das Unternehmen vor einer ungewissen Zukunft. Zehn Jahre später begann mit der Neuzulassung für Sinupret® eine einzigartige Erfolgsgeschichte, die Popp 2008 zum Unternehmer des Jahres machte und ein Jahr später die Kanzlerin nach Neumarkt lotste. Wo Huyer heute seinen Gästen die Produktion erklärt, stand Angela Merkel

---

[1] Die **Inertisierung** von Stoffen bezeichnet deren Umwandlung oder Bearbeitung zu reaktionsträgen (inerten) Stoffen. Inerte Stoffe sind beispielsweise Edelgase, Glas, Porzellan.

weitere aussichten: heiter bis sonnig

2009 in lila Blazer und schwarzer Hose und zeigte sich beeindruckt. 99,7 Prozent aller deutschen Unternehmer, sagte Merkel bei ihrem Besuch, seien Mittelständler, die »tolle Ideen« hätten und ein Bild zeichneten von dem, »was Deutschland stark macht«. Sie gehe, so die Kanzlerin, auch in Neumarkt »mit einem guten Eindruck von dannen«. Die Frage ist, was sie heute sagen würde, schließlich ging es mit Bionorica weiter steil bergauf.

2010 wird aus der Bionorica AG eine Europäische Aktiengesellschaft[2]; sie firmiert nun unter Bionorica SE. Im selben Jahr erhalten die Verpackungen ihrer Arzneimittel schrittweise ein neues Design. Dazu gehört auch ein neues Firmenlogo. Es zeigt ein grünes Blatt in einem blauen Kreis. Das grüne Blatt steht für die Natur, der blaue Kreis für die Wissenschaft, in die sie bei Bionorica eingebettet ist.

Verantwortlich dafür zeichnet einmal mehr Martin Stanscheit mit seiner Agentur MSCN in Köln. Stanscheit nutzt das Blatt aus dem Logo aber auch als Blickfang auf den Verpackungen. Als »Wirkblatt« (Stanscheit) markiert es auf der Silhouette eines Körpers den Ort der Beschwerden, die das Medikament lindern soll. Bei Bronchipret® die Bronchien; bei Canephron® ist es die Blase; bei Sinupret® sind es die Nasennebenhöhlen.

2011 startet ein weiteres Projekt, das Bionoricas Image als führender Phytohersteller zementiert. Der Anstoß dazu kommt diesmal von Michael Popp, der wiederholt von Apothekern angesprochen wird. »Sie sagten: ›Wir würden gerne mehr von euren Produkten verkaufen,

_____
[2] Die Europäische Gesellschaft, häufig auch **Europäische Aktiengesellschaft** (kurz Europa-AG) oder Societas Europaea (SE) genannt, ist eine Rechtsform für Aktiengesellschaften in der Europäischen Union und im Europäischen Wirtschaftsraum. Mit ihr ermöglicht die EU seit dem Jahresende 2004 die Gründung von Gesellschaften nach weitgehend einheitlichen Rechtsprinzipien.

aber wir kriegen es irgendwie nicht hin.‹« Laut einer Umfrage des Instituts für Demoskopie Allensbach, so Stanscheit, würden 70 Prozent aller Deutschen ein pflanzliches Arzneimittel einem chemisch-synthetischen Pendant vorziehen. Der Marktanteil von Phytopharmaka liegt aber weit darunter. Ergo: Irgendwo zwischen Türe und Theke verlieren die meisten Apothekenkunden ihre Überzeugung.

Stanscheit hat dafür eine plausible Erklärung: »Eine Apotheke ist in aller Regel ein Fleckerlteppich von Angeboten, in dem es keine Orientierung gibt.« Also gibt Bionorica dem Apothekenkunden eine Orientierung in Form eines Regalsystems, das exklusiv Phytopharmaka vorbehalten ist. Ihr Name: Phytothek – Kompetenzapotheke für pflanzliche Therapie. Das Logo der Phytothek erinnert an das von Bionorica. Wieder Blätter, wieder Grün und Blau. Doch die Phytothek ist für alle offen. Was angeboten wird, entscheidet der Apotheker. Sein Vorteil: Je sichtbarer pflanzliche Arzneimittel sind, umso besser verkaufen sie sich. Am Ende gewinnen alle: Phytohersteller, Apotheker und Käufer.

2012 ist ein wichtiges Jahr für Bionorica, auch weil seine Phytothek in den Apotheken an den Start geht. Mehr aber wegen der Markteinführung von Sinupret® extract, einer Weiterentwicklung von Sinupret® forte. Lange schon kämpft das Unternehmen aus Gründen des Patentschutzes um eine Innovation innerhalb der Produktfamilie. Über zwei Jahrzehnte technisches Know-how und Forschung fließen in das neue Produkt. Mit durchschnittlich 720 Milligramm eingesetzter Pflanzenmischung verfügt Sinupret® extract bei 160 Milligramm Trockenextrakt über die vierfache Konzentration an Wirkstoffen. Das führt zu einem Wirkeintritt laut Anwendern nach etwa einer halben Stunde. In zwei umfangreichen Phase-III-Studien[3] wurde zudem nachgewiesen, dass Sinupret® extract die Symptome einer akuten, viralen Rhinosinusitis um 3,8 Tage schneller lindert als ein Placebo. Auch der Druckkopfschmerz wird reduziert bei einer Verträglichkeit, die der eines Placebos entspricht.

2013 feiert Bionorica 80-jähriges Jubiläum. Unter dem Motto »Phytoneering: One step ahead in thinking and research« findet dazu in Berlin ein wissenschaftliches Symposium statt. 250 namhafte Wissenschaftler, Politiker, Lobbyisten und Wirtschaftsvertreter aus 20 Ländern nehmen teil. Auch Bundesgesundheitsminister Daniel Bahr gehört zu den Gästen. Professor Reinhard Saller, Direktor des Instituts für Naturheilkunde an der Universität Zürich, sagt: »Bionorica hat sich zu einem Unternehmen entwickelt, das Vergangenheit, Gegenwart und eine interessante Zukunft in sich vereint.«

Michael Popp formuliert es in seinem Grußwort ähnlich: »Wir sehen uns weltweit als Vorreiter der Phytoforschung, weil wir pflanzliche Arzneimittel aus der Ecke der Glaubensmedizin hin zur evidenzbasierten Medizin gebracht haben. Triebfeder unseres Tuns war immer unsere Überzeugung, dass die Natur uns ein immenses Potenzial zur Heilung bei zahlreichen Erkrankungen bietet.« Der Forschungspreis Global Research Initiative ist eine Bestätigung dieses Versprechens. Die Heilpflanzenforschung von 20 Nachwuchswissenschaftlern wird in diesem Jahr mit insgesamt einer Million Euro prämiert.

---

[3] Gemeint sind die doppelblinden, randomisierten und placebokontrollierten **Phase-III-Studien** ARhiSi-1 und ARhiSi-2, die 2009 und 2010 mit 455 respektive 386 Patienten durchgeführt wurden. Sie dienten als Grundlage für die Arzneimittelzulassung von Sinupret® extract.

Auch 2014 setzt Sinupret® extract seinen Siegeszug durch die Apotheken fort. Das Medikament wird in zehn weiteren Ländern eingeführt. Auch Canephron® ist inzwischen Marktführer in Deutschland. Gleichzeitig baut Bionorica sein Auslandsgeschäft aus und erschließt unter anderem Märkte in China und der Türkei; in Indien wird ein Produktions-Joint-Venture abgeschlossen. Dabei zeigt sich auch, dass der Name des Unternehmens in unterschiedlichen Kulturen und Sprachen funktioniert. »Bio« ist ein weltweit gebräuchlicher, positiv besetzter Begriff. Die drei kurzen Silben dahinter sind leicht auszusprechen. »Rica« steht im Spanischen unter anderem für reich, fruchtbar oder prächtig.

2015 erhält Michael Popp wieder ein Schreiben, in dem er zu einer feierlichen Gala eingeladen wird. Absender ist die Handelsblatt Media Group, die 2012 eine Hall of Fame der Familienunternehmen etabliert hat. Popp sagt: »Ich war auch in den Jahren zuvor schon zu diesem Event eingeladen, bin aber nie hingegangen.« Warum? »Was soll ich dort? Das ist eine Veranstaltung für die ganz großen Unternehmen.« Er will den Brief schon in den Papierkorb werfen, als sein Auge auf die Worte fällt: »… wurde Bionorica ausgewählt, in die Hall of Fame der Familienunternehmen aufgenommen zu werden«. Als es so weit ist, wird Popp auf die Bühne gebeten und sagt zur Moderatorin: »Was ich immer noch nicht verstehe, ist, wie ich zu Unternehmen mit Milliardenumsätzen passe.« Das Auditorium quittiert das scherzhafte Geplänkel mit Heiterkeit.

Dass 2016 für Bionorica ein aufregendes Jahr werden wird, ist allen bewusst. Schließlich ist bekannt, dass das Pharmaunternehmen Hexal im Herbst ein Konkurrenzprodukt zu Sinupret® forte auf den Markt bringt. Solvohexal® basiert ebenfalls auf Eisenkraut, Enzianwurzel, Holunderblüten, Ampferkraut und Schlüsselblumenblüten. Jahrelang hat Hexal versucht, dafür eine Zulassung als Generikum zu erwirken. Ohne Erfolg. Solvohexal® darf lediglich als »traditionelles pflanzliches Arzneimittel zur Unterstützung der Schleimlösung bei Erkältungen mit Schnupfen« vermarktet werden. Allerdings wird es billiger sein als Sinupret® forte. Sogar das Design der Verpackung erinnert an Bionorica.

»Keine Frage«, sagt Marketingexperte Baumann, »hier ging es um eines der wichtigsten und vitalsten Interessen der Firma.« Immerhin gehört Hexal dem Pharmariesen Novartis. Sollte Solvohexal® Erfolg haben, könnten auch andere auf die Idee kommen, Deutschlands erfolgreichstes OTC-Produkt zu attackieren. Baumann: »Wir haben Marktforschung gemacht, wir haben uns gefragt: Wie kann das laufen, was kann passieren? Wir haben Abwehrstrategien entwickelt und verworfen.«

Die rettende Idee liegt so nahe, dass sie lange übersehen wird. »Irgendwann«, so Baumann, »fragten wir uns: Warum reden wir eigentlich über Sinupret® forte, wenn wir in Sinupret® extract bereits das bessere Produkt haben? Warum beschäftigen wir uns mit Hexal, wenn die gar nicht in unserer Liga spielen?« Daraufhin entwickelt Stanscheit mit seiner Agentur MSCN eine Kampagne für Sinupret® extract. Das X in extract und das Wirkblatt auf der Verpackung werden in oranger Farbe hervorgehoben. Auf Plakaten kreuzt eine junge Frau beide Zeigefinger vor der Brust, umrahmt von einem orangen Lichtstrahl. In Werbespots treffen sich drei Freundinnen. Eine klagt über starken Schnupfen. Die anderen beiden sagen: »Nase dicht? Druckkopfschmerz? X es aus!« Während sie ein X macht, leuchtet ein oranges Kreuz über den Zeigefingern. Stanscheit: »Die Aktion war so erfolgreich, dass Apotheken reihenweise umdekoriert haben.«

Die Jahresaußendiensttagung findet in diesem Jahr auf Mallorca auf der Finca Sa Canova statt. Michael Popp steht vor einem orangen Pult, das wie ein X geformt ist. Er trägt ein oranges Hemd und eine orange Krawatte, auch Uwe Baumann kommt in Orange, die Außendienstmitarbeiter tragen orange Polohemden und orange Hüte. »Gleichklang, Gleichschritt, Momentum erzeugen«, wie Stanscheit es nennt. Am Abend bilden alle mit Fackeln ein flammendes X. Das Lied, das sie singen, stammt aus Stanscheits Feder. Refrain: »Sinupret wir brennen – und wer uns angreift, lernt uns kennen.« Von Solvohexal® hat man danach nicht mehr viel gehört.

Anfang Dezember 2017 stirbt Erna Popp im Alter von 99 Jahren. Bionorica schreibt in einer Pressemitteilung: »Erna Popp hatte im Krieg Pharmazie studiert und 1945 – zusammen mit ihrem Bruder Hans-Oskar Popp – die von ihrem Vater Josef Popp gegründete Firma mit großem Einsatz aufgebaut. Das erfolgreiche Zweiergespann legte damit den Grundstein für den heute weltweit erfolgreichen Mittelständler.« Michael Popps Kommentar: »Ich bin sehr traurig. Meine Tante Erna war in ihrer Zeit als eine der wenigen Unternehmerinnen der Nachkriegszeit mir und vielen anderen ein Vorbild.«

Eine Woche später stirbt Hans-Oskar Popp. Diesmal schreibt Michael Popp: »Wir haben einen wunderbaren Vater, guten Freund und inspirierenden Teil unseres Unternehmens verloren. Sein medizinischer Sachverstand und die Therapieerfahrung, die er in seiner Praxis sammelte, ergänzten in kongenialer Weise das pharmazeutische Wissen und den unternehmerischen Geist seiner Schwester. Unter

weitere aussichten: heiter bis sonnig

seiner Führung entwickelte sich Bionorica zu einem forschenden Pharmaunternehmen.«

Die beiden Traueranzeigen überschatten ein wichtiges Ereignis ein halbes Jahr davor. Im Juli stehen zwei Männer auf einer Wiese außerhalb der Stadt Woronesch im südlichen Teil Zentralrusslands. Der eine ist Michael Popp, der andere Alexej Wassiljewitsch Gordejew, ehemaliger russischer Agrarminister und Gouverneur des Oblast Woronesch. Sie legen den Grundstein für Bionoricas Werk, das 40 Millionen Euro kosten wird und etwa 60 Arbeitsplätze schaffen soll. Geplanter Produktionsbeginn 2021. Popp sagt, die Investition sei ein Zeichen von »Treue und tiefer Freundschaft zu unseren Partnern«. Bionorica erhofft sich aber auch Einsparungen bei Zoll und Transport, schließlich ist Russland inzwischen der wichtigste Markt. »40 Millionen Euro«, so Finanzvorstand Michael Rödel, »sind für uns schließlich viel Geld.«

Die Geschichte eines Unternehmens ist immer eine Aneinanderreihung von Phasen, markiert von Meilensteinen. Davon zu erzählen, ist eine Sache, sie zu beurteilen, schwieriger. Doch wenn man jemanden darum bitten kann, dann Eberhard Rauch, den Vorsitzenden des Aufsichtsrats der Bionorica SE. Rauch war Vorstand Bayern Nord der HypoVereinsbank, als er 1998 erstmals auf Michael Popp traf. Bionorica befand sich damals finanziell in einer schwierigen Situation. Die Begegnung mit Rauch markierte einen entscheidenden Wendepunkt für Popp und Bionorica.

»Michael Popp«, sagt Rauch, »hat verstanden, dass man mit einem Medikament nicht dauerhaft Erfolg haben kann, wenn man nur weiß, dass es wirkt. Man muss auch verstehen, warum es wirkt. Darum hat er sich so energisch der Wissenschaft und Forschung gestellt. Es wurden bei Bionorica zur richtigen Zeit die richtigen Entscheidungen getroffen, zwar nicht immer, aber doch meistens. Die größte Unternehmerleistung ist für mich jedoch nach wie vor die Ostöffnung.«

Wäre sicher interessant, mal bei einer Tagung des Aufsichtsrats dabei zu sein. Nicht nur wegen der Souveränität seines Vorsitzenden. Rauch, sagt Alexander Fackelmann, könne »unangenehme Dinge sehr deutlich und überzeugend ansprechen«. Fackelmann ist ebenfalls Mitglied. Die Fackelmann GmbH + Co. KG, Haushaltsartikel, Küchen- und Badezimmerzubehör, hat durchaus Ähnlichkeiten mit Bionorica. Familienbetrieb aus Nordbayern. 380 Millionen Euro Umsatz. Weltweiter Vertrieb. Die Unterschiede? »Wir brauchen keine Forschung«, sagt Fackelmann, »Michael braucht weniger Design.« Und: »Wir sind in unserem Feld nicht schlecht, Bionorica ist herausragend.«

Komplettiert wird das Gremium durch Dirk Reischig, Hans Steininger, Günther Bonn und Nina Horbach. Reischig war bei Pharmaunternehmen in leitender Stellung, zuletzt als CEO beim Phytohersteller Dr. Willmar Schwabe. Steininger ist Vorstandsvorsitzender der MT Aerospace AG. Der Chemiker Günther Bonn gehört zu den einflussreichsten Wissenschaftlern Österreichs und ist Popps Doktorvater. Horbach ist Juristin. Steininger sagt: »Das ist von der Mischung her sehr clever. Fackelmann macht Produktion und Handel, Rauch ist Banker, Reischig ist Pharma, Bonn ist Wissenschaft, ich stehe für Technik, und unsere Rechtsanwältin passt auf, dass alles in einem seriösen Rahmen bleibt. Wir alle können aus unserer Perspektive Chancen und Risiken einschätzen und wie sich die Welt verändert.«

weitere aussichten: heiter bis sonnig

Michael Popp bräuchte keine Aktiengesellschaft. Die Bionorica SE gehört ihm allein. »Die Hauptversammlung bin ich«, hat er einmal zum *Handelsblatt* gesagt. Ergo: Wozu einen Aufsichtsrat installieren, erst recht einen, der ihn fordert? Weil Popp genau das will. Fackelmann hat beobachtet: »Widerspruch nimmt er eher dankbar an, ich sehe das als eine seiner großen Stärken.« Steininger meint: »Er akzeptiert, hinterfragt zu werden, weil er weiß, dass man Fehler macht, wenn man sich nicht hinterfragt.« Reischig sagt: »Viele CEOs sind reine Geschäftsleute, er ist Forscher und Wissenschaftler, kennt die Zulassungsprozesse, die gesundheitspolitischen Hürden, er hat sich dauerhaft Kontakte auf der ganzen Welt aufgebaut, weil er bereit ist, mit allen zu sprechen und von allen zu lernen. Ich denke, das ist auch der Grund, den Aufsichtsrat interdisziplinär zu besetzen.«

Das heißt nicht, dass Popp sich jedem Urteil beugt. Im Gegenteil. So hat er entgegen der Empfehlung seines Aufsichtsrats am lange verlustreichen Cannabisgeschäft festgehalten. Momentan steht Bionoricas Engagement in China in der Kritik. Andere Kultur, anderes Verständnis von Pflanzenmedizin, andere Qualitätsstandards. Schwierig. Popp will sich dennoch im Reich der Mitte etablieren. Einigkeit herrscht hingegen hinsichtlich der Strategie, weiter nur organisch zu wachsen. »Ich habe bisher kein Unternehmen gefunden, das meinen Ansprüchen an Forschung und Produktionstechnik entsprochen hätte«, sagt Popp, »ich will auf keinen Fall eine Firma kaufen, die tausend Probleme hat.« Lieber setzt er auf die Entwicklung neuer Produkte, an denen unter anderem die Bionorica research in Innsbruck längst arbeitet.

»Bis dahin«, sagt Vorstand Uwe Baumann, »können wir mit den Produkten, die wir haben, noch gut wachsen. Sinupret® extract hat in

146 Ländern Patentschutz bis 2032; Canephron® ist überall im Kommen, Brochipret® auch, Imupret® hat noch viel Potenzial.« Immerhin hat Bionorica zuletzt Arzneimittelzulassungen für Bronchipret® und Klimadynon® in Italien erwirkt, einem Markt, in dem Nahrungsergänzungsmittel den OTC-Sektor dominieren. Auch in Frankreich und Spanien fasst Bionorica zunehmend Fuß. Lateinamerika, so Baumann, sei ein interessanter Markt, insbesondere Mexiko und Brasilien, die über »eine signifikante, zahlungskräftige Mittelschicht« verfügen. In der Türkei ist das Geschäft bereits angelaufen, ebenso im Iran. Osteuropa, Russland und Zentralasien sind ohnehin eine Bank. Wäre es ein Wetterbericht, würde es an dieser Stelle zu den weiteren Aussichten heißen: heiter bis sonnig.

Was für das Wetter gilt, trifft allerdings auch auf Unternehmen zu. Was kommt, kann keiner garantieren. Auf eines jedoch könne man sich bei Bionorica, so Popp, immer verlassen: »Wir gehen alles, was wir machen, mit Herz, Seele und Verstand an. Das wird immer unser Fundament bleiben.«

»POPP IST DER MOTOR, ICH BIN DAS GETRIEBE«

DR. UWE BAUMANN *über Visionen und ihre Umsetzung*

Michael Popps Credo, Pflanzenmedizin und Wissenschaft zu verbinden, hat mich schon immer angesprochen. Mein Impetus, mich 2004 Bionorica anzuschließen, war das Potenzial, das ich im Unternehmen gesehen habe. Als ich kam, standen wir vor der Herausforderung, den Sprung von einer kleinen, noch etwas ungeordneten Firma zu einem großen, gut funktionierenden Unternehmen mit internationaler Ausrichtung zu machen. Der Jahresumsatz lag damals bei 62 Millionen Euro. Das ist eine gefährliche Größenordnung, bei der du dir keine größeren Manöver leisten kannst und extrem anfällig bist bei Krisen von außen.

Meine Aufgabe war daher, zusammen mit Michael Popp die richtigen Weichen zu stellen. Er hat mir schnell zu verstehen gegeben, dass ich in meinem Bereich alle Freiheiten habe, vorausgesetzt wir ziehen an einem Strang. Wenn er von jemandem überzeugt ist, lässt er einen auch machen. Zunächst ging es darum, dem Team mehr Struktur zu geben, neue Prozesse einzuführen und die ganze Kraft des Unternehmens freizusetzen. Professor Popp ist ein Mann mit vielen Interessen und Talenten, der sehr begeisterungsfähig ist. Dadurch hat er vielfältige Zielsetzungen. Dem kann nicht jeder folgen. Als ich kam, erlebte ich ein Unternehmen mit einem Visionär an der Spitze, der aber mit der Organisation im Haus nicht 100-prozentig verlinkt war. Dadurch konnte vieles nicht umgesetzt werden.

Für mich ging es erst mal darum, innerhalb des Unternehmens zu vermitteln, worum es dem Chef geht. Damit wir die Kräfte bündeln und Popps Visionen auch wirklich umsetzen können. Ganz wichtig war auch, mehr Markenklarheit zu entwickeln. Wir haben das intensiv mit Martin Stanscheit, unserem Kreativpartner in Köln, besprochen.

Gemeinsam sind wir schließlich zu einem perfekten Ergebnis gekommen. Seither akzentuieren wir unsere Stärken besser und werden überall als Spezialisten für Atemwege und Frauengesundheit wahrgenommen. Das war nicht schaumgeboren wie Aphrodite, das haben wir im Team erarbeitet. Popp hat die Vision für Bionorica. Personen wie Stanscheit bringen die Kreativität mit. Was ich habe, ist der Sinn für die strategische Umsetzung.

Gute Dinge passieren in einem Unternehmen nie nur wegen Einzelnen. Das ist eher wie bei einer Maschine, deren Rhythmus stimmig ist. Mein Bild für meine Rolle bei Bionorica: Michael Popp ist der Motor, ich bin das Getriebe, das die Kraft des Motors auf den ganzen Mechanismus verteilt und alle verknüpft, damit der Motor nicht leerläuft. In mir hat er jedenfalls jemanden, der ihn versteht, der Menschen motivieren, mitnehmen, für eine Idee begeistern kann. Auf diese Weise bringen wir unglaublich viele PS auf die Straße. Ich denke, die Umsatzentwicklung der letzten zwölf, 15 Jahre unterstreicht das eindrucksvoll.[1]

Was mich besonders stolz macht: Wir sind jedes Jahr in fast allen unseren Märkten besser als unsere Wettbewerber. Egal welches Produkt, egal in welchem Land – meistens liegen wir bei Umsatzsteigerung, Markenbekanntheit oder Kundenzufriedenheit vorne. Das liegt natürlich an der Qualität unserer Produkte und unserer Transparenz, nicht zuletzt aber an unseren Mitarbeitern. Das sind keine Verkäufer, sondern Botschafter. Sie sind fasziniert von unserem Phytoneering-Konzept,

---

[1] Seit Baumanns Eintritt in das Unternehmen wurde der **Umsatz** von 62 Millionen Euro auf 338 Millionen Euro gesteigert.

sie sind überzeugt von unseren Produkten. Die leben das. Mir geht es genauso. Ich bin oft in Russland, Polen und der Ukraine. Ich fahre auch nach Zentralasien, ich besuche unsere Partner im Iran und die neuen Märkte in Lateinamerika. Ich habe Spaß, andere Kulturen kennenzulernen und zu verstehen und überall auf der Welt neuen Patienten Phytoneering nahezubringen. Dieser Geist macht den Unterschied.

Dr. Uwe Baumann ist seit 2004 Vorstand Global Business (vorher Marketing & Sales) der Bionorica SE.

EIN UNTERNEHMEN OHNE SCHWÄCHEN

DR. MICHAEL RÖDEL *über den Organismus*
Bionorica

Zum ersten Mal Kontakt zu Michael Popp hatte ich 2006. Ein Nürnberger Steuerberater und Vermögensverwalter meinte, wir würden gut zusammenpassen. Er dachte, ich sei der richtige Mann für Professor Popp. Ich hatte zuvor schon mit einem Familienunternehmen gearbeitet, dort haben wir eine Ausfinanzierung gemacht, eine schwierige Kiste, die wir dennoch erfolgreich abschließen konnten. Bionorica kannte ich zu diesem Zeitpunkt nicht, aber Sinupret® war mir ein Begriff, das habe ich auch benutzt. Nachdem ich mich mit dem Unternehmen beschäftigt hatte und wir einige Gespräche geführt hatten, habe ich mich entschlossen, das Angebot anzunehmen. Das Thema Phytopharmaka fand ich gleich spannend, starke Persönlichkeiten wie Professor Popp liegen mir ohnehin; mit solchen Menschen entstehen Konstellationen, die befruchtend sind.

Ich habe BWL studiert und bin promovierter Volkswirt, man kann aber sagen, dass ich ein IT- und Zahlenaficionado bin. Am 1. Januar 2007 habe ich bei Bionorica konsequenterweise die Finanzen, das Controlling und die Informationstechnik übernommen; später kamen noch Human Resources dazu. Controlling und IT steckten zu diesem Zeitpunkt noch ein wenig in den Kinderschuhen. Die Firma war in den Jahren zuvor rasant gewachsen, in Deutschland und im Ausland. Es ist nicht ungewöhnlich, dass die Strukturen nicht entsprechend mitwachsen, wenn einem der Umsatz davonläuft. Die IT-Verknüpfung, das Reporting-System, die Kommunikation – alles ist nicht mehr optimal. Es gab tausend Baustellen.

Die größte Baustelle war sicherlich eine 2005 begonnene SAP-Einführung. Die war schon fast gescheitert, auch weil es zwei Altsysteme gab, die nicht konsistent waren. Mit viel Einfühlungsvermögen und

Schulung haben wir das Problem gelöst und schon zwei Monate nach meinem ersten Arbeitstag erfolgreich den Softwareschalter in Richtung SAP umgelegt. Was wir damals praktizierten, gilt bis heute: Wir agieren professionell, wir haben flache Hierarchien und treffen schnelle Entscheidungen.

Was mich immer wieder fasziniert, ist der Einsatz unserer Leute. Mit welcher Disziplin sie sich ihren Aufgaben widmen, mit welcher Hingabe sie sich für die Firma und deren Ziele einsetzen. Die große Stärke von Bionorica sind gut ausgebildete und motivierte Mitarbeiter. Die sind nicht nur hier, um Geld zu verdienen, sondern weil sie an die Mission des Unternehmens glauben, weil sie überzeugt sind von dem Konzept des Phytoneering, weil es ihnen wichtig ist, dass sie über ihre Arbeit mit der Natur verbunden sind. Die Identifikation unserer Mitarbeiter mit der Firma ist sehr hoch. Ohne sie wäre die überragende wirtschaftliche Entwicklung des Unternehmens nicht möglich gewesen. Ohne Fundament baut man kein Haus.

Ein anderer Faktor für den Erfolg ist unsere nachhaltige Strategie. Wir arbeiten für die Sache, nicht für den kurzfristigen Profit. Wir müssen nicht Quartalszahlen hinterherhetzen. Weil wir nicht von Banken abhängig sind, haben wir uns die Freiheit des Handelns bewahrt. Dazu gehört eine wahrhaft nachhaltige Geschäftspolitik. Wir sind ein treuer Partner, auch oder gerade in Krisen, wir haben klare Werte, die nicht verhandelbar sind, wir stehen zu unseren Investitionen und wir investieren, in das, woran wir glauben. Deshalb sind wir auch vor Kurzem mit unseren Produkten in den Iran gegangen. Das ist ein sehr spezielles Land mit einer ganz eigenen Gesellschaft und Kultur. Wir handeln hier komplett gegen den Trend. Viele ausländische Unternehmen verlassen momentan den Iran, weil sie Angst vor einem Krieg haben.

Bei Bionorica stimmt alles: Die Mission, die Strategie, die Menschen, die Produkte und die Werte. Am Ende ist ein Unternehmen wie ein menschlicher Organismus. Es ist nur so stark wie sein schwächster Part. Bei uns gibt es keinen schwachen Part.

Dr. Michael Rödel ist seit 2007 Vorstand Finanzen und IT sowie Human Resources der Bionorica SE.

SCHNELLER, HÖHER, WEITER

HANKE WOHLERS *über Optimierung und*
Geschwindigkeit

Aufgewachsen bin ich in der Nähe von Cuxhaven. Wir hatten eine Landwirtschaft. Rinder und Milchwirtschaft, dazu Weizen und Mais. Mit anderen Worten: Mit großen Maschinen für andere arbeiten. Dadurch habe ich wohl ein Grundverständnis für Technik entwickelt. In der Landwirtschaft gilt schließlich: Wenn du das mit einem anderen, geeigneteren Gerät machst, geht es schneller. Oder die Arbeit lässt sich leichter bewältigen. Oder das Ergebnis ist besser. Deshalb bin ich ein großer Fan von Optimierung in Unternehmen. Geschwindigkeit und Flexibilität sind Kernthemen in der industriellen Fertigung. Bionorica arbeitet daher schon lange mit Anlagenbauern zusammen, um entsprechend schnelle Verpackungslinien zu entwickeln.

Landwirtschaft war nie ein Thema für mich. Deshalb bin ich nach Marburg gegangen, wo ich Pharmazie studiert habe, 500 Kilometer entfernt von zu Hause. Allerdings wollte ich nicht wie 95 Prozent aller Pharmazeuten in der Apotheke landen. Ich wollte in die Industrie. Meine Promotion sollte das Entree dafür liefern. Thema meiner Doktorarbeit waren Biotransformationen von organisch-chemischen Verbindungen mit Leberzellen und Mikrosomen. Danach wurde ich Laborleiter Entwicklungsanalytik und Stabilitätsprüfung in der Produktion bei Tropon in Köln. Es war der Beginn einer langen und abwechslungsreichen Reise durch die Pharmabranche. Zuletzt war ich beim Phytohersteller Madaus und dort Werksleiter für den Produktionsstandort Troisdorf, gleichzeitig fungierte ich als Geschäftsführer der Lohnfertigung bei Meda Manufacturing in Köln.

Für zwei Unternehmen gleichzeitig in verantwortlicher Position – das bedeutete täglich lange Arbeitszeiten, an den Wochenenden habe ich geschlafen oder auch gearbeitet. Bis mir meine bessere Hälfte die Gelbe Karte gezeigt hat. Meine Frau betrieb damals im Bergischen Land eine

weitere aussichten: heiter bis sonnig

Apotheke. Sie hatte auch eine Schulung von Bionorica durchlaufen und kannte das Unternehmen und seine Produkte gut. Sie meinte: »Da kannste hingehen.« Ich habe mir dann aus dem Internet eine Geschäftsbilanz gezogen und war positiv überrascht.

Nach Neumarkt kam ich 2017. Was ich vorfand, hat mich komplett überzeugt. Ich bin richtig glücklich hier. Technisch ist hier alles top, besser geht es nicht. Die Produkte würde ich alle sofort selber nehmen. Bionorica geht, wie ich finde, auch extrem gut mit sozialer Verantwortung um. Hier erlebt man klassisches Unternehmertum von seiner besten Seite. Natürlich ist das Unternehmen auf Michael Popp ausgerichtet. Aber der Chef ist in so vielen Bereichen so firm, dass er im Zweifel immer die richtige Entscheidung trifft. Was er nicht weiß, macht er nicht. Imponierend finde ich auch, dass wir unseren Firmensitz weiter in Neumarkt, in Deutschland, haben, nicht der Steuervorteile wegen im Ausland.

Product Supply, mein Bereich, war vorher dem Vorstandsvorsitzenden, also Professor Popp, unterstellt. Er setzt sich zusammen aus den Bereichen Engineering, Herstellung, Supply Chain und Qualitätskontrolle sowie den Stabsstellen Qualitätsmanagement und Operational Excellence. Ich glaube sagen zu können, dass wir Bionorica in den letzten Jahren in all diesen Bereichen nach vorne gebracht haben. Das schafft die nötige Basis auf Produktionsseite, um unser kontinuierliches, hohes Wachstum bewältigen zu können. Sich auf gewonnenem Lorbeer auszuruhen, ist nicht Stil des Hauses. Bei uns gilt das olympische Prinzip: schneller, höher, weiter. Wir sind ständig bestrebt, besser zu werden.

Dr. Hanke Wohlers ist seit 2019 Vorstand Product Supply der Bionorica SE.

HEILENDER HANF

Über Bionoricas Cannabisgeschäft

Am 2. Mai 2019 gibt die Bionorica SE den Verkauf ihres Cannabis-geschäfts an die kanadische Canopy Growth Corporation[1] bekannt. Konkret geht es um die C³ – Cannabinoid Compound Company GmbH, bestehend aus der Bionorica ethics in Neumarkt, der THC Pharm in Frankfurt und der C³ Ethics Austria mit Standorten in Innsbruck und Wien. C³ ist Marktführer und einziger Hersteller von Dronabinol in Deutschland und Österreich. Alle Standorte bleiben erhalten. Biono-rica und Canopy vereinbaren eine Forschungskooperation. Der Kauf-preis beträgt 225,9 Millionen Euro.

Bionoricas Vorstandsvorsitzender Michael Popp sagt dazu laut Pres-semitteilung: »Wir wollen weiter vielfältige neue Therapieangebote für schwerstkranke Patienten auf der Basis eines breiten klinischen For-schungsprogramms entwickeln.« Und: »Als eines der weltweit dyna-mischsten Unternehmen der Branche wird Canopy Growth das von uns Erreichte in kongenialer Weise ausbauen. Für uns war es sehr wich-tig, einen Käufer zu finden, der unseren Anspruch an eine evidenz-basierte Cannabismedizin und den damit verbundenen nachhaltigen Forschungsansatz erfüllt, da dies eines der Kernversprechen unserer Marke ist.«

Getragene Worte zu einer überraschenden Nachricht. Seit März 2017 sind Cannabisextrakte und -blüten sowie Dronabinol[2] in Deutschland verschreibungsfähig und werden unter bestimmten Voraussetzungen von den gesetzlichen Krankenkassen erstattet. Das hat das Geschäft mit dem heilenden Hanf zuletzt ordentlich angekurbelt. Wurden 2017

_____[1] Die **Canopy Growth Corporation** mit Sitz in Smith Falls, Ontario, Kanada, ist ein weltweit führendes Cannabis- und Hanfunternehmen, das verschiedene Marken und ausgewählte Cannabis-sorten in unterschiedlicher Form anbietet. Gemessen an der Marktkapitalisierung ist Canopy Growth der weltgrößte Konzern der Branche.

_____[2] **Dronabinol** ist der Freiname für Tetrahydrocannabinol (THC), eine psychoaktive Substanz, die zu den Cannabinoiden zählt. Die bekannteste natürliche Quelle für Cannabinoide ist das Harz der Cannabispflanze.

etwa 10 500 Patienten von C³ mit Dronabinol versorgt, waren es 2018 bereits 19 500. Umsatz: 22 Millionen Euro. Mit Cannabidiol[3] wurden zusätzlich fünf Millionen Euro erlöst. Die Prognose für 2019 liegt bei 33 000 Patienten und 43 Millionen Euro Umsatz. Tendenz: stark steigend. Man rechnet künftig mit 800 000 Patienten alleine in Deutschland.

Auf den ersten Blick macht es keinen Sinn, einen Geschäftszweig mit diesen Perspektiven zu verkaufen, noch dazu, wenn er über fast zwei Jahrzehnte mit viel Mühe, Investitionen und Verlusten aufgebaut wurde. Alles spricht dafür, dass Cannabis in Europa einen Boom erleben wird wie in den USA. Dort ist die Verwendung von medizinischem Cannabis in mittlerweile 29 Bundesstaaten erlaubt, in acht Bundesstaaten ist sogar der Freizeitkonsum von Cannabis legal. »Hasch-Aktien auf Allzeit-High«, stand unlängst in *Bild* über einem Artikel zur Hausse nordamerikanischer Unternehmen. Die C³-Sparte ausgerechnet jetzt zu verkaufen, macht keinen Sinn. Oder etwa doch?

Alles beginnt am 11. September 2001. Popp und sein Kölner Kreativ- und Kommunikationsberater Martin Stanscheit besuchen Franjo Grotenhermen[4]. Der Arzt ist Deutschlands prominentester Befürworter von Cannabis in der Medizin. Grotenhermen leidet an einer Durchblutungsstörung, die ihn überwiegend zur Bettlägerigkeit zwingt. In zahlreichen Aufsätzen und Büchern – darunter *Cannabis und Cannabinoide. Pharmakologie, Toxikologie und therapeutisches Potenzial* – legt er überzeugend dar, bei welchen Indikationen Cannabis seiner Ansicht nach hilfreich wäre.

_____[3] **Cannabidiol** (CBD) ist ein nicht psychoaktives Cannabinoid aus dem weiblichen Hanf (Cannabis).

_____[4] **Franz-Josef »Franjo« Grotenhermen** (* 5. Juli 1957 in Robringhausen) ist praktizierender Arzt und Buchautor in Rüthen in Nordrhein-Westfalen. Er ist Geschäftsführer der International Association for Cannabinoid Medicines (IACM) sowie Mitgründer und Vorsitzender der regionalen Sektion »Arbeitsgemeinschaft Cannabis als Medizin« (ACM).

weitere aussichten: heiter bis sonnig

Dazu gehören unter anderem:

- Übelkeit und Erbrechen durch Chemotherapie;
- Appetitlosigkeit bei HIV und Kachexie;
- chronische Schmerzen bei Multipler Sklerose, Spastik und Rheuma;
- Epilepsie;
- Tourette-Syndrom;[5]
- ADHS;[6]
- Angststörungen;
- Schlafstörungen.

Cannabinoide, so Grotenhermen, hätten diese breite pharmakologische Wirkung, weil entsprechende Rezeptoren nicht nur im Gehirn, sondern auch im peripheren Nervensystem, im Magen und in der Muskulatur zu finden seien. Popp und Stanscheit sind beeindruckt. Dass Heilpflanzen heilen und helfen, wissen sie. Hier kommt ein weiterer Aspekt dazu. Popp: »Es geht darum, Kranken mehr Lebensqualität zu ermöglichen, das Leben des Patienten erträglicher zu machen, eventuell sogar zu verlängern. Mit Cannabinoiden zu helfen, ist eine Frage der Ethik.« Der Besuch bei Grotenhermen ist auch deshalb ein einschneidendes Erlebnis, weil zur gleichen Zeit im Fernsehen über den Anschlag auf das New Yorker World Trade Center berichtet wird.

Wenig später kauft Bionorica ein kleines Unternehmen in Coburg, das mit Faserhanf für medizinische Zwecke experimentiert. Die Pflanze enthält eine Vielzahl von Cannabinoiden, vorrangig Tetrahydrocannabinol oder genauer (–)-trans-Δ^9-Tetrahydrocannabinol. THC – internationaler Freiname Dronabinol – ist eine psychoaktive Substanz, die beim Rauchen den Drogenrausch auslöst. Ihre Extraktion aus Faser-

---

[5] Das **Tourette-Syndrom** ist eine angeborene Erkrankung des Nervensystems. Häufig ist die Ursache genetisch bedingt. Hauptmerkmale sind unwillkürliche Bewegungen (Tics, von französisch tic, nervöses Zucken) und Tic-artige Laute.

[6] **ADHS** ist die Abkürzung für die Aufmerksamkeitsdefizit-Hyperaktivitätsstörung, eine psychische Störung, die in der Kindheit und Jugend beginnt. Sie äußert sich durch Probleme mit Aufmerksamkeit, Impulsivität und Selbstregulation; manchmal kommt zusätzlich starke körperliche Unruhe (Hyperaktivität) hinzu.

hanf geschieht über ein mehrstufiges, technisch kompliziertes Verfahren. Dabei wird zunächst Cannabidiol extrahiert. Dieses Cannabidiol wird angereichert und mittels Cyclisierung[7] zu Dronabinol umgelagert und schließlich aufgereinigt. Es ist ein mühsamer Prozess, vom Ausgangsmaterial über eine teerähnliche Paste und eine karamellfarbige Creme zu einer gelbgrünen öligen Lösung mit 99-prozentiger Reinheit zu kommen.

Nicht nur das Prozedere im Labor ist Neuland für Bionorica, das die Produktion schon bald von Coburg nach Neumarkt umsiedelt. Die Verarbeitung von Betäubungsmitteln unterliegt strengen Vorschriften. Die gesamte Produktion muss hinter verriegelten Türen stattfinden. Der Zugang unterliegt dem Vier-Augen-Prinzip, die Übergabe des in Spritzen abgefüllten Endprodukts dem Acht-Augen-Prinzip. Über jedes Milligramm muss penibel Buch geführt werden, jeder Mitarbeiter über ein makelloses polizeiliches Führungszeugnis verfügen. Die Produktionsräume sind per Telefon direkt mit der nächsten Polizeidienststelle verbunden.

Bionorica arbeitet anfangs mit Faserhanf aus Österreich; die Verwendung von Medizinalhanf, der höhere Konzentrationen von Cannabinoiden enthält, ist zu dieser Zeit noch untersagt. Trotz aller Schwierigkeiten gelingt die Einführung von Dronabinol binnen etwa eines Jahres. Am 10. Juni 2002 findet dazu in Berlin eine Pressekonferenz statt. Das Medienecho ist gewaltig. In Neumarkt klingelt wochenlang das Telefon. »Mehr noch als die Journalisten«, sagt Josef Harrer, damals bei Bionorica ethics für Dronabinol zuständig, »meldeten sich Ärzte und Apotheker, die wissen wollten: Wo kann ich Dronabinol einsetzen, was kann ich damit machen, wie komme ich an den Wirk-

_____[7] Unter **Cyclisierung** (auch Ringschluss) versteht man die Bildung einer zyklischen, also ringförmigen Verbindung aus ungesättigten Edukten bei chemischen Synthesen.

weitere aussichten: heiter bis sonnig

stoff?« Es ist der Apotheker, der auf der Basis des ärztlichen Rezeptes den reinen Wirkstoff zu Tropfen oder Kapseln verarbeitet.

Die Nachfrage ist zu groß für Bionoricas Kapazitäten. Nach einigen Monaten gibt es erste Lieferengpässe. 2003 konzentriert sich das Unternehmen auf sein Kerngeschäft; durch das bevorstehende GKV-Modernisierungsgesetz drohen dramatische Umwälzungen. Der Vertrieb wird einem Partnerunternehmen übertragen. Bionorica verliert seine anfänglich erworbenen Marktanteile wieder an die Frankfurter THC Pharm, die Dronabinol auf chemisch-synthetische Weise herstellt. Dronabinol ist zwar verkehrsfähig und rezeptierbar, aber die Kosten werden nur in seltenen, sorgfältig begründeten Fällen erstattet. Harrer: »Es gab damals Probleme mit den Krankenkassen, von denen die Ärzte zunehmend regressiert wurden, weil sie die Begründungen der Ärzte anfochten.« Fazit: »Insgesamt eine schwierige Gemengelage.«

Dronabinol ist von Anfang an ein Zuschussgeschäft für Bionorica. Doch der Chef glaubt, das Richtige zu tun. Ethisch sowieso. Auch der wirtschaftliche Erfolg, prognostiziert Popp, werde sich noch einstellen. Die ärztliche Verordnung von Hanfblüten zum Rauchen kritisiert er hingegen heftig: »Das ist meiner Meinung nach die falsche Darreichungsform, erstens halte ich es für absurd, schwerkranke Leute erst einmal zum Rauchen zu bringen, um ihre Schmerzen zu lindern, außerdem inhaliert jeder individuell. Ergo nimmt jeder unterschiedlich viel Wirkstoff auf. Unsere Tropfen lassen sich dagegen exakt dosieren.« Es gibt nur eines, das noch besser wäre: Ein fertiges Medikament aus dem Hause Bionorica, dessen Entwicklung Popp bereits eingeleitet hat; heißen soll es Kachexol.

2011 wird ein von Bionorica entwickelter Schnelltest eingeführt. Damit lässt sich die Prüfung des Wirkstoffs für Apotheker spürbar verkürzen. Wieder ein Patent aus Neumarkt. Inzwischen arbeitet man mit Hanfblüten, die aus Gewächshäusern in Wien kommen. Natürlich stammen auch sie von Klonen der am besten geeigneten Sorte. Bionorica überlässt auch beim Hanf so gut wie nichts dem Zufall.

2013 wird erstmals ins Ausland geliefert. 2014 kauft Bionorica den Konkurrenten THC Pharm und wird damit zum Monopolisten in Deutschland und Österreich. In Neumarkt wird neben Dronabinol inzwischen auch Cannabidiol vermarktet, das stark entzündungshemmend und antiepileptisch wirkt und als Rezepturwirkstoff angeboten wird. Im Januar 2017 fällt schließlich in Berlin die Entscheidung für die Erstattungsfähigkeit, die im darauffolgenden März in Kraft tritt. Nun zahlt es sich aus, dass Popp an Cannabis festgehalten hat, im Übrigen gegen die Empfehlung seines Aufsichtsrats. Popp: »Ich weiß gar nicht mehr, wie oft mir geraten wurde, die Sparte abzustoßen.«

Die *Nürnberger Nachrichten* schreiben über den Verkauf an Canopy Growth: »Wer Michael Popp ein wenig kennt, der weiß: Der Professor brennt für seine Produkte, verfolgt fast fanatisch eine Idee und bringt sie dann auch mit großer Beharrlichkeit zur Marktreife. Dronabinol war so eine Idee ...« Der Professor hat aber eingesehen, dass sich der Markt durch die Gesetzesänderung und den Hype in den Medien nachhaltig verändert hat. Cannabis ist in Deutschland längst ein Thema für Big Pharma sowie potente ausländische Konkurrenten. Um in großem Stil produzieren zu können, so Popp, müssten hochpräzise, überdimensionale und damit entsprechend kostspielige Analysegeräte entwickelt werden. »Für uns als Mittelständler ist das eine zu große Herausforderung. Für die Ansprüche an das Forschungsprogramm und den zunehmenden Wettbewerb sind wir nicht groß genug, schließlich dürfen wir unser Kerngeschäft nicht vernachlässigen.«

Die gescheiterte Zulassung von Kachexol dürfte ebenfalls Einfluss auf die Entscheidung gehabt haben. In ihrem Antrag beim Bundesinstitut für Arzneimittel und Medizinprodukte (BfArM) bezog sich Bionorica auf das vergleichbare US-Produkt Marinol, das in Europa schon einmal zugelassen war. Dennoch stellte sich das BfArM quer und monierte fehlende klinische Studien, wohl wissend, dass für deren Erstellung einstellige Millionenbeträge nicht ausreichen. Popp nannte es eine »völlig unlogische Argumentation«. Dennoch wurde auch eine Klage gegen den Bescheid des BfArM vor dem Verwaltungsgericht Köln abgewiesen.

»Dronabinol«, sagt Popp, »war für mich ein ebenso zentrales Mittel wie unser Erfolgsprodukt Sinupret®, da trennt man sich nicht so leicht davon. Aber manchmal muss sich ein Unternehmer eben auch gegen seine Emotionen entscheiden.« Er mag sich mit dem Kaufpreis trösten. Gemessen am Umsatz liegt er um mindestens 100 Millionen Euro über dem, was in der Pharmabranche üblicherweise bezahlt wird.

AVICENNAS ERBEN

Phytomedizin im Nahen Osten und
in Zentralasien

weitere aussichten: heiter bis sonnig

Leidend wälzte sich der Emir von Buchara in den Kissen. Linderung war nicht in Sicht. Am Hofe Nuh Bin Mansurs rätselten die Ärzte vergebens, welche Krankheit den Herrscher befallen haben mochte. In ihrer Not riefen die unkundigen Gelehrten einen kaum 17-jährigen Kollegen hinzu, der bereits seit zwei Jahren praktizierte. Der jugendliche Medicus hatte die Krise recht schnell im Griff und befreite den Monarchen von seiner Pein.

Mit diesen stimmungsvollen Sätzen beginnt Frank Thadeusz vom Magazin *Spiegel* sein Porträt über Abu Ali Hossein Bin Abdullah Bin Sina, der Nachwelt besser bekannt unter seinem latinisierten Namen Avicenna. Der Titel des im März 2010 veröffentlichten Artikels: »Doktor Allwissend«. Treffender hätte man es nicht formulieren können.

Avicenna wird 980 in Buchara geboren. Die Kleinstadt im heutigen Usbekistan gehört zur muslimischen Welt, deren Zentrum Bagdad ist. Von seinem Vater, einem Steuereintreiber, bereits als Kind in die Obhut von Gelehrten gegeben, sorgt der Hochbegabte bald für Aufsehen. Mit zehn Jahren kennt er den Koran auswendig. Von einem gelehrten Gemüsehändler lernt er indische Mathematik und Algebra. Als Teenager wird er bereits als Fakih, als Gelehrter, der theologisches mit juristischem Wissen verbindet, angesehen.

Avicenna orientiert sich an der griechischen Philosophie, etwa Euklids Werken und dem *Almagest* des Claudius Ptolemäus. Auch der Logik Aristoteles' fühlt er sich zugetan. Eine allzu orthodoxe Auslegung des Korans hingegen lehnt er ab. Die Vorstellung, Gott habe die Welt in sechs Tagen erschaffen, leuchtet ihm nicht ein. Stattdessen glaubt er, die Welt sei schon immer da. Überliefert ist auch seine Anziehungskraft auf Frauen, die neben seinem klugen Kopf offenbar auch sein attraktives Äußeres schätzen.

Es heißt, Avicenna soll unablässig geschrieben haben, selbst im Pferde-sattel. Dennoch sollte er nicht als Philosoph Karriere machen, sondern als Arzt und Mediziner. Jedenfalls werden ihm eine Vielzahl aufsehen-erregender Heilungen zugesprochen. Avicenna experimentiert dabei mit Kräutern und Heilpflanzen, die bis dahin in der Medizin kaum Verwendung fanden. Er verschreibt Tinkturen, Salben und Kräutermi-schungen für nahezu alle Leiden, inklusive Depression und Liebes-kummer.

In seinem *Kanon der Medizin* listet Avicenna 750 Heilmittel auf. Er umfasst das medizinische Wissen der damaligen Zeit in beispiel-loser Weise. Das Buch wird für die nächsten 600 Jahre nicht nur im Nahen Osten und in Zentralasien, sondern auch in Europa das Maß aller Dinge sein. Lange vor der Erfindung des Mikroskops identifiziert der nimmermüde Heiler »kleine Organismen, die durch Luft und Was-ser wandern und Krankheiten verursachen«. Er empfiehlt Hygiene und Sauberkeit und legt bei Operationen immer wieder selbst Hand an, wobei er einen grünen Arztkittel trägt.

Im Nahen Osten und in Zentralasien ist Avicennas Vermächtnis noch heute lebendig. Maruf Khanov, der Bionoricas Dependance in Usbe-kistan leitet, sagt: »Die Popularität von pflanzlichen Arzneimitteln in Usbekistan, die zu unserem Erfolg entscheidend beiträgt, geht eindeu-tig auf Avicenna zurück. Noch heute werden bei uns Medikamente für Hautleiden oder Stoffwechselerkrankungen nach seinen Rezepten her-gestellt.« Eine Affinität zur Phytomedizin findet sich auch in Kasach-stan. Yerzhan Mufilov, der dort für Bionorica die Geschäfte leitet, sagt: »Pflanzliche Arzneimittel sind in unserer Kultur von jeher weitverbrei-tet und gelten bis heute als effizient und vertrauenswürdig.«

Auch im Iran sind Bionoricas Produkte schon verbreitet. In Persien hatte Avicenna lange an Fürstenhöfen gelehrt, zuletzt in Isfahan. 1037 starb er im nahe gelegenen Hamadan, gepeinigt von Koliken, nach diversen misslungenen Therapien mit pflanzlichen Injektionen und Opium. Die Todesursache, so heißt es: Erschöpfung.

KAPITEL ACHT

zurück zur natur

MICHAEL POPP *ist ein Mann auf einer Mission*

Auf der Terrasse seines Castellet auf Mallorca. Hinter ihm strebt sein Weinberg Castell Miquel in Stufen zum Himmel. Vor ihm schmiegt sich ein idyllisches Tal in die Serra de Tramuntana. Michael Popp sitzt im Schatten eines Olivenbaums, den er aus Ariany mitgebracht hat. Das alte Dorfhaus, das sie dort bewohnten, war beiden zu klein geworden. »Also haben wir beschlossen, gemeinsam umzuziehen.« Der Baum und er. Popp lehnt sich zurück, atmet tief durch und blickt in die Natur. In der Nacht zuvor hat es heftig geregnet. Klar und frisch die Luft, strahlende Vegetation. Die Terrasse ist sein Lieblingsort, vor allem, »wenn der Vollmond die beiden Blockberge von Alaró bescheint«.

Michael Popp ist ein vielschichtiger Mann. Erfolgreicher Unternehmer. Unermüdlicher Lobbyist. Ewig neugieriger Wissenschaftler. Ein Mann der Öffentlichkeit, der Bionorica als Vorstandsvorsitzender bei Pressekonferenzen und Firmenevents repräsentiert, der die Pharmabranche vertritt bei Unternehmerverbänden und pharmazeutischen oder medizinischen Kongressen. In den Medien taucht er als Entrepreneur des Jahres, Träger des Bayerischen Verdienstordens und des Verdienstkreuzes des Landes Tirol auf, aber auch als Empfänger zahlreicher Ehrendoktorwürden. Man erlebt ihn dabei fast immer in Anzug, Krawatte und Einstecktuch. Es sei denn, es handelt sich um ein Charity Dinner seiner Natureheart Foundation for Kids; da trägt er Smoking.

Wer Popp trifft, muss sich auf zwei Eigenheiten einstellen. Erstens: Er hat wenig Zeit. Meistens kommt er von irgendwo und muss danach gleich weiter. Dennoch ist es ihm wichtig, an drei Tagen pro Woche in Neumarkt am Schreibtisch zu sein. Zweitens: Er ist stets vorbereitet, informiert und arbeitet zielsicher seine Agenda ab. Dabei hat er alles im Kopf. Produktionszahlen. Weltmarktpreise. Währungskurse. Details zu wissenschaftlichen Studien aus den letzten 30 Jahren. Er weiß, auf welchem Stand die Bauarbeiten in Woronesch sind; wie die Umsatzentwicklung in Usbekistan aussieht; wie weit die Anträge für Arzneimittelzulassungen in Brasilien oder Mexiko sind. Nie steigt er ohne prall gefüllte Aktentasche in den Flieger. Vor einiger Zeit traf sich ein Journalist mit ihm zum Mittagessen. Popp zierte sich bei der Bestellung, weil er gerade am Fasten war. Der Journalist schrieb: »Popp, drahtig, klein, kompakt, hat die Dinge im Griff, egal, ob bei seiner Figur oder seiner Firma.«

Sollte es anders sein, sollte etwas seinen Terminplan durchkreuzen, eine wichtige Unterlage nicht verfügbar sein, eine Dienstleistung nicht zufriedenstellend ausgeführt werden, kann er sich schon mal echauffieren. Unqualifizierte Kommentare und oberflächliches Gerede sind ihm ein Gräuel. Dann kann es passieren, dass er sich in seinem Stuhl windet, die Augen schließt und mit den Fingern energisch die Stirn massiert vor Unbehagen. Sein Leben ist stundenweise getaktet, er trifft beinahe täglich wichtige Entscheidungen, wollte er alles verwirklichen, was er im Kopf hat, bräuchte er zwei Leben. Mindestens. Verzögerungen oder gar Stillstand kann sich einer wie Popp nicht leisten.

Hier auf Mallorca, auf der Terrasse seines Castellet, ist alles anders. Popps Hemdkragen ist geöffnet, kein Jackett in Sicht, gleich wird er sich eine Zigarre anzünden. Vereinbart war ein Arbeitsgespräch. Doch schon nach wenigen Minuten ist klar, dass daraus nichts wird. Nicht heute. Nicht an diesem Ort. Wenn man Leute fragt, die ihn gut kennen, sagen sie alle das Gleiche. Mallorca, Castell Miquel, sein Weingut mit dem kleinen barocken Schlösschen, ist sein zweites Zuhause, seine Oase, der Platz, an dem er entspannen und nachdenken kann, wo er die Verantwortung für 1700 Angestellte, das Jonglieren mit Millionen, die täglichen Verpflichtungen des Unternehmerseins vergisst. Wo er sich auf Michael Popp, den Menschen, besinnt.

Man muss nicht fragen, ob das stimmt. Es stimmt immer irgendwie, was andere über einen sagen. Popp steht auf, macht ein paar Schritte und schaut in den Weinberg. Dort leuchtet eine gewaltige Skulptur in der Sonne. Sie sieht aus wie ein mutierter Bovist, der jeden Moment umzukippen droht. Der Künstler Tony Cragg, mit dem Popp befreundet ist, hat sie eigens für Castell Miquel entworfen. Popp sagte er, das sechseinhalb Meter hohe Kunstwerk wiege sechs Tonnen. In Wahrheit wiegt es 40 Tonnen. Die Straße zu Castell Miquel ist nur für Fahrzeuge bis 18 Tonnen befahrbar. Am Ende wurde es in Segmenten transportiert und erhielt erst im Weinberg seinen Feinschliff. Craggs Rechtfertigung: »Michael, wenn du gewusst hättest, was da auf dich zukommt, hättest du dich niemals auf das Projekt eingelassen.«

Natürlich hat er sich längst versöhnt mit dem Koloss im Hügel. Popp ist ein leidenschaftlicher Sammler von Craggs Arbeiten. Außerdem arbeitete der Künstler mit Marmor aus einem lokalen Steinbruch. »Der Stein gehört zu dieser Natur«, sagt Popp, »er verkörpert ihre Geschichte, er spiegelt die Farbe der Insel wider, deshalb passt er an diesen Platz, jeder andere Stein wäre hier falsch.« Man könnte auch sagen: Hier ist zusammengeblieben, was zusammengehört, durch den Künstler mit einer neuen Bestimmung versehen. Besonderes war der Platz aber schon vorher.

Der Legende nach erscheint einem mallorquinischen Bauern ein Engel, der sagt, er solle in einem Tal hinter Alaró an einem Hang einen Weinstock pflanzen. Der Bauer tut es und erntet fortan die besten Trauben der Insel. Doch nach und nach wächst die Konkurrenz und macht aus dem Weinberg einen von vielen. Mit der Reblausplage, die Mitte des 19. Jahrhunderts auch Mallorca heimsucht, wird der Weinbau auf der Insel fast vollständig eingestellt. Die Bauern steigen auf Ackerbau und Mandelbäume um. Als Michael Popp die Finca in den Neunzigerjahren entdeckt, findet er Ställe mit Hühnern und Schweinen, überall Schrott zwischen Müllhaufen und Jauchegruben. Die Wirtschaftsgebäude verwahrlost, das Castellet ramponiert, von Weinreben keine Spur.

Castell Miquel ist zunächst als Hobby gedacht. Doch während Popp saniert und restauriert, während er mit der Raupe den Boden für die Rebstöcke planiert, packt ihn der Eifer. Und wenn Popp der Eifer packt, ist der Perfektionismus nicht weit. Es dauert drei, vier Jahre, ehe das passende Saatgut entwickelt ist. Popp engagiert einen renommierten Önologen, der ihn beim Aufbau der Kellerei berät. Für die Barriquefässer wird Eiche aus halb Europa getestet. Die Angestellten durchlaufen Schulungen, wie die Rebstöcke zugeschnitten und versorgt werden. »Dabei habe ich festgestellt«, so Popp, »wie viele Parallelen es zwischen der Weinwelt und der Heilpflanzenwelt gibt. Bei beiden entsteht die ursprüngliche Qualität im Feld und durch die Pflege der Pflanzen, der zweite wichtige Schritt sind die Sorgfalt und die Akribie bei der Weiterverarbeitung.« Popp lässt Rosmarin und Thymian zwischen den Rebstöcken anbauen, deren Aromen der Wein in der Blütezeit aufnimmt. Aus diesem Grund ist in Frankreich das Asphaltieren der Straßen während der Weinblüte verboten.

Hinüber zur Kellerei, zu der Büros, ein Laden und ein kleiner Restaurantbetrieb gehören. Die Selektion »Stairway to Heaven« besteht aus rebsortenreinen Weinen, der mehrfach preisgekrönte »Cuvée« aus

Shiraz, Merlot und Cabernet Sauvignon. Die »Special Editions« werden mit handverlesenen Trauben hergestellt und sind streng limitiert. Popps Weine profitieren neben der Hanglage auch vom Boden, der durchsetzt ist von Nagelfluh, einer kalkreichen Gesteinsart, die für charakteristische Nuancen sorgt. Zucker- und Säuregehalt der Trauben werden vor und während der Lese mehrfach täglich geprüft. »Die Reife ist entscheidend, man erkennt sie an der Farbe der Kerne«, sagt Popp. In der Kellerei achtet man auf modernste Technik und schonende Verarbeitung. »Ich will klare, saubere, stilvolle Weine, die noble und nicht lärmende Begleiter eines Essens sind.«

Popp wäre nicht Popp, hätte er seine Weine nicht analysieren lassen wie Arzneimittel. Letztlich ist Wein auch nur ein Pflanzenextrakt. Dabei ist er unter anderem auf eine Reihe von Polyphenolen gestoßen. Anfangs wurden die Ergebnisse aus dem Labor – ähnlich einem Beipackzettel – auf den Etiketten abgedruckt. Das hat vor Popp noch kein Winzer gemacht. Dabei ließ sich einiges lernen. Insbesondere über Resveratrol, ein Phytoalexin mit antioxidativen Eigenschaften. Mit Resveratrol, erklärt Popp, schütze sich die Traube vor Keimen und Pilzbefall. Beim Menschen soll Resveratrol das Krebsrisiko halbieren. Studien weisen auch auf positive Effekte bei Arteriosklerose, Herzkrankheiten, Alzheimer, Arthritis und manchen Autoimmunkrankheiten hin. Deshalb reagiert Popp auch leicht pikiert auf die Frage, wie das denn zusammenpasse, dass er Arzneimittel und Alkohol verkaufe.

Ich verkaufe keinen Alkohol, ich verkaufe Wein. Wein war immer Bestandteil bestimmter Therapien. Ich habe sogar eine Bekanntmachung der Allgemeinen Ortskrankenkasse Heidelberg aus dem Jahr 1892 gefunden. Darin wird erklärt, dass die Kosten für Rotweine von San Michele per Kassenrezept erstattet werden. Man wusste damals schon: Wein ist nicht gleich Wein. Will sagen: Man wusste um die gesundheitlichen Vorzüge von Rotweinen. Die Koinzidenz freut mich natürlich. Mein Weingut trägt auch den Vornamen Michael.

Nicht jeder mag das, aber wer Popp trifft, lernt immer dazu. Nicht nur, wenn es um Wein geht. Nach seinem Vortrag über Tee von Einjährigem Beifuß und dessen gesundheitliche Vorzüge besorgt man sich umgehend 100 Gramm und beginnt fortan jeden Tag mit einem Kännchen. Das gilt auch für Gerstengras, das Popp des Stoffwechsels wegen konsumiert und überzeugend empfiehlt. Es soll sogar Männer geben, die Klimadynon®, Bionoricas Präparat gegen Klimakteriumsbeschwerden, nehmen, weil Popp erzählte, der darin enthaltene Wirkstoff der Traubensilberkerze schütze auch vor Prostatakrebs und Knochenabbau.

Was für ein Typ. Man erwähnt Echinacea, und schon legt er los. Brennnessel? Weißdorn? Baldrian? Kennt er auch alle in- und auswendig. Sagt man Übergewicht, landet er bei Caenorhabditis elegans, einem Fadenwurm, dessen Fettakkumulation der des Menschen ähnelt. Man habe, so Popp, festgestellt, dass der Wurm länger lebe, wenn er hungere, was wiederum mit der Produktion von Sirtuinen[1] zu tun hat. Womit wir wieder bei Resveratrol wären, das im Körper scheinbar denselben Effekt erzeugt. Und weiter geht es mit Popps Erkenntnissen zu Wein. »Über Wein«, sagt er selbst, »könnte ich stundenlang erzählen.« Er wünscht sich, er hätte schon viel früher als Winzer angefangen. Mit seinen pflanzlichen Arzneimitteln führt er eine glückliche Ehe, über Wein spricht er wie über eine Geliebte.

_____[1] **Sirtuine** sind eine Familie multifunktionaler Enzyme. Sie kommen in allen Lebewesen wie Bakterien, Hefen, Würmern, Insekten, Säugetieren und Menschen sowie in Viren vor.

zurück zur natur

Zweimal im Jahr nimmt Popp sich Zeit, um mit seinem Verwalter auf Mallorca den Weinanbau und die Heilpflanzenfelder zu inspizieren und alle nötigen Planungen zu besprechen. Popp genießt es, die Rebstöcke anzufassen, sie zu spüren, zu erkennen, wie sich die Setzlinge entwickelt haben, die er mit viel Mühe und Geld gefunden und gezogen hat und von denen zigtausende gepflanzt wurden auf Castell Miquel und 40 Hektar Anbaufläche im Zentrum der Insel. Aber es ist nicht nur der Wein allein, es sind nicht nur die Touren über die Heilpflanzenfelder, es ist der große Kontext, der Popp bewegt.

Man redet über den Boden, die Erde, die Pflanzen, was sie brauchen, wie sie sich entwickeln, das Wetter, die Natur ringsum. Das alles fließt in die Erfahrung ein. Du bist auf Mallorca rauf und runter in der Natur, umgeben von tollen Landschaften. Du siehst Pinien, du siehst Zypressen, das alles hat einen Einfluss auf dein Denken und Fühlen. Ich empfinde dabei eine unglaubliche Erdung. Es ist ja erwiesen, wir müssen in der Natur sein, wir gehören in die Natur. Wir müssen sie riechen, atmen, spüren, das hat eine positive Wirkung auf den Körper, auf unsere Befindlichkeit und das Immunsystem.

Apropos Zypressen, weil Popp von ihnen spricht und weil es so schön passt: Die Zypresse galt einmal als heiliger Baum. In der christlichen Religion fungiert sie immer noch als Zeichen für das ewige Leben. Ihre ätherischen Öle fördern die Konzentration, ordnen die Gedanken und wirken ausgleichend. Darüber hinaus haben sie einen positiven Einfluss auf den Hormonhaushalt, stillen Blutungen, heilen Wunden, unterstützen den Kreislauf und die Verdauung, außerdem helfen sie bei Husten und Erkältung, weiten die Bronchien und einiges mehr.

Wenn man Popp fragt, welche Bücher für ihn wichtig sind, schickt er eine lange Liste mit Titeln. Darunter *Die Intelligenz der Pflanzen* von Stefano Mancuso und Alessandra Viola. »Pflanzen«, steht auf dem Klappentext, »versorgen uns nicht nur mit Nahrung, Energie und Sauerstoff, sie haben mehr Sinne als der Mensch. Sie können die Schwerkraft berechnen und chemische Stoffe analysieren, tauschen mit Vögeln und Insekten Informationen aus, und ihr Wurzelwerk bildet eine Art lebendiges Web … Merkwürdig eigentlich, dass sie trotzdem lange als Lebewesen niederer Ordnung galten.« Erst recht, wenn man weiß, dass der Mensch, die vermeintliche Krone der Schöpfung, ohne Pflanzen keine vier Wochen überleben könnte.

»Die Natur«, sagt Michael Popp, »ist eine Schatzkammer mit unermesslichen Dimensionen.« Und: »Die Natur hat für alles eine Lösung, für sich und auch für uns Menschen. Sie ist bereit, uns mehr zu geben, als wir nutzen können, sie produziert im Überfluss, aber dabei – anders als wir – ohne zu zerstören.« Dummerweise, so Popp, habe der Mensch irgendwann aufgehört, auf die Natur zu hören, sie zu beobachten und von ihr zu lernen. Stattdessen habe er auf die sogenannten Naturwissenschaftler und die chemische Industrie verlassen.

Wir wollten uns lossagen von der Natur, wir wollten uns über die Natur stellen, wir dachten, wir können mit kleinen Molekülen aus Reagenzgläsern die Natur übertrumpfen. Heute wissen wir, dass das nicht möglich ist. Der Innsbrucker Zellbiologe Lukas Huber[2] *sagt: »Die synthetischchemische Pharmaindustrie hat ihr Potenzial ausgeschöpft.« Du kannst*

---

[2] **Lukas Huber** (* 4. Juli 1961 in Wien) ist ein österreichischer Arzt, Zellbiologe und Universitätsprofessor an der Medizinischen Universität Innsbruck. Er ist wissenschaftlicher Leiter des Austrian Drug Screening Institute (ADSI) und des Zentrums für personalisierte Krebsmedizin Oncotyrol in Innsbruck.

mit einer Monosubstanz den Krebs bekämpfen, aber die Monosubstanz zerstört neben dem Krebs auch alles andere im Körper. Das heißt nicht, dass wir die chemisch-synthetische Medizin nicht brauchen. Wo es keine evidenzbasierte Pflanzenmedizin gibt, sind wir weiter auf sie angewiesen. Wir müssen dringend neue Antibiotika entwickeln und in Europa produzieren. Nur: Wenn es nachgewiesen wirkende und sichere pflanzliche Therapien gibt, dann sind sie die bessere Alternative. 60 bis 70 Prozent der neuen Arzneimittel, die heute auf den Markt kommen, sind Naturstoffe oder von Naturstoffen abgeleitete Arzneimittel. Ich finde es gut, dass wir wieder mehr an der Entschlüsselung von Naturstoffen arbeiten. Das sind die wesentlich größeren, komplexeren und besseren Moleküle, die viel besser zur komplexen Konstitution des Menschen passen.

Als junger Mann habe er noch nicht so geredet. Das sagen alle, die ihn lange kennen. Sicher, es ging immer um Heilpflanzen und Phytopharmaka. Wie man sie mithilfe von Wissenschaft besser verstehen, erklären und nutzen kann. Wie man sie mithilfe von Technologie zu qualitativ hochwertigen Produkten formen kann. Wie man mit ihnen ein erfolgreiches, richtungsweisendes Unternehmen aufbaut. Im Kopf war die Natur bei Popp schon immer. Den Weg ins Herz und in die Seele hat sie erst mit der Zeit gefunden. Neulich schaute er in seinem Neumarkter Büro aus dem Fenster, während auf der gegenüberliegenden Straßenseite der Wald für ein neues Verwaltungsgebäude gerodet wurde. Popp sagte: »Es ist schon traurig, wenn man bedenkt, dass die Bäume über Botenstoffe miteinander kommunizieren. Ich frage mich, welche Informationen sie von den gefällten Bäumen gerade erhalten.« Das hätte er früher nicht gesagt, auch weil er es nicht wusste.

Müßig nachzufragen, wie aus einem jungen Mann, der pflanzliche Arzneimittel herstellt, ein Philosoph werden konnte, der sich der Natur verschrieben hat. Im Leben ist alles eine große Melange. Ein Vielstoffgemisch, wie man bei Pflanzen sagen würde. Doch Mallorca hatte zweifelsohne einen entscheidenden Einfluss auf das Leben des Michael Popp. Das liegt tatsächlich an der intensiven Auseinandersetzung mit Wein, der ein Pflanzenextrakt sein mag, den man aber auch philosophisch betrachten kann. Prägend für Popp war auch der Erwerb der Finca Sa Canova, auf der er das botanische Erbe der Balearen für die Nachwelt bewahren will. Das entspricht seinem Verständnis von Nachhaltigkeit: »Die Dinge so zu gestalten, dass sie den Menschen lange erhalten bleiben.«

Auf Mallorca, sagt eine Person, die ihn sehr lange und sehr gut kennt, komme die beste Seite von Michael Popp zum Vorschein. »Ich sehe neben allem anderen immer auch das begabte, neugierige, liebenswerte Kind, das Gutes tun will und bereit ist, dafür zu kämpfen. Das ist seine Mission; das spüren die Menschen; das macht ihn glaubwürdig.« Jetzt müssen die Menschen Michael Popp nur noch folgen, wenn er sagt: »Wir müssen wieder zur Natur zurückfinden, es ist der einzige Weg.«

Equisetum arvense

ACKERSCHACHTELHALM
Equisetum arvense

Die hellbraunen bis rötlichen Sporentriebe, die einem Pferdeschweif (equisetum) ähneln, und ihr bevorzugter Standort, der Acker (arvum), haben der Pflanze ihren botanischen Namen gegeben.

VOLKSTÜMLICHE NAMEN
Hakenschwanz, Reibwisch, Kannenkraut, Zinnkraut, Löffelkraut, Scheuerkraut

VORKOMMEN
Wächst in der gemäßigten Zone der nördlichen Erdhalbkugel. Gedeiht überwiegend auf Äckern, lehmigen, feuchten Wiesenrändern, in Gräben und auf Böschungen.

GESCHICHTE
Der Ackerschachtelhalm ist ein lebendes Fossil. Er ist der letzte Nachfahre der ehemals artenreichen Gruppe der Gefäßsporenpflanzen (Pteridophyta). Vor etwa 400 Millionen Jahren waren Schachtelhalme Bäume, die bis zu 30 Meter hoch wurden. Gemeinsam mit Riesenfarnen bildeten sie die ersten Wälder auf der nördlichen Erdhalbkugel. Aus ihren Überresten entstand die Steinkohle. Sie vermehren sich ungeschlechtlich, also nicht über Blüten und Früchte, sondern über Sporen. Diese Art der Vermehrung bewahrte sie vor der Ausrottung.

ANWENDUNG UND INHALTSSTOFFE
Seine Heilkraft war bereits im Altertum bekannt. Der harntreibenden Wirkung wegen wurde er häufig bei Erkrankungen der Nieren und Harnwege eingesetzt, auch zur Blutstillung und Entwässerung des Gewebes bei Ödemen. Der Schachtelhalm verfügt über einen hohen Gehalt an Kieselsäure. Sie wird zum Aufbau von Bindegewebe, Sehnen, Bändern, Haut, Haaren, Knochen, Zähnen und Nägeln benötigt. Die Extrakte aus den Sommertrieben der Pflanze enthalten darüber hinaus Saponine und Flavonoide, die über immunstärkende, antientzündliche und antimikrobielle Eigenschaften verfügen.

ENTHALTEN IN IMUPRET® N

Aloe vera

ALOE VERA
Aloe vera

*Der Name kommt von dem arabischen aloeh (glänzend) und
dem hebräischen halal (bitter). Er bezieht sich auf die Blattoberfläche
und den Geschmack des Pflanzensafts.*

VOLKSTÜMLICHER NAME
Bitterschopf

VORKOMMEN
Vorrangig auf sandigen, kalkhaltigen Böden, in (sub)tropischen Gegenden.

GESCHICHTE
Im alten Ägypten wurde Aloe vera als Pflanze der Unsterblichkeit bezeichnet. Cleopatra soll sie zur Schönheitspflege benutzt haben. Tote wurden mit dem Pflanzensaft einbalsamiert. Ihre bakterizide und fungizide Wirkung hob die Zersetzung auf. Alexander der Große ließ Verletzungen seiner Soldaten damit behandeln. Im Mittelalter Heilmittel gegen Gelbsucht, Migräne und Geschwüre.

ANWENDUNG UND INHALTSSTOFFE
In den Blättern der Aloe vera konnten bisher mehr als 200 verschiedene Inhaltsstoffe nachgewiesen werden. Das für den Menschen lebensnotwendige Kohlehydrat Acemannan etwa, das als immunstärkend, entzündungshemmend, antibakteriell, antiviral und antimykotisch gilt. Oder die Pflanzenstoffe Anthranoide, welche die Wasser- und Salzaufnahme der Darmschleimhaut hemmen und die Darmentleerung beschleunigen. Auch die im Gel vorkommenden Enzyme helfen bei der Verdauung und der Aufnahme von Zuckern, Eiweißen und Fetten. Ein weiterer Wirkstoff ist die Salicylsäure, die wegen ihrer bakteriziden Wirkung bei Brandwunden, Ekzemen, Insektenstichen oder Sonnenbrand hilft. Außerdem sind im Aloe-vera-Gel sieben der acht essenziellen Aminosäuren nachweisbar. Ferner enthält die Aloe vera seifenähnliche Pflanzenstoffe sowie Vitamine und Mineralstoffe.

ENTHALTEN IN RINUPRET® PFLEGE-NASENSPRAY

Cyclamen europaeum

ALPENVEILCHEN
Cyclamen europaeum

Die Bezeichnung Cyclamen leitet sich vom griechischen kyklos ab, zu Deutsch Kreis, und bezieht sich auf die kreisrunde, scheibenförmige Wurzelknolle. Der Zusatz europaeum verweist auf sein Vorkommen in Europa.

VOLKSTÜMLICHE NAMEN
Saubrot, Erdbrot, Erdscheibe, Scheibkraut

VORKOMMEN
Ursprünglich aus Kleinasien, gedeiht bevorzugt auf kalkhaltigen Böden an schattigen Standorten bis in Höhenlagen von 2000 Metern.

GESCHICHTE
Die Griechen stellten aus der Wurzelknolle Tinkturen oder Pulver her. Genutzt wurde ihre heilsame Wirkung bei Vergiftungen, Schlangenbissen, Verdauungsbeschwerden und Erkältung. Sie galt überdies als menstruationsauslösend. Die alten Ägypter setzten die Knolle zur besseren Futterverwertung in der Schweinemast ein. Auf Fische wirken die giftigen Inhaltsstoffe der Knolle betäubend, italienische Fischer nutzten sie daher zum Fischfang.

ANWENDUNG UND INHALTSSTOFFE
Die Knolle ist wegen der enthaltenen Saponine giftig. Dennoch besitzen diese Pflanzenstoffe wirksame therapeutische Eigenschaften. Unter anderem wirken sie stärkend, entzündungshemmend, harntreibend, schleimlösend und hormonstimulierend. Das Alpenveilchen gehört zu den homöopathischen Frauenmitteln. Hauptanwendungsgebiete sind Regelschmerzen, starke Blutungen bei der Menstruation, prämenstruelles Syndrom, verspätete oder ausbleibende Menstruation und zyklusbedingte Brustschmerzen. Außerdem helfen die Wirkstoffe bei starken Kopfschmerzen, Migräne, Schwindel, Magen-Darm-Beschwerden, Appetitlosigkeit und Unverträglichkeit von fetten Speisen.

ENTHALTEN IN MASTODYNON®

Rumex acetosa

AMPFERKRAUT

Rumex acetosa

Der alte lateinische Name für Ampferkraut ist Rumex. Der ebenfalls lateinische Artname acetosa lässt sich mit Essig übersetzen und bezieht sich auf den säuerlichen Geschmack des Krauts.

VOLKSTÜMLICHE NAMEN

Sauergras, Sauerknöterich, Salatampfer, Feldampfer, Kuckuckskraut

VORKOMMEN

Vor allem in Europa, Asien, Australien und Nordafrika beheimatet. Besiedelt bevorzugt frische, mäßig nährstoffreiche, sandige Lehm- oder Tonböden.

GESCHICHTE

Schon in der Antike wurde Ampferkraut als wertvoller Lieferant von Vitamin C geschätzt. Seefahrer aßen auf ihren langen Reisen Gemüse aus Ampferkraut als Vorbeugung gegen Vitaminmangelerkrankungen wie Skorbut. Außerdem galt die Heilpflanze auch als fiebersenkend. Darüber hinaus nutzte man sie in Ägypten, Griechenland und Italien, um fette Speisen besser verdaulich zu machen.

ANWENDUNG UND INHALTSSTOFFE

Ampferkraut hilft gegen eine Vielzahl von körperlichen Beschwerden, etwa bei Verdauungsproblemen, Fieber, Erkältungen, Schnupfen, Nasenneben-höhlenentzündung, Husten und Vitaminmangel. Der säuerliche Geschmack der Blätter beruht vor allem auf ihrem hohen Gehalt an Oxalsäure, die beim Verzehr roher, älterer Blätter starken Durchfall hervorrufen kann. Weiterhin enthält die Pflanze Gerbstoffe, Flavonoide, Vitamin C, Vitamin E und Eisen. Das Heilkraut wirkt entzündungshemmend, antiviral, antibakteriell, ent-wässernd, immunstärkend, abführend, blutreinigend, schleimverflüssigend und appetitanregend.

ENTHALTEN IN SINUPRET® EXTRACT

Capsicum annuum

ARZNEIPAPRIKA

Capsicum annuum

Namensgeber der Pflanze sind der scharfe Geschmack und die Form ihrer Frucht. Er leitet sich vom griechischen kapto – aufschnappen, beißen – und dem lateinischen capsicus – kapselförmig – ab. Der Beiname annuum bezieht sich auf den einjährigen Entwicklungszyklus vom Keimen bis zur Samenbildung.

VOLKSTÜMLICHE NAMEN

Chili, Spanischer Pfeffer, Peperoni, Pfefferoni, Pfefferschoten, Cayennepfeffer

VORKOMMEN

Arzneipaprika wurde schon vor mehr als 7000 Jahren kultiviert, ursprünglich vermutlich im heutigen Mexiko. Durch die Reisen von Christoph Kolumbus gelangten die Paprikafrüchte nach Europa.

GESCHICHTE

Die amerikanischen Ureinwohner nutzten die Paprika als Heilpflanze, unter anderem gegen Zahnschmerzen und Arthrose. In Europa wurde sie zunächst eher als Zierpflanze genutzt. Heute sind Paprika und Chilis frisch oder als Pulver, Flocken, Würzpasten oder scharfe Soßen aus der Küche nicht mehr wegzudenken.

ANWENDUNG UND INHALTSSTOFFE

Scharfstoffe (Capsaicinoide) entfalten ihre Wirkung in zwei Schritten. Zunächst aktivieren sie lokale Schmerz- und Wärmerezeptoren und setzen damit Botenstoffe frei, was als Brennen oder Wärmegefühl wahrgenommen wird. Nach längerer Einwirkung kommt es zu einer Desensibilisierung der Schmerzrezeptoren und zur Hemmung der Botenstoffaufnahme an den Nervenendungen. Die Schmerzsignale werden nicht mehr weitergeleitet, das Schmerzempfinden wird gelindert. Zudem wirkt die Heilpflanze entzündungshemmend, antibakteriell, durchblutungsfördernd und schweißtreibend. Äußerlich angewendet lindert sie Muskelverspannungen und Rheumabeschwerden. In homöopathischer Form hilft sie bei akuten Hals- und Mandelentzündungen.

ENTHALTEN IN TONSIPRET®

Valeriana officinalis

BALDRIAN
Valeriana officinalis

*Der botanische Name leitet sich vom lateinischen Wort valere ab und heißt
»gesund sein«. Der Name Baldrian geht auf den nordischen Gott Baldur zurück.*

VOLKSTÜMLICHE NAMEN
Tollerjan, Katzenkraut, Augenwurzel, Hexenkraut

VORKOMMEN
*Das Verbreitungsgebiet erstreckt sich über Europa bis nach Sibirien, den
Fernen Osten, Korea, Japan, China und Taiwan. Bevorzugte
Standorte sind feuchte Waldböden oder Wiesen.*

GESCHICHTE
Bereits in der Antike galt Baldrian als ein wahrer Allrounder unter den
Arzneipflanzen. Die Bandbreite seiner Heilanzeigen reichte von der Pest und
anderen Seuchen über Augenerkrankungen oder Menstruationsstörungen bis
hin zur Epilepsie. Selbst als Aphrodisiakum wurde Baldrian eingesetzt, wohl
weil viele Katzen in der Nähe der Pflanzen regelrecht ekstatisch werden. Wie
vielen anderen stark riechenden Heilpflanzen wurden auch dem Baldrian
mystische Kräfte nachgesagt. Im Mittelalter hängten Bauern Baldrianbüschel an
den Decken ihrer Stuben auf. Betrat ein Fremder die Stube und das Büschel
bewegte sich, galt das als Hinweis, dass es sich um einen Hexer handelte.

ANWENDUNG UND INHALTSSTOFFE
*Die Wurzeln des Baldrians enthalten ätherische Öle, Iridoide (sekundäre
Pflanzenstoffe) und Valeriansäure (Fettsäure). Das Zusammenspiel dieser Inhaltsstoffe wirkt hemmend auf Botenstoffe im Zentralnervensystem und hat damit
entspannende und krampflösende Effekte. Zum Einsatz kommt die Heilpflanze als
Beruhigungsmittel bei nervös bedingten Schlafstörungen, Prüfungsangst, Überreizt-
heit, Konzentrationsschwäche und nervös bedingten Herz- und Magenbeschwerden.*

ENTHALTEN IN ALLUNAPRET®

Caulophyllum thalictroides

BLAUER HAHNENFUSS
Caulophyllum thalictroides

Der lateinische Name deutet auf eine botanische Besonderheit dieser Pflanze hin. Ihr Stängel (caulos) trägt nur ein einziges großes Blatt (phyllum).

VOLKSTÜMLICHE NAMEN
Frauenwurz, Indianische Blaubeere

VORKOMMEN
Die Pflanze ist in schattigen, kühlen Gebirgsgegenden Nordamerikas beheimatet.

GESCHICHTE
Die Heilpflanze wird von den Indianern Nordamerikas schon seit Jahrhunderten als Heilmittel bei Frauenleiden und bei der Geburtshilfe eingesetzt. Daher stammt auch der englische Name squaw root, zu Deutsch: Frauenwurzel.

ANWENDUNG UND INHALTSSTOFFE
Die Wirkstoffe, die aus den Wurzeln der Pflanze gewonnen werden, beeinflussen die Steuerung des weiblichen Hormonhaushalts und sind krampflösend. In der Pflanzenheilkunde wird der Blaue Hahnenfuß bei Menstruationsbeschwerden und zur Behandlung des prämenstruellen Syndroms verwendet. In der Geburtshilfe fördert die Anwendung dieser Heilpflanze den Rhythmus der Wehen.

ENTHALTEN IN MASTODYNON®

Hedera helix

EFEU

Hedera helix

Der botanische Name stammt aus dem Griechischen. Hedra bedeutet »sitzen« und beschreibt das Anhaften der Wurzeln auf dem Untergrund. Helix heißt »sich winden« und verweist auf den Wuchs der Kletterpflanze. Der deutsche Name Efeu leitet sich aus dem germanischen iwe – ewig – ab, ein Verweis auf die immergrünen Blätter.

VOLKSTÜMLICHE NAMEN

Baumtod, Immergrün, Mauerewig, Totenranke, Wintergrün

VORKOMMEN

Efeu ist in West-, Mittel- und Südeuropa beheimatet. In Nordeuropa breitet er sich bis Südschweden aus. Bevorzugt wächst er in feuchten Wäldern und Auengehölzen.

GESCHICHTE

Bereits die Kelten verehrten die Pflanze und schmückten damit ihre Behausungen. Im klassischen Altertum trugen die Götter des Weines Bacchus, Dionysos und Osiris Efeukränze. So auch die Griechen, um bei Festen Wein besser zu vertragen. In der Antike und im Mittelalter wurde die Pflanze vor allem bei Erkrankungen der Milz und der Atemwege eingesetzt sowie bei Ruhr, Rheuma, Gicht und Gelbsucht. Außerdem verwendete man ihn wegen seines Saponingehalts als Waschlauge.

ANWENDUNG UND INHALTSSTOFFE

Neben sekundären Pflanzenstoffen, Spurenelementen und Mineralien spielen vor allem die Saponine eine wichtige therapeutische Rolle. Das Saponin alpha-Hederin regt die Bronchialschleimhaut dazu an, dünnflüssigen Schleim zu produzieren, und entspannt die Bronchialmuskulatur. Dadurch lässt sich das Sekret leichter abhusten und die Atemwege werden entkrampft. Aufgrund ihrer hustenberuhigenden, schleimlösenden und entzündungshemmenden Wirkung wird die Heilpflanze bei entzündlichen Atemwegserkrankungen der unteren Atemwege und chronischer Bronchitis, Asthma, Keuchhusten, Krampfhusten sowie Reizhusten eingesetzt.

ENTHALTEN IN BRONCHIPRET® TROPFEN UND SAFT

Althaea officinalis

EIBISCH
Althaea officinalis

Das griechische Wort altho bedeutet »heilen«, der Zusatz officinalis deutet auf den Gebrauch für medizinische Zwecke hin.

VOLKSTÜMLICHE NAMEN

Schleimwurzel, Hilfwurz, Samtpappel, Heilwurzel, Weiße Malve

VORKOMMEN

Das natürliche Verbreitungsgebiet erstreckt sich von den Steppenzonen Südrusslands und Kasachstans bis zum Altaigebirge. Außerdem ist er in Südeuropa vom Balkan über Italien bis zur iberischen Halbinsel heimisch. Der Eibisch bevorzugt salzhaltige Böden in Küstennähe, kommt aber auch mit anderen Böden zurecht.

GESCHICHTE

Die therapeutische Verwendung reicht weit zurück. In dem 60 000 Jahre alten Grab eines Neandertalers fand man neben anderen Heilpflanzen auch Eibisch. Hippokrates und Dioskurides setzten Eibisch zur Behandlung von Zahnschmerzen, Harnwegs- und Darmerkrankungen sowie Brandwunden, Stichen und Abszessen ein. Durch ihren hohen Gehalt an Stärke und Zucker waren Eibischwurzeln in Hungersnöten eine wichtige Nahrungsquelle. Auch die Vorläufer der heutigen Marshmallows wurden aus Eibischwurzelextrakt, Eischnee und Zucker hergestellt.

ANWENDUNG UND INHALTSSTOFFE

Wichtigster Inhaltsstoff des Eibischs ist sein entzündungshemmender und reizlindernder Pflanzenschleim. Die Wurzeln der Schleimdroge (Mucilaginosum) enthalten bis zu 35 Prozent Schleimstoffe, die sich wie ein Film auf die Schleimhäute im Mund, Rachen, Hals oder Magen legen. Darunter heilen Entzündungen schneller ab, Schmerzen werden gelindert. Bei gereiztem Rachen dämpfen die Wirkstoffe trockenen Reizhusten und wirken gegen Heiserkeit. Sie helfen auch bei leichten Entzündungen oder Reizungen der Magenschleimhaut, indem die Schleimstoffe die Säure im Magen puffern.

ENTHALTEN IN IMUPRET® N

Quercus robur

EICHE
Quercus robur

Der Gattungsname Quercus ist die römische Bezeichnung für Eiche. Robur bedeutet »Kraft und Stärke« und bezieht sich auf die Haltbarkeit und Langlebigkeit des Holzes.

VOLKSTÜMLICHE NAMEN

Fraueneiche, Früheiche, Haareiche, Haseleiche, Kohleiche, Masteiche, Roteiche, Sommereiche, Steineiche, Tanneiche, Viereiche, Waldeiche

VORKOMMEN

Weltweit sind etwa 600 Arten bekannt. In Mitteleuropa ist die Stieleiche am weitesten verbreitet. Eichen bevorzugen nährstoffreiche, tiefgründige Lehm- und Tonböden.

GESCHICHTE

Die Eiche steht wie kein anderer Baum für urwüchsige Kraft und Stärke. Sie kann bis zu 1500 Jahre alt werden. Den Kelten galt sie als der heiligste Baum und wurde Thor, dem Gott des Donners, geweiht. In der Antike schätzte man die Eichenrinde bei der Wundbehandlung. Im Mittelalter wurde sie gegen Durchfall und Hauterkrankungen eingesetzt. Zur Kräftigung des Immunsystems von schwächlichen Kindern verwendete man die klein geschnittenen, gerösteten Eicheln als Eichelkaffee.

ANWENDUNG UND INHALTSSTOFFE

Das therapeutische Merkmal der Eiche ist ihr hoher Anteil an Gerbstoffen. In der Rinde junger Zweige beträgt er bis zu 20 Prozent. Sie wirken äußerlich angewendet entzündungshemmend, zusammenziehend, blutstillend und schweißhemmend. Sie stillen Juckreiz, lindern Schmerzen und hemmen das Wachstum von Mikroorganismen. Zu den therapeutischen Anwendungen zählen Umschläge bei entzündlichen Hauterkrankungen, Gurgellösungen gegen Infektionen im Mund- und Rachenraum, Sitzbäder gegen Entzündungen im Genital- und Analbereich oder Tinkturen gegen den Juckreiz bei Neurodermitis und Windpocken. Als Tee, Tropfen oder Tabletten wird Eichenrinde bei unspezifischen, akuten Durchfallerkrankungen verabreicht.

ENTHALTEN IN IMUPRET® N

Verbena officinalis

EISENKRAUT
Verbena officinalis

Im alten Ägypten war das Isenkraut der Göttin Isis geweiht. Der Wortstamm is bedeutet »zäh« und bezieht sich auf die zähen Stängel der Pflanze.

VOLKSTÜMLICHE NAMEN

Druidenkraut, Sagenkraut, Eisenhart, Heiligkraut, Hahnenkopf, Katzenblut, Junotränen, Richardskraut, Stahlkraut, Wundkraut

VORKOMMEN

Eisenkraut ist in fast ganz Europa, weiten Teilen Asiens und Amerikas, den Großen Antillen und Australien verbreitet. Häufig in sonnigen, geschützten Lagen mit eher mageren und schwach sandigen Lehm- und Tonböden.

GESCHICHTE

Seit alters her eine der wichtigsten Heilpflanzen. Bei den Kelten gehörte sie zu den heiligen Druidenkräutern. Die Druiden erhofften sich durch den Verzehr eine Stärkung ihrer seherischen Fähigkeiten und Zauberkraft. Als Arzneipflanze wurde sie gegen Kopfschmerzen und bösen Zauber verwendet. Auch zur Wundbehandlung bei Kriegsverletzungen durch Eisenwaffen kam sie zum Einsatz. Der griechische Arzt Dioskurides empfahl Eisenkraut gegen Fieber. Die Äbtissin Hildegard von Bingen beschrieb seine Wirksamkeit bei Entzündungen der Mundhöhle.

ANWENDUNG UND INHALTSSTOFFE

Breit gefächertes Anwendungsspektrum: von Appetitlosigkeit und Magenbeschwerden über Kopfschmerzen und nervöse Herzbeschwerden bis hin zu Fieber, Bronchitis und Nasennebenhöhlenentzündung. Äußerlich dient Eisenkraut der Wundheilung und der Abheilung von Zahnfleischentzündungen. Zu den wichtigsten Wirkstoffen gehören Iridoide, sekundäre Pflanzenstoffe mit schleimlösenden und entzündungs-hemmenden Eigenschaften, außerdem Kaffeesäurederivate (antibakteriell, keimhem-mend) und Gerbstoffe (entzündungshemmend, schmerz- und blutstillend).

ENTHALTEN IN SINUPRET®

Eucalyptus globulus

EUKALYPTUS
Eucalyptus globulus

Setzt sich aus dem griechischen eu (schön) und kalyptos (verbergen) zusammen. Bezieht sich auf die Blütenblätter, die zu einer Haube verwachsen. Globulus heißt auf Lateinisch Kügelchen und deutet auf die Form der Früchte hin.

VOLKSTÜMLICHE NAMEN
Schönmütze, Blaugummibaum

VORKOMMEN
Heimat ist Australien. Der Baum benötigt viel Feuchtigkeit, die über die Blätter verdunstet. Deshalb wurde er zur Trockenlegung von subtropischen Sümpfen angebaut.

GESCHICHTE
Für die Aborigines galten die Blätter des Eukalyptusbaums als Allheilmittel. Sie behandelten damit Wunden, Verbrennungen, entzündete Insektenstiche, Fieber, Malaria. Im 19. Jahrhundert machte der deutschstämmige Apotheker und Leiter des Botanischen Gartens in Melbourne, Baron Ferdinand von Müller, den Wirkstoff in aller Welt bekannt und sorgte für die Verbreitung des Baums in Südeuropa, Südamerika, Afrika und Kalifornien.

ANWENDUNG UND INHALTSSTOFFE
Wichtigstes ätherisches Öl: Cineol (Eucalyptol). Es hat eine schleimlösende, desinfizierende und atemwegserweiternde Wirkung. Über die Lunge aufgenommen, hemmt Eukalyptusöl die Vermehrung von Krankheitserregern. In den Nasenschleimhäuten regt der Wirkstoff die Kälterezeptoren der Riechnerven an und verursacht ein Kälteempfinden auf den Schleimhäuten. Dadurch entsteht das Gefühl, besser durchatmen zu können. Eukalyptusöl-Zubereitungen werden vor allem bei Erkältungskrankheiten eingesetzt, die mit zähflüssigem Schleim einhergehen, aber auch gegen Blasenschwäche, Blasenentzündungen, Nervenschmerzen und rheumatische Beschwerden. Eukalyptusöl, äußerlich aufgetragen, fördert die Durchblutung von Muskulatur und Gelenken.

ENTHALTEN IN RINUPRET® PFLEGE-NASENSPRAY

Gentiana lutea

GELBER ENZIAN
Gentiana lutea

Der Gattungsname geht auf den illyrischen König Genthios (180–168 v. Chr.) zurück. Lutea verweist auf die gelbe Farbe der Blüte.

VOLKSTÜMLICHE NAMEN

Edler Enzian, Gemeiner Enzian, Jänzene, Bitter-, Darm-, Sau-, Zinzalwurz

VORKOMMEN

Mittelgebirge Zentral- und Südeuropas sowie Kleinasiens. Kalkliebend, auf Bergwiesen in Höhenlagen von 750 bis 2500 Metern und in Flachmooren.

GESCHICHTE

Bei den Römern Heilpflanze gegen Magen-Darm-Beschwerden und rheumatische Erkrankungen. Für Naturheilkundler Sebastian Kneipp sollte man Enzian, Wermut und Salbei stets zur Hand haben. In der Alpenregion wird aus den Wurzeln Schnaps hergestellt, der nach schweren Speisen gereicht wird. Im Norden wesentliche Zutat im »Theriak«, ein Kräuterlikör, der dem heutigen »Schwedenbitter« ähnelt.

ANWENDUNG UND INHALTSSTOFFE

Enzian rangiert unter den heimischen Bitterstoffdrogen auf dem ersten Platz. Das darin enthaltene Amarogentin ist der bitterste Stoff, der derzeit in der Natur bekannt ist. Bitterstoffe regen die Bildung von Speichel und Magensäure an. Außerdem veranlassen sie im Magen die verstärkte Ausschüttung von Gastrin, einem Verdauungshormon, das die Bildung von Gallen- und Magensaft ankurbelt. Dabei enthält die Enzianwurzel keinerlei Gerbstoffe, sie kräftigt den Magen, aber reizt ihn nicht.

Wichtigste Anwendungsgebiete: Appetitlosigkeit, Verdauungsbeschwerden mit Völlegefühl, Blähungen, Magensaftmangel. Ebenfalls bei fiebrigen Erkältungskrankheiten und Nasennebenhöhlenentzündung mit Schnupfen. Ihre Bitterstoffe wirken dabei kräftigend und ausgleichend auf das Immunsystem sowie fiebersenkend. Zudem sind entzündungshemmende und schleimlösende Wirkungen beschrieben.

ENTHALTEN IN SINUPRET® EXTRACT

Ginkgo biloba

GINKGO
Ginkgo biloba

Der Name geht wohl auf einen Schreibfehler zurück. Aus dem y in Ginkyo wurde versehentlich ein g. Der Zusatz biloba bezieht sich auf die zweilappigen Blätter.

VOLKSTÜMLICHE NAMEN

Goethebaum (Goethe widmete dem Ginkgo ein Gedicht), Mädchenhaarbaum, chinesischer Tempel-, Entenfuß-, Fächerblattbaum

VORKOMMEN

Ursprünglich ist der Ginkgo in Japan und China beheimatet. Von dort kam er im 18. Jahrhundert nach Europa, wo er bevorzugt in Gärten und Parks gepflanzt wurde.

GESCHICHTE

Der Ginkgo wird bis zu 40 Meter hoch und mehr als 1000 Jahre alt – insofern ein echter Baum der Superlative. Als Heilpflanze schon seit Jahrtausenden bekannt. In der chinesischen Medizin hat Gingko einen hohen Stellenwert und wird bei unterschiedlichsten Beschwerden und Erkrankungen eingesetzt. In China verwendete man Ginkgoblätter als Zahlungsmittel. In vielen Kulturen Symbol für ein langes Leben, Fruchtbarkeit, Freundschaft und Unbesiegbarkeit. In China und Japan gilt er noch heute als Tempelbaum, er schmückt Tempelanlagen und heilige Pilgerstätten.

ANWENDUNG UND INHALTSSTOFFE

Heute wird Ginkgo vor allem zur Durchblutungssteigerung des Gehirns eingesetzt. Zu seinen Anwendungsgebieten zählen Demenz, Arterienverkalkung, altersbedingte Gedächtnis- und Konzentrationsbeschwerden, durchblutungsbedingter Schwindel und Tinnitus. Seine Wirkstoffe erweitern die Blutgefäße, erleichtern den Sauerstofftransport im Blut und sorgen für eine bessere Blutfließgeschwindigkeit. Die wirksamen Inhaltsstoffe befinden sich vor allem in den Blättern des Baums. Sie enthalten Flavonoide in Form von Kämpferol und Quercetin sowie die Ginkgoliden A, B und C. Den Ginkgoliden wird die Durchblutungssteigerung zugeschrieben, sie wirken antioxidativ im Gehirn.

Humulus lupulus

HOPFEN
Humulus lupulus

Humulus ist der lateinische Name des Hopfens. Lupus kommt ebenfalls aus dem Lateinischen und bedeutet »kleiner Wolf«. Der Beiname bezieht sich auf die Eigenschaft des Schlinggewächses, sich mit Klimmhaken an anderen Pflanzen festzuhalten – wie ein Wolf, der sich in sein Opfer verbeißt.

VOLKSTÜMLICHE NAMEN
Hoppen, Hopf, Heckenhopfen, Weidenhopfen

VORKOMMEN
Hopfen wird besonders in den gemäßigten Zonen Mitteleuropas sowie in China und den USA angebaut. Seinen Ursprung vermutet man jedoch in der Mongolei.

GESCHICHTE
Hopfen wird seit dem neunten Jahrhundert für Bier angebaut, seine Bitterstoffe verbesserten dessen Haltbarkeit. Auch Bibliotheken nutzten Hopfen, die Dolden regulierten die Luftfeuchtigkeit und hielten mit ihren ätherischen Ölen Insekten fern. Bis heute wird dem Hopfen auch eine anaphrodisierende Wirkung nachgesagt. In Klöstern wurde Bier ausgeschenkt, um die Lust der Mönche zu zügeln.

ANWENDUNG UND INHALTSSTOFFE
Die wichtigsten Wirkstoffe des Hopfens sind Harzsubstanzen mit den Bitterstoffen Humulon und Lupulon, ätherische Öle, Mineralstoffe und Polyphenole. Letztere gehören zu den Phytaminen, die für die Gesundheit ebenso wichtig sind wie Vitamine. Das Zusammenspiel dieser Wirkstoffe macht die beruhigende und angstlösende Wirkung des Hopfens aus. Die Heilpflanze wird vor allem bei Nervosität, Angstzuständen und Schlafstörungen eingesetzt. Außerdem gilt Hopfen als antibakteriell, appetitanregend, verdauungsfördernd. Neue Untersuchungen zeigen, dass Hopfeninhaltsstoffe wie das Chalkonderivat Xanthohumol oder die Iso-Alphasäuren leberprotektive Eigenschaften aufweisen.

ENTHALTEN IN ALLUNAPRET®

Strychnos ignatii

IGNATIUSBOHNE
Strychnos ignatii

Der lateinische Gattungsname Strychnos lässt sich mit »eine Art Nachtschatten« übersetzen. Ignatii verweist auf den Jesuiten Ignatius von Loyola, sein Orden brachte die Samen im 17. Jahrhundert nach Europa.

VOLKSTÜMLICHER NAME
Bittere Fiebernuss

VORKOMMEN
In tropischen Gebieten Chinas, Thailands, Vietnams und Malaysias beheimatet sowie auf Java und den Philippinen. Bevorzugt sandige, kalkhaltige Böden.

GESCHICHTE
Lange Tradition in der pflanzlichen Medizin Südostasiens. Man schätzt ihre Wirkung gegen Spulwürmer, bei Vergiftungen, bei Schwertwunden und bei Entbindungen. In der ayurvedischen Medizin wurde die Bohne als Aphrodisiakum verwendet. Als die Samen nach Europa gelangten, beschrieb der Jesuitenpater Georg Joseph Kamel die Arzneipflanze. Zum Einsatz kam sie hier gegen Magenbeschwerden, Krämpfe, Fieber, Lebererkrankungen sowie bei Milz- und Darmkrankheiten.

ANWENDUNG UND INHALTSSTOFFE
Einer der Hauptinhaltsstoffe der Ignatiusbohne, das Nervengift Strychnin, hat in homöopathischer Dosis heilsame Wirkung bei nervösen Störungen. Neben Strychnin und dem ebenso starken Nervengift Brucin enthält die Heilpflanze Loganin und Kaffeesäure. Diese Wirkstoffe werden nicht nur als Konstitutionsmittel für das zentrale Nervensystem verwendet, sondern auch bei der Behandlung von Erkrankungen der unteren Atemwege, des Magen-Darm-Trakts und der weiblichen Geschlechtsorgane. In Kombination mit anderen Wirkstoffen lindert die Ignatiusbohne auch prämenstruelle Brustbeschwerden (Mastodynie) wie Spannungs-, Schwellungs- und Schweregefühle.

ENTHALTEN IN MASTODYNON®

Hypericum perforatum

JOHANNISKRAUT
Hypericum perforatum

Man vermutet einen Bezug zu Helios. Der Sonnengott wurde auch Hyperion genannt, übersetzt »der Leuchtende«. Der Artenname perforatum weist auf die vielen winzigen, porenartigen Tüpfel in Blättern und Blüten hin.

VOLKSTÜMLICHE NAMEN

Christi Kreuzblut, Frauen-, Hexen-, Jesuswunden-, Sonnenwend-, Tausendloch-, Herrgotts-, Walpurgis-, Wundkraut, Teufelsbanner, Tüpfel-Hartheu, Waldhopfen

VORKOMMEN

Weltweit gibt es etwa 400 Johanniskrautarten. Um die 60 sind in den gemäßigten Klimazonen Europas heimisch, elf Arten davon in Deutschland. Johanniskraut liebt trockene Kalk- oder Urgesteinsböden in sonnigen Lagen.

GESCHICHTE

Seit mehr als 2000 Jahren wird die Johanniskrautpflanze als Arzneimittel verwendet. In der Antike wurde vor allem das rote Johanniskrautöl äußerlich zur Wundheilung eingesetzt. Seinen festen Platz als Heilmittel gegen Schwermut bekam das Johanniskraut im 16. Jahrhundert, Paracelsus beschrieb als Erster die antidepressive Wirkung.

ANWENDUNG UND INHALTSSTOFFE

Aufgrund seiner antibakteriellen und entzündungshemmenden Wirkung lässt sich Johanniskraut äußerlich bei Schnitt- und Schürfwunden, Verbrennungen und Sportverletzungen anwenden. Zudem soll es innerlich bei Schlafstörungen, Migräne und Reizblase helfen. Eindeutig belegt ist heute die Anwendung hoch dosierter Extrakte bei leichten bis mittelschweren Depressionen. Der rote Inhaltsstoff Hypericin und vor allem das Hyperforin, welches den Stoffwechsel von Serotonin und anderen Botenstoffen im Gehirn beeinflusst, gelten als die hier wirksamen Bestandteile. Eine Angst vor einer erhöhten Lichtempfindlichkeit (Fotosensibilisierung) ist unbegründet, solch eine Sensibilisierung von Haut und Augen konnte selbst bei hohen Extraktdosen beim Menschen nie beobachtet werden.

Matricaria chamomilla

KAMILLE
Matricaria chamomilla

Die Griechen gaben der Pflanze den Namen aufgrund ihres bodennahen Wuchses und apfelähnlichen Duftes: Chamal bedeutet »erdnah«, melon »Apfel«. Der lateinische Gattungsname matricaria leitet sich von Matrix (Gebärmutter) ab, die Pflanze wurde vor allem bei Frauenleiden angewendet.

VOLKSTÜMLICHE NAMEN

Apfelkraut, Drudenkraut, Hemdknöpfe, Hermelin, Kathreinenbläume, Kornelle, Krampfkamille, Magdblume, Maria Magdalena Kraut, Mutter, Wilde Gramille

VORKOMMEN

Ursprüngliche Heimat Süd- und Osteuropa sowie Naher Osten; mittlerweile weltweit in allen gemäßigten Klimaregionen zu finden. Wächst bevorzugt an Weg- und Ackerrändern.

GESCHICHTE

Die Echte Kamille gilt als eine der bekanntesten und ältesten Heilpflanzen unseres Kulturkreises. Die alten Ägypter weihten die sonnenliebende Kamille dem Sonnengott Re, die Germanen ihrem Gott Baldur, die Christen dem heiligen Johannes. Im Volksglauben galt die Kamille als eine reinigende, stimulierende und schützende Pflanze. Kleinen Kindern legte man ein Sträußchen in die Wiege, Liebenden eines aufs Bettlaken, und ein Kranz an der Haustür sollte die Bewohner vor Sturm und Blitzschlag bewahren.

ANWENDUNG UND INHALTSSTOFFE

Bis heute gehört die Kamille zu den wertvollsten und beliebtesten Heilpflanzen für Erwachsene und Kinder. Sie kann sowohl innerlich als auch äußerlich angewendet werden. Die Wirkstoffe befinden sind in den Blüten: ätherischen Öle, Flavonoide, Kumarine, Bisabolol und Schleimstoffe. Zusammen wirken sie entzündungshemmend, krampflösend, wundheilungsfördernd und antibakteriell. Die Gewinnung des ätherischen Kamillenöls geschieht durch Wasserdampfdestillation, das dabei entstehende Chamazulen verleiht dem Kamillenöl seine typisch azurblaue Farbe.

Phytolacca americana

KERMESBEERE
Phytolacca americana

Der botanische Gattungsname Phytolacca kommt von dem griechischen Wort
phyton (Pflanze) und dem lateinischen lacca (Lack) – ein Hinweis auf die
schwarz glänzenden Beeren. Der deutsche Name Kermesbeere geht
auf das persische kermes (rot) zurück, das sich beispielsweise
auch in Karmesinrot wiederfindet.

VOLKSTÜMLICHE NAMEN
Amerikanischer Nachtschatten, Scharlachbeere

VORKOMMEN
Ursprünglich aus Nordamerika, mittlerweile weitverbreitet, sowohl als
Zierstrauch als auch in verwilderter Form. Es gibt etwa 35 Arten.

GESCHICHTE
Der aus den Beeren gewonnene rote Farbstoff diente früher als
Lebensmittelfarbstoff, um beispielsweise die Farbe von Portwein zu
intensivieren. Die Wurzeln der Pflanze wurden in der Volksmedizin zur
Behandlung von Rheuma und Arthritis verwendet.

ANWENDUNG UND INHALTSSTOFFE
In der heutigen Pflanzenheilkunde und Homöopathie wird die Arznei-
pflanze bei Entzündungen im Hals- und Rachenraum angewendet.
Die in der Wurzel der Kermesbeere enthaltenen Wirkstoffe
wirken antientzündlich.

ENTHALTEN IN TONSIPRET®

Levisticum officinale

LIEBSTÖCKEL
Levisticum officinale

Der Name Liebstöckel soll aus dem lateinischen Levisticum hervorgegangen sein. Dieser wiederum soll von Ligusticum abgeleitet sein und Ligurien als Heimat der Pflanze benennen.

VOLKSTÜMLICHE NAMEN
Maggikraut, Maggistrauch, Laubstecken, Gichtstock, Nervenkräutel

VORKOMMEN
Liebstöckel ist keine heimische Pflanze. Sie stammt vermutlich aus Vorderasien, höchstwahrscheinlich aus Persien. Wilder Liebstöckel lässt sich in Deutschland nur selten finden, gelegentlich an Wiesen- oder Wegrändern. Bevorzugt nährstoffreichen Boden in der Sonne oder im Halbschatten. Als Maggikraut in Kräutergärten zu finden.

GESCHICHTE
Liebstöckel wird bereits im ersten Jahrhundert nach Christus in dem Kräuterbuch *Materia Medica* erwähnt. Gilt seit jeher als Würz- und Heilkraut.

ANWENDUNG UND INHALTSSTOFFE
Medizinische Verwendung findet beim Liebstöckel insbesondere die Wurzel. Die Wirkstoffe werden traditionell vor allem wegen ihres harntreibenden und krampflösenden Effekts geschätzt und bei Blasen- und Nierenproblemen sowie Harnsteinleiden angewendet.

ENTHALTEN IN CANEPHRON® N

Taraxacum officinale

LÖWENZAHN
Taraxacum officinale

Der botanische Name lässt sich aus dem griechischen taraxo (die Störung) und akos (das Heilmittel) beziehungsweise taraxacis (Entzündung) ableiten.

VOLKSTÜMLICHE NAMEN

Butterblume, Gemeine Kuhblume, Pusteblume, Milchstöckl, Lichterblume, Milchbusch, Ginseng des Westens

VORKOMMEN

Die ursprüngliche Heimat des Löwenzahns vermutet man in Zentralasien. Heute ist er in den gemäßigten Klimazonen fast aller Kontinente zu finden. Er besiedelt Brachflächen, Schutthalden und selbst Höhenlagen von bis zu 2800 Metern.

GESCHICHTE

In China ist der gelbe Löwenzahn bereits lange als Heilpflanze bekannt. In Europa tauchte er in den schriftlichen Überlieferungen über pflanzliche Arzneimittel erst im 16. Jahrhundert auf. In der Volksheilkunde wird der Löwenzahn als mildes Abführmittel eingesetzt.

ANWENDUNG UND INHALTSSTOFFE

Gilt als wahres Multitalent unter den Heilpflanzen, eingesetzt bei Appetitlosigkeit, Störung des Gallenflusses, Durchblutungsstörungen, Verdauungsbeschwerden mit Völlegefühl, rheumatischen Erkrankungen und Harnwegserkrankungen. Grundsätzlich lassen sich beim Löwenzahn alle Pflanzenteile verwenden – die Wurzel ebenso wie das frische Kraut. Neben Bitterstoffen haben sekundäre Pflanzenstoffe wie Triterpene, Flavonoide und Carotine einen wichtigen Einfluss auf den Stoffwechsel. Ätherische Öle und Gerbstoffe sorgen für eine antivirale und antimikrobielle Wirkung, der Pflanzenschleim wirkt schmerzlindern.

ENTHALTEN IN IMUPRET® N

Silybum marianum

MARIENDISTEL
Silybum marianum

Silybum leitet sich vom griechischen silibon (Quaste) ab, ein Verweis auf die Blütenform, die einer Quaste ähnelt.

VOLKSTÜMLICHE NAMEN
Frauendistel, Leberdistel

VORKOMMEN
Heimat der Mariendistel sind das Mittelmeergebiet und der Vordere Orient. Zudem in Südwestasien, Südamerika, Südaustralien, auf den Kanaren, den Azoren und auf Madeira. In Deutschland findet man sie an sonnigen, warmen Standorten.

GESCHICHTE
In der Antike nutzte man die Distel, um den Milchfluss anzuregen, Blutungen zu stillen, Krämpfe zu lösen. 1848 erstmals als Lebertherapeutikum eingesetzt. Für Menschen mit einer toxischen Leberbelastung, zum Beispiel durch eine Knollenblätterpilzvergiftung hervorgerufen, ist die Distel oft die letzte Rettung.

ANWENDUNG UND INHALTSSTOFFE
Eine der am besten erforschten Heilpflanzen. Ihr Wirkspektrum lässt sich bislang nicht synthetisch kopieren und hat in der Medizin einen festen Platz in der Behandlung von Lebererkrankungen wie toxischen Leberschäden, chronisch-entzündlichen Leber-erkrankungen und -zirrhose. Verwendet werden vor allem die Früchte, sie enthalten bis zu drei Prozent an Silymarin, ein Gemisch vor allem aus Silibinin, Isosilibinin, Silychristin und Silydianin. Der Wirkmechanismus ist bislang nicht ganz geklärt. Es scheint, dass Silymarine die Zellmembran der Leberzellen so verändern, dass Gifte nicht in die Zelle gelangen können. Zudem regen sie die Regeneration der Leberzellen an. Weitere Inhaltsstoffe: Fettsäuren wie Linol- und Ölsäure sowie reichlich Eiweiß. Silyma-rinen wird indirekt auch eine positive Wirkung auf Haut und Psyche zugesprochen – die bei einer Lebererkrankung ebenfalls in Mitleidenschaft gezogen werden können.

ENTHALTEN IN SILIMARIT®

Vitex agnus-castus

MÖNCHSPFEFFER
Vitex agnus-castus

Agnus castus bedeutet »keusches Lamm«. Wurde als Pfefferersatz in der Klosterküche verwendet, um die sexuelle Lust von Mönchen zu dämpfen und somit die Einhaltung des Zölibates zu erleichtern.

VOLKSTÜMLICHE NAMEN
Keuschbaum, Keuschlamm, Liebfrauenstroh, Tanis

VORKOMMEN
Ursprünglich in den Gebieten des Mittelmeeres, Südwestasiens und der Krim beheimatet. In Ländern wie Spanien und Italien wächst er auch heute noch wild. Bevorzugte Standorte sind dichte Waldböden und Bachläufe. Auch als Zierpflanze beliebt.

GESCHICHTE
Bereits im vierten Jahrhundert vor Christus empfahl Hippokrates, Urvater der modernen Medizin, die Pflanze gegen Blutfluss und zur Beschleunigung der Nachgeburt.

ANWENDUNG UND INHALTSSTOFFE
Hohe Wirksamkeit bei der Behandlung von hormonellen Beschwerden bei Frauen – vor allem bei unregelmäßigen und schmerzhaften Regelblutungen (Dysmenorrhoe) und schmerzhaft geschwollener Brust (Mastodynie). Die getrockneten Keuschlammfrüchte greifen in die Steuerung des Zyklusgeschehens ein, senken die Ausschüttung des Hormons Prolaktin und steigern die Produktion von Progesteron. Auch bei Kinderwunsch und Beschwerden während der Wechseljahre hilfreich. Antientzündliche und spasmolytische Wirkung.

ENTHALTEN IN MASTODYNON® UND AGNUCASTON®

Guaiacum officinale

POCKHOLZ
Guaiacum officinale

Der Name Guaiacum leitet sich von der indianischen Bezeichnung Guajak ab. Pockholz geht auf den Glauben zurück, man könne mit dem Öl des Baumes Pockenerkrankungen heilen.

VOLKSTÜMLICHER NAME
Franzosenholz

VORKOMMEN
Beheimatet auf den westindischen Inseln, an der Nordküste Südamerikas, in den Tropen und Subtropen.

GESCHICHTE
Die Verwendung von Pockholz als Arzneimittel stand in enger Beziehung mit der Entdeckung Amerikas. Neben den erbeuteten Schätzen aus der Neuen Welt brachten die Eroberer auch eine damals nicht zu heilende Krankheit mit nach Europa: die Syphilis. Die neue Krankheit verbreitete sich rasend schnell, denn es gab keinerlei Behandlungsmethoden oder Arznei gegen diese Seuche. Jahrzehntelang galt die Rinde des Pockholzbaumes als einziges wirksames Heilmittel gegen Syphilis. Paracelsus widerlegte viele Jahrzehnte später jedoch die Wirksamkeit gegen die Geschlechtskrankheit.

ANWENDUNG UND INHALTSSTOFFE
Pockholz kommt zum Einsatz bei Hals- und Rachenentzündungen, chronischer Bronchitis, Lungenentzündung, Rheuma und Gicht. Die im Holz beziehungsweise in der Rinde enthaltenen Saponin-Substanzen wirken antibakteriell, entzündungshemmend und schleimlösend.

ENTHALTEN IN TONSIPRET®

Rosmarinus officinalis

ROSMARIN
Rosmarinus officinalis

Rosmarin kommt vor allem an den Küsten des Mittelmeeres vor,
nachts sammeln sich durch die feuchte Meeresluft kleine Tautröpfchen in den Blüten.
Daher der Name Tau (ros) des Meeres (marinus).

VOLKSTÜMLICHE NAMEN

Antonkraut, Brautkleid, Brautkraut, Hochzeitsbleaml, Kranzenkraut, Meertau,
Rosmarein, Rosmarie, Weihrauchkraut

VORKOMMEN

In seiner Mittelmeerheimat wächst Rosmarin wild. Nördlich der Alpen gedeiht
er nur in sehr geschützten Lagen, er verträgt keinen Frost.

GESCHICHTE

Seit der Antike ein Kraut für Liebende und Studenten, die sich vor Prüfungen
eine gedächtnisstärkende Wirkung erhofften. Nach Mitteleuropa kam die
Heilpflanze durch Benediktinermönche, die sie in ihren Klostergärten anbauten.
Im Mittelalter, zu Zeiten der Pest, wurde Rosmarin auf Marktplätzen und in
Krankenzimmern verbrannt. Der weihrauchähnliche Duft sollte eine Ausbreitung
der Seuche verhindern. Auch das im 16. Jahrhundert berühmte Aqua Reginae
Hungariae wurde aus frischen Rosmarinblüten hergestellt, dem Destillat wurde
nachgesagt, Liebesglück und jugendliches Aussehen zu schenken.

ANWENDUNG UND INHALTSSTOFFE

Als pflanzliche Medizin kommen die Rosmarinblätter zum Einsatz. Wichtigste
Inhaltsstoffe in Öl und Extrakt: Cineol, Pinen, Borneol, Camphen, Terpineol,
Rosmarinsäure, Carnosol, Carnosolsäure und Rosmanol. Innerlich angewendet wirkt
Rosmarin kreislaufanregend, verdauungsfördernd, krampflösend, harntreibend und
menstruationsfördernd. Äußerlich angewendet hilft Rosmarin gegen kalte Füße und
gegen Entzündungen. Antientzündliche, antiseptische und analgetische Wirkung.

ENTHALTEN IN CANEPHRON® N

Aesculus hippocastanum

ROSSKASTANIE
Aesculus hippocastanum

Die Herkunft des Gattungsnamens Aesculus ist unklar.
Hippocastanum bedeutet »Pferdekastanien«.

VOLKSTÜMLICHE NAMEN

Kastanie, Drusenkesten, Gichtbaum, Kestenbaum, Pferdekastanie, Saukesten

VORKOMMEN

Die Rosskastanie wurde im 16. Jahrhundert aus dem Vorderen Orient nach Europa
eingeführt, heute ist sie in ganz Europa, Kleinasien, Nordindien und dem Kaukasus
zu finden. Sie wächst auf nährstoffreichen Sand- und Lehmböden.

GESCHICHTE

Bereits zu Beginn des 18. Jahrhunderts wurden Rosskastanien in der Volksmedizin eingesetzt. Nicht nur für Menschen, auch für Pferde. Litten die Tiere
an Husten und Atemnot, gab man ihnen Kastanien zu essen – daher auch der
Name. Wer sich vor Rheuma schützen wollte, trug eine Rosskastanie
bei sich in der Hosentasche.

ANWENDUNG UND INHALTSSTOFFE

Die moderne Pflanzenmedizin setzt heute vor allem den aus den Samen
gewonnenen Saponinkomplex Aescin ein. Er wirkt entzündungshemmend
und gegen Wassereinlagerungen im Gewebe. Das Hauptanwendungsgebiet ist daher
die chronisch venöse Insuffizienz. Die Zubereitungen wirken gefäßschützend
und erhöhen die Spannkraft der Venenwände. Schmerzen und das Schweregefühl
in den Beinen lassen nach, nächtliche Wadenkrämpfe, Juckreiz und Schwellungen
der Beine gehen zurück.

Achillea millefolium

SCHAFGARBE
Achillea millefolium

Der Gattungsname Achillea geht auf Achilles, den Helden des Trojanischen
Krieges, zurück. Er wurde im Kampf an der Ferse schwer verwundet.
Die Göttin Aphrodite riet ihm, seine Verletzung mit Schafgarbe zu heilen.
Millefolium steht für die vielen (mille = tausend) fein zerteilten Blätter der Pflanze.

VOLKSTÜMLICHE NAMEN

Bauchwehkraut, Jungfraukraut, Zimmermannskraut, Heilallerschädenkraut,
Beilhiebkraut, Blutkraut, Frauenkraut, Gotteshand, Margaretenkraut, Tausendblatt

VORKOMMEN

Das Verbreitungsgebiet erstreckt sich über Europa, Nordamerika und Nordasien.
Die Wiesenpflanze bevorzugt sonnige und trockene Standorte.
Passt sich den unterschiedlichsten klimatischen Bedingungen an, ist selbst
in Höhenlagen über 3000 Meter zu finden.

GESCHICHTE

Heilpflanze mit langer Tradition. Nicht nur bei Kriegsverletzungen fand das
»Soldatenkraut« Verwendung. Sondern auch in der Frauenheilkunde,
bei Magen-Darm-Problemen und zur Appetitanregung.

ANWENDUNG UND INHALTSSTOFFE

In der pflanzlichen Medizin wird das blühende Kraut der Gemeinen Schafgarbe
verwendet. Es enthält Bitterstoffe (appetitanregend, verdauungsfördernd),
Gerbstoffe (zusammenziehend, entzündungshemmend) Flavonoide (antibakteriell,
krampflösend) und das ätherische Öle Chamazulen (keimhemmend).
Schafgarbe kann als Tee, Tinktur, Wickel, Sitzbad oder in Form von Tabletten
verwendet werden.

ENTHALTEN IN IMUPRET® N

Primula veris

SCHLÜSSELBLUME
Primula veris

*Der botanische Name Primula veris leitet sich vom lateinischen primus –
der Erste und veris – des Frühlings ab und geht darauf zurück, dass
die Primel zu den ersten Boten des Frühlings gehört.*

VOLKSTÜMLICHE NAMEN
Eieräuglein, Fastenblümel, Frauenschlüssel, Frühlingsprimel, Gamsschlingerl,
Gelbe Zeitlose, Kraftblume

VORKOMMEN
*Von Mitteleuropa bis nach Vorderasien. In lichten Wäldern,
auf kalkhaltigen, ungedüngten mageren Wiesen und unter Obstbäumen.
Durch Überdüngung sehr selten geworden.*

GESCHICHTE
Bereits im Altertum und Mittelalter zu medizinischen Zwecken verwendet,
insbesondere bei Bronchitis und Husten mit zähem Schleim sowie
Nasennebenhöhlenentzündung. Oft kombiniert mit anderen Heilkräutern
wie Thymian, Enzian, Holunder, Ampferkraut und Eisenkraut. Der Volksglaube
geht davon aus, dass man mithilfe eines Schlüsselblumenstraußes mit
Verstorbenen in Kontakt treten kann.

ANWENDUNG UND INHALTSSTOFFE
*Zwei Wirkstoffe machen die Schlüsselblume so wertvoll: Triterpensaponine
aus der Wurzel regen über die Nervenfasern des Vagusnervs einen Reflex der glatten
Bronchialmuskulatur an. Dadurch wird festsitzender Bronchialschleim gelöst
und kann besser abgehustet werden. Bioflavonoide aus der Blüte aktivieren
über einen komplexen biochemischen Vorgang im Körper den natürlichen
Selbstreinigungsmechanismus der Atemwegsschleimhaut. Außerdem wirken sie
antientzündlich.*

ENTHALTEN IN SINUPRET® EXTRACT UND BRONCHIPRET®

Sambucus nigra

SCHWARZER HOLUNDER

Sambucus nigra

Herkunft des Gattungsnamen Sambucus ist nicht sicher belegt. Womöglich auf das altgriechische Flöteninstrument Sambuca zurückzuführen, das aus den hohlen Ästen des Holunders gebaut wurde. Nigra bedeutet »schwarz« und bezieht sich auf die dunklen Früchte.

VOLKSTÜMLICHE NAMEN

Elderbaum, Fliederbusch, Holder, Alhorn, Holderbusch, Hollerbusch, Holler

VORKOMMEN

Ursprünglich Mitteleuropa. Heute findet man den Strauch fast überall in Europa, Kleinasien, Westsibirien bis hin zum Kaukasus. Er bevorzugt Standorte an Feldrainen, Auwäldern, Hecken sowie Schuttplätzen.

GESCHICHTE

Seit vielen Jahrhunderten besitzt der Schwarze Holunder eine mythologisch wichtige Bedeutung. Er verkörperte die Unendlichkeit des Lebens und galt als Sitz der Schutzgöttin Holda. Sie sollte über das Wohl von Pflanzen und Tieren wachen sowie Blitz und Donner von Häusern und Scheunen fernhalten. Im antiken Griechenland verwendete man die Beeren als harntreibendes und abführendes Arzneimittel. Erst Jahrhunderte später auch bei Fieber und Infekten der Atemwege.

ANWENDUNG UND INHALTSSTOFFE

Wird bei vielen Krankheiten angewendet: Husten Heiserkeit, Schnupfen, Fieber, Atemwegsinfekte, geschwächtes Immunsystem, Gliederschmerzen. Die wirksamen Inhaltsstoffe befinden sich in den Blüten und in den reifen Beeren. Holunderblüten enthalten Flavonoide (schleimlösend, entzündungshemmend), ätherische Öle (schleimlösend) und Schleimstoffe (schleimhautschützend). Die Beeren sind reich an Vitamin C, Folsäure, Kalium, Kalzium und Phosphor. Vorsicht bei unreifen Beeren: Sie enthalten Sambunigrin. Überdosis führt zu Übelkeit, Erbrechen und Durchfall.

ENTHALTEN IN SINUPRET® EXTRACT

Iris versicolor

SCHWERTLILIE
Iris versicolor

Der Gattungsname Iris kommt aus dem Griechischen und bedeutet »Regenbogen«, ein Hinweis auf die Farbenpracht der Blüten. Der lateinische Artenname versicolor bedeutet »Buntfarbig, schillernd«.

VOLKSTÜMLICHE NAMEN
Kinderwurzel, Schwertelwurz, Leberlilie

VORKOMMEN
Ursprünglich Nordamerika. Liebt feuchte, humushaltige Böden, deshalb an Ufern von Seen und Flüssen sowie in Sümpfen zu finden.

GESCHICHTE
Bei den Ureinwohnern Nordamerikas gehörte die Schwertlilie zu den gebräuchlichsten und meistverehrten Heilmitteln. Eingesetzt bei Ohrenschmerzen, Verstopfung, Leberfunktionsstörungen und Schwangerschaftserbrechen.

ANWENDUNG UND INHALTSSTOFFE
Die Schwertlilie wird in der modernen Phytotherapie zur Entgiftung und Reinigung des Körpers eingesetzt. Ihre entwässernden Eigenschaften sorgen dafür, dass Wassereinlagerungen aus Gewebe und Gelenken geschwemmt werden. Auch in der Homöopathie wird die Schwertlilie verwendet: gegen Migräne, Neuralgien sowie Entzündungen der Magenschleimhaut und der Bauchspeicheldrüse. Verwendet werden ausschließlich die getrockneten und zerkleinerten Wurzeln. Darin finden sich die wertvollen Wirkstoffe Iridrin, Triterpene, Isoflavonoide, ätherische Öle, Harz und Tannine.

ENTHALTEN IN MASTODYNON®

Centaurium

TAUSENDGÜLDENKRAUT
Centaurium

Der Gattungsname Centaurium setzt sich aus den Wörtern centum (hundert) und aurum (Gold, Goldtaler) zusammen, also ursprünglich Hundertgüldenkraut. Im 15. Jahrhundert wurde die Heilpflanze aufgrund ihrer vielseitigen und wertvollen Eigenschaften in Tausendgüldenkraut umbenannt.

VOLKSTÜMLICHE NAMEN

Bitterkraut, Fieberkraut, Gallkraut, Magenkraut

VORKOMMEN

In weiten Teilen Europas und Asiens beheimatet. Bevorzugt trockene, sonnige Standorte wie Wegränder oder trockene Wiesen. In Höhenlagen findet man die Heilpflanze bis auf etwa 1400 Meter. Die wild wachsende Form ist heute selten geworden, die Heilpflanze steht unter Artenschutz.

GESCHICHTE

Bereits in der Antike geschätzt. Der griechischen Mythologie nach behandelte das Fabelwesen Chiron seine schwer heilenden Wunden mit Tausendgüldenkraut. Hippokrates, Aristoteles und Plinius setzten die Pflanze gegen Magenleiden ein.

ANWENDUNG UND INHALTSSTOFFE

Zählt zu den Enziangewächsen und damit zu den Bitterstoffdrogen. Hauptwirkstoff: Iridoidglykoside (Swertiamarin, Swerosid, Gentiopikrosid), sie gehören zu den bittersten natürlich vorkommenden Pflanzenstoffen überhaupt. Sie regen die Speichelsekretion und die Magensaftbildung an sowie die Aktivität von Bauchspeicheldrüse, Leber und Galle. Dadurch werden Verdauungsbeschwerden gelindert und die Magen- und Darmbewegungen gefördert. Außerdem besitzen die Bitterstoffe eine antibakterielle Wirkung. Besonders reich an Bitterstoffen sind die Stängel und Blüten, die Wurzel wird nicht verwendet. Weitere Inhaltsstoffe des Tausendgüldenkrauts: ätherische Öle und sekundäre Pflanzenstoffe wie Flavonoide, Phenylpropane und Triterpene.

ENTHALTEN IN CANEPHRON® N

Thymus vulgaris

THYMIAN
Thymus vulgaris

Der Name Thymus stammt vom altägyptischen tham oder thm.
Vulgaris ist lateinisch und bedeutet »gewöhnlich«.

VOLKSTÜMLICHE NAMEN

Bienenkraut, Duftholz, Feldkümmel, Gundelkraut, Hustenkraut,
Liebfrauenbettstroh, Marienbettstroh, Römischer Quendel

VORKOMMEN

Die ursprüngliche Heimat des Thymians sind die Mittelmeerländer,
der Balkan sowie der Kaukasus. Heute findet man die Pflanze in fast ganz Europa,
Teilen Nordamerikas, Indien und Indonesien. Der Thymian bevorzugt kalkhaltige,
sandige Böden und steinige Hänge.

GESCHICHTE

Die Heilkraft des Thymians war bereits in der Antike bekannt. Die alten Ägypter
verwendeten das Öl zur Einbalsamierung ihrer Toten. Im antiken Griechenland
kam die Pflanze bei Erkrankungen der Atemwege zum Einsatz. Im Mittelmeerraum schwor man auf die verdauungsfördernde Wirkung. Benediktinermönche
brachten die Heil- und Gewürzpflanze in die Klostergärten Mitteleuropas,
aufgrund ihrer Wirkkraft auch als »Antibiotikum für Arme« bezeichnet.

ANWENDUNG UND INHALTSSTOFFE

Thymian verfügt über eine große Zahl sehr wirkungsvoller Inhaltsstoffe.
Allen voran die ätherischen Öle Thymol und Carvacrol. Sie wirken schleimlösend,
hustenberuhigend, entzündungshemmend, krampflösend, antibakteriell, antiviral
und schmerzlindernd. Daneben enthalten die Blätter der Thymianpflanze Gerbstoffe,
Bitterstoffe, Flavonoide und phenolische Verbindungen. Zum Einsatz kommt
Thymian besonders zur Behandlung von Erkältungen, Bronchitis, Reizhusten und
Keuchhusten. Ferner auch bei Magen- und Darmbeschwerden.

ENTHALTEN IN BRONCHIPRET®

Lilium lancifolium

TIGERLILIE
Lilium lancifolium

Der Name leitet sich von dem griechischen Begriff lancifolium (lanzenblättrig) ab
und beschreibt damit die langen schmalen Blättchen.

VOLKSTÜMLICHER NAME
Tigerblume

VORKOMMEN

In ihrer Heimat China, Korea und Japan wächst die Tigerlilie an Gehölzrändern.
In den gemäßigten Zonen Europas gedeiht sie unter Bäumen im lichten
Halbschatten. Sie bevorzugt einen lehmigen, aber nicht staunassen Boden.

GESCHICHTE

Die Tigerlilie wurde in der chinesischen Medizin bereits vor mehr als 2000 Jahren
als Mittel gegen Husten-, Lungen- und Harnwegserkrankungen geschätzt.
Die Zwiebel wurde aber auch stets als Gemüse verzehrt. In der westlichen Welt
hielt die Lilie erst viele Jahrhunderte später Einzug.

ANWENDUNG UND INHALTSSTOFFE

In der Homöopathie gilt die Tigerlilie als Frauenmittel. Ihr wird eine
antiöstrogene und gelbkörperhormonartige Wirkung nachgesagt.
Für die Herstellung homöopathischer Arzneimittel wird das frische Kraut der Tigerlilie
verwendet. Typische Indikationen: Gebärmuttersenkung, Beckenbodenschwäche,
Menstruationsbeschwerden, Depression, neurotische Herzbeschwerden.
Die Zwiebel wirkt zudem harntreibend und schleimlösend.

ENTHALTEN IN MASTODYNON®

Cimicifuga racemosa

TRAUBENSILBERKERZE
Cimicifuga racemosa

Die botanische Bezeichnung setzt sich aus den Worten cimex (Wanze) und fugare (flüchten) zusammen. Hinweis darauf, dass Insekten, insbesondere Blattwanzen, die Pflanze aufgrund ihres strengen Geruchs meiden. Das lateinische Beiwort racemosa bedeutet »traubig« und bezieht sich auf den Blütenstand.

VOLKSTÜMLICHE NAMEN
Silberkerze, Frauenwurzel, Schlangenwurzel

VORKOMMEN
Ursprünglich ist die Traubensilberkerze in Nordamerika und Kanada beheimatet. Heute findet man sie auch in Europa und Nordasien an Waldrändern, lichten Wäldern, Hecken und Böschungen.

GESCHICHTE
Bereits im 18. Jahrhundert wurde der Traubensilberkerze eine hohe Heilkraft zugesprochen. Die Ureinwohner Nordamerikas schätzten ihre schmerzlindernde und krampflösende Wirkung. Bei Rheuma, Arthrose und Schlangenbissen wurde sie eingesetzt, am häufigsten jedoch in der Frauenheilkunde: Linderung von Wechseljahrbeschwerden, Menstruationsstörungen, Schmerzen bei der Geburt.

ANWENDUNG UND INHALTSSTOFFE
Im Wurzelstock konnte man in der Tat Wirkstoffe nachweisen, die den Hormonstoffwechsel der Frau positiv beeinflussen. Diese Stoffe sind chemisch ganz anders aufgebaut als das weibliche Geschlechtshormon Östrogen, haben aber durch Beeinflussung diverser Neurotransmitter eine ähnliche Wirkung. Ihr großer Vorteil: Sie haben keine zellwuchernde Wirkung wie Östrogene und sind dadurch gut verträglich. Wurzelstock und Wurzel werden nach der Fruchtreife ausgegraben, gewaschen und getrocknet. Hauptindikationen: Hitzewallungen, Schweißausbrüche, Nervosität, Schlafstörungen, depressive Verstimmungen als typische Symptome der Menopause.

ENTHALTEN IN KLIMADYNON®

Juglans regia

WALNUSSBAUM
Juglans regia

Juglans setzt sich zusammen aus jovis, dem Genitiv von Jupiter, und glans (Eichel): Jupiters Eichel. Geht darauf zurück, dass die alten Römer die Nüsse, die jung einer Eichel ähneln, als göttliche Gabe verehrten.

VOLKSTÜMLICHE NAMEN
Wallnuss, Wälsche Nuss, Welschnussbaum, Christnuss, Steinnuss

VORKOMMEN
Der Walnussbaum ist im Mittleren Osten zu Hause, dennoch befinden sich die größten Walnussbaumplantagen heutzutage in Kalifornien. Am wohlsten fühlt sich der Baum in einem lehmigen fruchtbaren Boden bei viel Licht und Hitze.

GESCHICHTE
Gilt als einer der ältesten bekannten Bäume. Bereits im Tertiär vor etwa 65 Millionen Jahren zu finden. Beliebtes Symbol der Fruchtbarkeit. Betrat im antiken Griechenland die Braut das Brautgemach, wurden zeitgleich unter den Hochzeitsgästen Nüsse verteilt, damit Zeus dem Paar viele Kinder beschere. Am Polterabend ließ man traditionell einen Korb mit Nüssen durch das Schlafzimmerfenster poltern für reichen Kindersegen.

ANWENDUNG UND INHALTSSTOFFE
Als pflanzliches Arzneimittel werden vor allem die im Sommer geernteten und getrockneten Blätter des Walnussbaums verwendet. Sie wirken adstringierend (zusammenziehend) und antiphlogistisch (entzündungshemmend). Walnussblätter werden heute hauptsächlich bei leichten oberflächlichen Hautentzündungen und zusammen mit weiteren Heilpflanzen zur Unterstützung der Immunabwehr eingesetzt. Die wichtigsten Inhaltsstoffe der getrockneten Walnussblätter sind Gerbstoffe, Flavonoide, Kaffeesäure, Vanillinsäure und ätherische Öle.

ENTHALTEN IN IMUPRET® N

Salix

WEIDE
Salix

Der Gattungsnamen Salix kommt aus dem Keltischen und bedeutet
»Baum nahe beim Wasser«, verweist auf den Standort.

VOLKSTÜMLICHE NAMEN
Felbern, Katzenstrauch, Korbweide, Mailholz, Weihbuschen

VORKOMMEN
Zur Gattung der Weiden (Salix) gehören rund 500 verschiedene Arten.
Allen ist gemein, dass sie im Frühjahr die flauschigen Blüten, die sogenannten
Weidenkätzchen, noch vor den Blättern tragen. Die Bäume und Sträucher sind in
Europa, Asien und Nordamerika heimisch und bevorzugen feuchte Standorte.

GESCHICHTE
Bereits seit der Antike wird die Rinde der Weide gegen Fieber und Schmerzen
eingesetzt. 1828 konnte einer der wirksamen Inhaltsstoffe, das Salicin, aus der
Rinde isoliert werden. Zehn Jahre später stellten Chemiker daraus Salicylsäure her,
Ausgangsstoff für Acetylsalicylsäure (ASS).

ANWENDUNG UND INHALTSSTOFFE
Medizinisch relevant ist insbesondere die Rinde junger Äste von Silberweide (Salix
alba), Purpurweide (Salix purpurea) und Korbweide (Salix fragilis). Salicin, der
wichtigste Bestandteil der Weidenrinde, wird in Darm und Leber zu Salicylsäure
umgewandelt, erst diese ist der aktive Wirkstoff. Wirkung: schmerzlindernd,
fiebersenkend und entzündungshemmend. Die pflanzliche Wirksubstanz Salicyl-
säure erzielt in Kombination mit weiteren Extrakten der Weidenrinde einen
ähnlichen Effekt wie die synthetische Nachbildung Acetylsalicylsäure (enthalten
unter anderem in Aspirin), ist dabei aber weitaus besser verträglich.

THERAPEUTISCHE MULTITALENTE

Vertiefendes Heilpflanzenwissen für Fachleute und interessierte Laien

Heilpflanzen enthalten eine Vielzahl therapeutisch wirksamer Inhaltsstoffe. Damit besitzen sie die Fähigkeit, verschiedene pathophysiologische Prozesse zu beeinflussen. Entsprechend hoch ist das therapeutische Potenzial vieler Heilpflanzen. Im Bemühen, die Heilkraft der Natur zu entschlüsseln, werden ständig neue Indikationen für den arzneilichen Einsatz von Heilpflanzen erforscht. Ergänzend zum Heilpflanzenkompass im Folgenden eine Übersicht über den aktuellen Forschungsstand bezüglich der multimodalen Wirkweise ausgewählter Heilpflanzen.

AMPFERKRAUT

erhöht die Schleimsekretion *(Sekret wird dünnflüssiger und kann besser abtransportiert werden)* • alkoholischer Extrakt zeigt im Gewebe deutlich entzündungs- und schwellungshemmende Wirkung *(eventuell durch Hemmung der Cyclooxigenase)* verminderte Ausschüttung des entzündungsfördernden Zytokins TNFalpha entzündungshemmende Wirkung der enthaltenen Flavonoide Quercetin und Kaempferol antioxidative Effekte nach vorheriger Grippevirusinfektion von Quercetin und Rutin starke antibakterielle Wirkung bei Atemwegsinfektionen *(zum Beispiel Staphylococcus aureus, Streptococcus pneumoniae)*

EFEU

Inhaltsstoff alpha-Hederin kann die beta-2-Rezeptoren in den Atemwegen an der Zelloberfläche halten, auch nach der Bindung durch einen Liganden, nach der die Rezeptoren eigentlich schnell ins Zellinnere verlagert werden; Alpha-Hederin erhöht dadurch die Sensitivität der Rezeptoren und erhöht die intrazelluläre Konzentration des Botenstoffs AMP im Zellinneren, was zur Erschlaffung der Bronchialmuskulatur führt; die Kombination aus Efeu und Thymian *(wie in Bronchipret® Saft und Tropfen)* könnte synergistischen Effekt auf die Rezeptoren haben schleimverflüssigende Wirkung, vermutlich durch Aktivierung eines gastrischen Reflexes über den Vagusnerv antientzündliche und abschwellende Effekte der Saponine aus Efeublättern; entzündungshemmende Wirkung von alpha-Hederin; antioxidative Eigenschaften Saponin Hederacoside C aktiv gegen Grippevirus; antibakterielle Wirkung gegen grampositive und -negative Bakterienstämme *(vermutlich durch membranlösende Eigenschaften der Saponine auf die bakterielle Zellwand)*

EISENKRAUT

steigert die Sekretion von Schleim in den Atemwegen, dadurch wird dieser dünnflüssiger und kann besser abtransportiert werden hemmt die Ausschüttung des entzündungsfördernden Botenstoffs TNFalpha hemmt die Aktivität von Cyclooxigenase-2; reduziert die Gewebeschwellung ❧ vor allem Ursolsäure und Oleanolsäure zeigen entzündungshemmende Aktivität ❧ zeigt antivirale Wirkung gegen Parainfluenzavirus, Grippevirus, respiratorisches Synzytial-Virus, Adenoviren *(der Inhaltsstoff Verbenalin verhindert den Eintritt der Viren in die Körperzellen)* ❧ alkoholische Extrakte aus Eisenkraut sind aktiv gegenüber atemwegsrelevanten Bakterienstämmen wie Staphylococcus aureus und Streptococcus pneumoniae ❧ Hinweise auf antibakterielle Effekte eventuell wegen der Kaffeesäurederivate im Eisenkraut

GELBER ENZIAN

❧ enthält Iridoidglycoside *(Gentiopicrosid, Swertiamarin, Geniposid, Geniposidsäure)* ❧ steigert die Sekretion von Schleim in den Atemwegen ❧ Extrakte der Wurzel hemmen die Ausschüttung entzündungsfördernder Botenstoffe wie TNFalpha; positive Effekte auf arthritische Prozesse können vermindert werden, Gewebeschwellungen gehen dabei zurück ❧ Inhaltsstoffe wie Swertiamarin und Swerosid zeigen antibakterielle Wirkung gegen verschiedene Bakterienstämme

HOPFEN

❧ Anwendung bei postmenopausalen Beschwerden; vermutlich zurückzuführen auf Inhaltsstoff 8-Prolactin und Bindung an Östrogenrezeptorem ❧ leberprotektive Effekte ❧ positive Wirkung auf metabolisches Syndrom *(zum Beispiel bei experimentell induzierter Adipositas und nicht-alkoholischer Fettleber)* durch Chalkonderivat Xanthohumol beziehungsweise Iso-Alphasäuren im Hopfen

JOHANNISKRAUT

❧ Phloroglucinolderivat Hyperforin beeinflusst effektiv die Neurotransmission wichtiger zentraler Botenstoffe wie Serotonin, Noradrenalin, Dopamin, GABA und Glutamat; führt zur Verbesserung depressiver Symptomatiken ohne die für Antidepressiva typischen Nebenwirkungen

LIEBSTÖCKEL

❧ ist diuretisch wirksam, daher Anwendung bei Harnwegsentzündungen und Steinleiden, erhöht die Harnmenge und die Konzentration von Chloridionen ❧ Anwendung bei Aufstoßen, Völlegefühl, Blähungen, Menstruationsbeschwerden ❧ antientzündliche Wirkung durch reduzierte Bildung von entzündungsfördernden Substanzen (Prostaglandin, Leukotrien) ❧ Wirkung auch bei experimenteller Arthritis und entzündlichen Ödemen, Ligustilid inhibiert die Transkription von TNFalpha, Falcarindiol inhibiert die Synthese von 5-Lipoxygenaseprodukten, beides entzündungsfördernde Mediatoren ❧ krampflösende Wirkung auf die glatte Harnblasenmuskulatur, spasmolytische Wirkung von Ligustilid auf Arterien und Uterus, von Butylidenphthalid auf Ileum, Vas deferens, Taenia coli und Aorta ❧ schmerzlindernde Wirkung in experimenteller Zystitis *(zurückzuführen auf schmerzlindernde Wirksamkeit von Ligustilid)*

MARIENDISTEL

❧ wird von der WHO als therapeutisch wichtig bei Lebererkrankungen und niedrig dosiert bei Dyspepsie eingestuft ❧ Silibinin zur intravenösen Therapie bei Knollenblätterpilzvergiftung zugelassen ❧ vielversprechend für Begleittherapie bei Einsatz stark wirksamer Virustatika bei Fettleberkrankheit, Lebererkrankungen durch Alkoholmissbrauch und Virusinfektionen *(zum Beispiel Hepatitis-B- und C-Viren)* ❧ geringe Toxizität und großer therapeutischer Nutzen von Silymarin, bislang keine klinisch relevanten Wechselwirkungen zwischen Silymarin und anderen Wirkstoffen; pharmakologische Befunde sind auf antioxidative Eigenschaften und Interaktionen mit Leberzell-membranen *(zum Beispiel organische anionentransportierende Polypeptide)* zurückzuführen

MÖNCHSPFEFFER

❧ Extrakte binden und aktivieren den D2-Dopaminrezeptor, verringern damit Sekretion des Stresshormons Prolaktin im Hypophysenvorderlappen, Steuerung des Zyklusgeschehens, Stei-gerung der Progesteronproduktion; selektives Binden an beta-Östrogenrezeptoren zeichnet sich ab *(Mönchspfefferfruchtextrakte fördern Uteruswachstum nicht)* ❧ Extrakte binden an μ-, κ- und δ-Opioidrezeptoren *(potenziell analgetische Wirksamkeit von Mönchspfeffer)* ❧ Extrakte reduzieren Produktion entzündungsstimulierender Botenstoffe wie Zytokine und Leukotriene, inhibieren Pro-duktion reaktiver Sauerstoffspezies in Neutrophilen und Makrophagen, daher antientzündliche und antioxidative Wirkung ❧ Extrakte lösen Oxytocin-, Vasopressin- und Prostaglandin-induzierte Kontraktionen der Uterusmuskulatur und verringern Anzahl schmerzhafter Uteruskontraktionen, die durch Oxytocingabe verursacht wurden

ROSMARIN

❧ wirkt anregend auf die Gallensekretion ❧ diuretische Wirkung: erhöhte Harnausscheidung nach oraler Einnahme von wässrigem Rosmarinextrakt, leicht erhöhte Natrium- und Kaliumaus-scheidung ❧ antimikrobielle Wirkung des ätherischen Öls, grampositive und -negative Bakterien, antimikrobielle Wirkung auf Hefen ❧ antientzündliche Wirksamkeit *(zum Beispiel Reduktion ent-zündlicher Ödeme)* ❧ Inhibition der Zytokinproduktion und der Prostaglandin- und Leukotrien-synthese, Reduktion des chemischen Radikals DPPH und physiologisch relevanter Radikale *(zum Beispiel Hydroxylradikale)*, daher Verwendung eines Rosmarinextraktes *(E392)* als antioxidativer Lebensmittelzusatzstoff ❧ spasmolytische Wirksamkeit auf Luftröhre und Harnblase *(ätherisches Öl löst Acetylcholin-induzierte Kontraktionen der trachealen Glattmuskulatur; Extrakte lösen Kaliumchlorid-induzierte Kontraktionen der Harnblasenmuskulatur)*, spasmolytische Wirkung auf die glatte Muskulatur der Aorta und des Ileums ❧ schmerzlindernd zum Beispiel in Cyclophos-phamid-induzierter Zystitis und bei Morphin-Entzug, vermutlich durch Einfluss von Rosmarin auf das Opioidsystem, schmerzlindernde Wirkung beruht zum Teil auf Carnosol, Carnosolsäure

SCHLÜSSELBLUME

❧ aktiviert Sekretion in den Atemwegen *(Wurzel: durch Aktivierung des Vagusnervs im Verdauungs-trakt; Blüten: Quercetin und Epigallocatechingallat)* ❧ Extrakte verringern Spannung der Bronchial-muskulatur, wirken dadurch Verengung der Bronchien entgegen ❧ Hemmung von chemisch indu-ziertem Reizhusten durch Extrakt aus der Wurzel ❧ entzündungshemmende Wirkung von Wurzel und Blüten, hemmen Ausschüttung entzündungsfördernder Botenstoffe *(zum Beispiel TNFalpha)* und entzündungsfördernder Enzyme *(zum Beispiel Cyclooxigenase, Lipoxygenase)*, schützen Körper vor oxidativem Stress, in den Blüten enthaltene Flavonoide reduzieren Aktivierung von Mastzellen *(könnte sich positiv auf asthmatischen Prozess auswirken)* ❧ Aktivität gegen Atemwegsviren *(Grippevirus, humanes Rhinovirus, respiratorisches Synzytial-Virus)* vor allem durch Flavonoide ❧ Aktivität der Blüten gegen pathogene Bakterien *(Staphylococcus aureus, Streptococcus pneumoniae)*

SCHWARZER HOLUNDER

❧ Blüten sind für sekretionsfördernde Wirkung in den Bronchien bekannt *(möglicherweise durch Steigerung des Ionentransports über das Atemwegsepithel)* ❧ antientzündliche Wirkung der Blütenextrakte durch Verringerung der Ausschüttung entzündungsfördernder Botenstoffe *(zum Beispiel TNFalpha)*, vor allem durch Phenolsäure • antioxidative Eigenschaften ❧ antivirale Wirkung gegen atemwegsrelevante Viren *(zum Beispiel respiratorisches Synzytial-Virus, Grippevirus, humaner Rhinovirus)*; intranasale Verabreichung von Rutin bietet Schutz vor Grippeviren ❧ wirksam gegen bakterielle Krankheitserreger *(zum Beispiel Streptococcus pneumoniae)*, starke antibakterielle Effekte der Inhaltsstoffe Koffein und Chlorogensäure

TAUSENDGÜLDENKRAUT

❧ zeigt entspannende Wirkung auf Carbachol-induzierte Kontraktionen der Dünndarmmuskulatur ❧ gastroprotektive Wirkung bei Aspirin-induzierter Magenschädigung ❧ Normalisierung des Blutzuckerspiegels bei experimenteller Hyperglykämie ❧ Bitterstoffe Swertiamarin, Swerosid und ätherisches Öl besitzen antimikrobielle Wirksamkeit zum Beispiel gegen Bacillus cereus und Escherichia coli ❧ antimykotische Wirksamkeit ❧ wässrige Extrakte reduzieren Entzündung in experimenteller Arthritis, verringern entzündliche Ödeme, Inhibition der Synthese von entzündungsfördernden Leukotrienen bekannt ❧ oral eingenommene wässrige Extrakte bewirken Steigerung der Harnmenge, erhöhen Ausscheidung von Natrium, Kalium und Chlorid

THYMIAN

❧ Thymianextrakt und Thymol sind wie Adrenalin und Noradrenalin in der Lage, beta-2-Rezeptoren in den Atemwegen zu aktivieren *(bronchialerweiternde Wirkung)*, was Bronchialmuskeln erschlaffen lässt *(interessant bei Asthma bronchiale und COPD)* ❧ Kombination aus Thymian und Efeu *(wie in Bronchipret® Saft und Tropfen)* könnte einen synergistischen Effekt auf Rezeptoren haben, da Efeu der auf die Aktivierung folgenden Internalisierung der Rezeptoren ins Zellinnere entgegenwirkt; vermutlich sind die Phenole Thymol und Carvacrol an der bronchialerweiternden Wirkung beteiligt ❧ Thymianextrakt und Thymol wirken schleimverflüssigend; erhöhen den mukoziliären Transport über Steigerung der ziliären Schlagfrequenz; erniedrigen die Produktion eines die Schleimkonsistenz bestimmendes Mucins in den Lungen – vermutlich durch direkten Eingriff in dessen Genexpression ❧ hemmt Vielzahl an Entzündungsparametern *(zum Beispiel Einwanderung von Immunzellen)*; Reduktion von entzündlichen Gewebeschwellungen; hemmender Effekt auf Produktion und Freisetzung entzündungsfördernder Botenstoffe *(Interleukine, Leukotriene, Prostaglandine)*; entzündungshemmende Wirkung durch phenolische Inhaltsstoffe Thymol und Carvacrol *(beide bewirken auch Schutz vor oxidativem Stress)* ❧ antivirale Eigenschaften gegen diverse atemwegsrelevante Virusstämme *(Grippevirus, respiratorisches Synzytial-Virus, humaner Rhinovirus)*, die Symptome einer Grippevirusinfektion abmildern ❧ antibakterielle Wirkung *(vor allem des ätherischen Öls)*, Thymianextrakt wirkt antibakteriell gegen Streptococcus pneumoniae, Streptococcus pyogenes, Moraxella catarrhalis), phenolische Inhaltsstoffe sind vermutlich in der Lage, die äußere Membran von gramnegativen Bakterien zu disintegrieren, sodass für Bakterien wichtige Stoffe aus dem Zellinneren nach außen gelangen • Thymianextrakt insgesamt scheinbar wirksamer als einzelne Inhaltsstoffe

TRAUBENSILBERKERZE

❧ positive Wirkung auf Wechseljahresbeschwerden durch selektive Modulation von Östrogen-rezeptoren ❧ keine proliferationssteigernde Wirkung auf Östrogenrezeptor-positive, humane Brust-krebszellen, Dimethylbenzanthracen-induzierte Tumore oder Uterusgewebe ❧ kein Einfluss auf LH oder FSH bis auf kurzzeitige Reduktion von LH ❧ Extrakte binden und aktivieren Serotoninre-zeptoren *(zum Beispiel 5-HT1a und 5-HT7)*, wirken dopaminerg an D2-Dopaminrezeptoren; erklärt die positive Wirkung auf Wechseljahresbeschwerden wie Nervosität und depressive Verstimmung

NACHWEISLICH EFFEKTIV
Die wichtigsten Studienergebnisse im Überblick

CANEPHRON®

In mehreren groß angelegten Studien wurde neben der klinischen Wirksamkeit auch eine sehr gute Verträglichkeit bestätigt. Zum Beispiel in einer nicht-interventionellen Studie Can-NIS-2 (Dlin, V. V. et al.: *Clinical Phytoscience* 2018, 4: 31) mit 636 Kindern und Heranwachsenden zwischen 1 und 17 Jahren. Dabei wurde die Anwendung von Canephron® bei unterschiedlichen Erkrankungen in der pädiatrischen Routine untersucht. Die Behandlungsdauer betrug zwischen wenigen Tagen bis zu mehreren Wochen. 88 Prozent aller Ärzte bewerteten die Therapieeffizienz bereits nach zwei Wochen als »sehr gut« und »gut« und am Ende der Untersuchung sogar 91 Prozent. Die Verträg-lichkeit des Präparats wurde mit den Kriterien »gut« und »sehr gut« von 99 Prozent die Ärzte registriert. Auch wegen der kontinuierlich steigenden Antibiotikaresistenzen wird eine multimodal ausgerichtete Therapie mit Canephron® immer wichtiger. Das bestätigt Bionoricas neueste Studie Can-UTI-7 (Wagenlehner, F. M. et al.: *Urologia Internationalis* 2018, 101(3): 327–336). Als Ziel-indikation wurde eine der häufigsten Erkrankungen der Frauen »akute unkomplizierte Zystitis« angepeilt. In dieser randomisierten, doppelblinden, placebokontrollierten Studie wurde untersucht, ob die Therapie mit Canephron® bei der Behandlung einer akuten, unkomplizierten Harnwegs-infektion mit der Standardtherapie Fosfomycin-Trometamol vergleichbar ist. Insgesamt wurden 659 Probanden von 18 bis 70 Jahren mit typischen Symptomen eingeschlossen. Die Studienteilnehmer erhielten entweder sieben Tage Canephron® Verum plus eine Einmalgabe Fosfomycin als Placebo oder eine Einmalgabe Fosfomycin Verum plus sieben Tage Canephron® als Placebo. Nach der Therapiephase wurde 30 Tage nachbeobachtet. Primärer Endpunkt war die Nicht-Unterlegenheit von Canephron® im Vergleich zu Fosfomycin hinsichtlich des Bedarfs einer zusätzlichen Anti-biotikatherapie im Studienzeitraum. 83,5 Prozent der Patientinnen in der Canephron®-Gruppe und 89,9 Prozent der Patientinnen in der Fosfomycin-Gruppe benötigten keine zusätzliche Antibiotikathe-rapie. Damit war Canephron® dem Antibiotikum hinsichtlich des primären Endpunktes statistisch nicht unterlegen. Der Symptomrückgang war in beiden Gruppen etwa vergleichbar. Canephron® kann sich somit bei der Therapie der Zystitis mit Fosfomycin messen und dazu beitragen, die ambulante Verordnung von Antibiotika deutlich zu reduzieren.

KLIMADYNON®

Die positive Wirkung der Traubensilberkerze auf postmenopausale Beschwerden wurde in zahl-reichen klinischen Untersuchungen gezeigt. So wurde der in Klimadynon® enthaltene Cimicifuga-racemosa-Spezialextrakt BNO 1055 in einer Studie (Wuttke, W.; Seidlova-Wuttke, D.; Gorkow, C.: *Maturitas* 2003, Suppl. 1: 67) mit 62 postmenopausalen Frauen bezüglich Wirksamkeit und Neben-wirkungen mit Östrogen verglichen. Hier wurden unter anderem die postmenopausalen Be-schwerden mittels Tagebuch und Fragebogen bewertet, Marker für Knochenabbau und -aufbau gemessen und wurde die Dicke des Endometriums bestimmt. Die Behandlung mit Östrogenen reduzierte postmenopausale Beschwerden und wirkte sich positiv auf den Knochenstoffwechsel aus, bewirkte aber eine unerwünschte Verdickung des Endometriums. Mit BNO 1055 wurden die gleichen positiven Effekte beobachtet, eine Verdickung des Endometriums blieb aber aus. Dies deutet an, dass BNO 1055 Substanzen enthält, die Östrogenrezeptoren selektiv modulieren können. Es wurde auch eine Langzeituntersuchung mit Klimadynon® durchgeführt (Raus, K. et al.: *Meno-pause* 2006, 13: 678–691), in der 375 Patientinnen mit klimakterischen Beschwerden 52 Wochen mit zwei Tabletten Klimadynon® behandelt wurden. Schwerpunkte dieser Studie lagen beim Zustand des Endometriums, Brustdichte sowie Metabolismus. Dabei zeigte Klimadynon® keinerlei pathologi-sche Auswirkung auf Endometrium, die Brustdichte blieb ebenfalls unverändert und es gab keine laborchemischen Entgleisungen.

AGNUCASTON® UND MASTODYNON®

Diese beiden Arzneimitteln enthalten Vitex agnus-castus, und deren klinische Grundlage und Wirk-samkeit gegen PMS wurde in mehreren klinischen Studien nachgewiesen. So wurde eine offene kli-nische Studie von Bionorica SE mit Agnucaston® durchgeführt (Prilepskaya, V. N. et al.: *Maturitas* 2006, Vol. 55, Suppl. 1: 55–63), um die Wirksamkeit und Sicherheit dieses Präparats bei Frauen mit PMS mit mittelschweren bis schweren Beschwerden zu beurteilen. Nach drei Menstruationszyklen wurden 121 Patientinnen für drei weitere Zyklen einmal täglich mit vier Milligramm Agnucaston® behandelt. Die Wirksamkeit wurde anhand eines PMS-Tagebuchs sowie des speziellen PMS-Frage-bogen; bewertet. Basierend auf den Tagebuchdaten nahm die Schwere der PMS-Symptome wäh-rend der Behandlung durchgehend ab: im Durchschnitt von 22,8 Punkten während des Basiszyklus auf 10,2 Punkte während des dritten Zyklus. Die Ergebnisse für den PMS-Fragebogen waren ähn-lich mit einer durchschnittlichen Abnahme von 22,5 auf 11,0 Bewertungspunkte. Die Ergebnisse der Studie legen nahe, dass die Therapie mit Agnucaston® wirksamer ist, wenn sie über einen längeren

Zeitraum (mindestens drei Monate) kontinuierlich angewendet wird. In einer von mehreren Studien wurde Mastodynon® gegen Placebo bei 104 Frauen mit zyklischer Mastodynie getestet (Wuttke, W. et al.: *Geburtshilfe und Frauenheilkunde* 1997, 57: 569–574). Dabei wurden zwei Gruppen mit Mastodynon® behandelt und eine mit Placebo. Dabei führte Mastodynon® zu einer signifikanten Reduktion der Brustschmerzen und wesentlich größerer Senkung des Prolaktin-Spiegels im Vergleich zu Placebo. In einer weiteren Studie mit 97 Patientinnen mit Mastalgie (Halaska, M. et al.: *The Breast* 1999, 8: 175) wurde Mastodynon® mit Placebo verglichen. Hierfür wurde die Intensität der Mastalgie mithilfe VAS (Visual Analog Scale) und Schmerztagebuch gemessen. Behandlung erfolgte über drei Zyklen, und bereits nach einem Zyklus wurde im Vergleich mit Placebo eine signifikante Reduktion der Schmerzintensität beobachtet.

SINUPRET®

Für die Zulassung des Medikaments wurden zwei große Studien durchgeführt. Bei der ersten (ARhiSi-1) wurden zwei unterschiedliche Dosierungen von Sinupret® extract gegen Placebo getestet (Bachert et al.: Poster: »Multicentre, randomised, double-blind, placebo-controlled parallel-group dose-finding study of herbal medicine (dry extract) BNO-1016 in Acute Rhinosinusitis«, 84th annual congress of the german society of ear nose throat medical science, Nürnberg 2013). 450 Patienten mit einer akuten Rhinosinusitis (ARS) und Symptomausprägung zwischen acht und zwölf Punkten gemäß MSS-Skala wurden 15 Tage behandelt. Nach der 14-tägigen Beobachtungsphase zeigte sich eine signifikante Verbesserung der Symptome (zum Beispiel Kopfschmerz) gegenüber Placebo, eine sehr gute Verträglichkeit des Präparats und eine Überlegenheit der Dosierung von 480 Milligramm Sinupret® extract.. Die ARhiSi-2-Studie (Jund, R. et al.: *Rhinology* 2012, 50) wurde als eine doppelblinde, placebokontrollierte, multizentrische Studie mit insgesamt 386 Patienten durchgeführt. Die Behandlungsdauer betrug 15 Tage. Die Ergebnisse bei der Symptomlinderung zeigten eine statistische und klinische Überlegenheit von Sinupret® extract gegenüber Placebo. Auch die durchgeführte Ultraschalluntersuchung zeigte einen wesentlich schnelleren Rückgang der Schwellung/des Exsudats. Im Vergleich zu Placebo erreichten die Patienten aus der Sinupret®-extract-Gruppe die angepeilte Symptomlinderung 3,8 Tage früher. Sinupret® extract zeigte eine sehr gute Verträglichkeit. Eine weitere Untersuchung mit Sinupret® forte wurde von der Forschungsgruppe Prof. Passali durchgeführt. Dabei wurde die Therapie von insgesamt 60 Patienten mit akuter Rhinosinusitis mit Sinupret® forte versus Glucocorticoid-Nasenspray Fluticason geprüft (Passali, D., et al: *ORL J Otorhinolaryngol Relat Spec* 2015, 77(1): 27–32). Die Ergebnisse zeigten, dass Sinupret® forte und Fluticason eine ähnliche Wirksamkeit hatten. Fluticason reduzierte zwar mehr Symptome wie Rhinorrhoe und Nasenobstruktion, Sinupret® forte half dagegen mehr bei den Kopf- und Gesichtsschmerzen. Bei der Verträglichkeit schnitt Sinupret® forte besser ab. Der renommierte HNO-Experte Prof. Bradford Woodworth (Cho, D. Y. et al.: Int Forum Allergy Rhinol 2019 June 9(6): 629–637) von der Universität Alabama untersuchte das Potenzial von Sinupret® extract zur Behandlung der chronischen Rhinosinusitis. Dabei wurde der Einfluss des Präparats auf verschiedene krankheitsrelevante Parameter zur Sekretomotorik und zur entzündungshemmenden Wirkung untersucht. Sinupret® extract bewirkte eine Verminderung des gestauten Sekrets in den

Nebenhöhlen und eine Normalisierung der Funktion des Nasennebenhöhlenepithels. Dabei kam es zu einem vermehrten Ausstrom von Chloridionen über die Epithelschicht ins Sinuslumen. Diese Ionen bringen aufgrund ihrer wasserbindenden Eigenschaften Zellwasser nach außen, das die aufliegende zähe Sekretschicht hydratisiert und weniger viskös macht. Zum anderen bewirkte Sinupret® extract eine Steigerung der ziliären Schlagfrequenz. Beide Mechanismen in Kombination bewirken, dass die in die Sekretschicht hineinragenden Zilien der Epithelzellen leichter und effizienter arbeiten können und damit einen schnelleren Abtransport des Schleims bewirken. Darüber hinaus wurde die Entzündung im Gewebe reduziert und eine abschwellende Wirkung in der Schleimhaut erzielt.

Dadurch kann der Schleim besser abfließen und über die Nase ausgeschieden werden. Die Ergebnisse dieser Studie deuten darauf hin, dass Sinupret® extract eine wirksame Therapieoption zur Behandlung der chronischen Rhinosinusitis sein könnte.

BRONCHIPRET®

Auch mit Bronchipret wurde eine ganze Reihe klinischer Studien durchgeführt. Bei der E-BRO-3-Studie (Kemmerich, B.; Eberhardt, R.; Stammer, H.: *Arzneimittel-Forschung/Drug Research* 2006, 56(9): 652–660) etwa wurde akute Bronchitis mit Bronchipret Saft oder mit Placebo bei 363 Erwachsenen behandelt. Die Therapiedauer betrug zehn Tage. Als Hauptkriterium wurde die Häufigkeit der Hustenepisoden sowie BSS (Bronchitis Severity Score) untersucht. Bei der E-BRO-4-Studie (Kemmerich, B.: *Arzneimittel-Forschung/Drug Research* 2007, 57(9): 607–615) wurde als Prüfmedikation Bronchipret Dragees versus Placebo bei insgesamt 361 Patienten getestet. In beiden Studien sank die Hustenfrequenz unter Bronchipret wesentlich schneller, BSS-Skala zeigte ebenfalls eine signifikante Überlegenheit von Bronchipret gegenüber Placebo. Beide Arzneiformen von Bronchipret zeigten eine sehr gute Verträglichkeit. Eine weitere Studie mit Bronchipret, E-BRO-AWB-1 (Marzian, O.: *MMW – Fortschritte der Medizin* 2007, 149, Suppl. 27–28: 69–74), wurde mit Bronchipret Saft an 1234 pädiatrischen Patienten (Säuglingen bis zu Heranwachsenden) durchgeführt. Die Behandlungsdauer betrug zehn Tage. Als Hauptkriterium wurde BSS-Skala verwendet, außerdem wurden allgemeine Assessments zur Therapiebewertung gemessen. Diese Studie zeigte Effektivität der Bronchipret-Therapie bei allen Altersgruppen im pädiatrischen Setting, ebenso die sehr gute Verträglichkeit.

Über den Autor

GERHARD WALDHERR, geboren 1960 in Bad Tölz, ist Buchautor, Reporter und Publizist. Seine journalistische Laufbahn umfasst Stationen als Sportredakteur bei der *Süddeutschen Zeitung*, Reporter beim *Stern* sowie freier Korrespondent und Buchautor in New York. Er schrieb unter anderem für *GEO, Die Zeit, Spiegel Special, Merian, Brigitte* und *Greenpeace Magazin* und war von 2006 bis 2015 Chefreporter des Wirtschaftsmagazins *brand eins*. Seine Texte wurden mit diversen Preisen ausgezeichnet und für den Egon-Erwin-Kisch-Preis sowie den Deutschen Reporterpreis nominiert. Zu Waldherrs Buchveröffentlichungen zählen unter anderem *Elvis ist tot* (KiWi), *Bruttoglobaltournee* (Salis) und *Deutschkunde* (kursbuch edition). Waldherr hat professionell Eishockey gespielt und Betriebswirtschaft studiert.

Bibliografische Information der Deutschen Nationalbibliothek
Die Deutsche Nationalbibliothek verzeichnet diese Publikation in der
Deutschen Nationalbibliografie; detaillierte bibliografische Daten sind
im Internet über http://dnb.dnb.de abrufbar.

Print: ISBN 978-3-648-13567-9 Bestell-Nr. 10387-0001
ePub: ISBN 978-3-648-13572-3 Bestell-Nr. 10387-0100

Gerhard Waldherr
die sinupret story
1. Auflage 2019
© 2019 Haufe-Lexware GmbH & Co. KG, Freiburg
www.haufe.de
info@haufe.de

Art Direktion & Design: Christoph Schulz-Hamparian, www.schulzhamparian.de
Illustrationen: Maren Endler, www.marenendler.de; Thomas Lutz, www.thoid.de
© Porträt Rückseite: Jan Voth

Druck und Bindung: CPI Books GmbH, Ulm
Printed in Germany

Dieser Titel ist ein Produkt der Reihe
»Professional Publishing for Future and Innovation by Murmann & Haufe«
Weitere Informationen zum Murmann Verlag finden Sie unter www.murmann-verlag.de

Bronchipret® Saft TE, Bronchipret® Tropfen, Bronchipret® TP, Bronchipret® Thymian Pastillen*Zusammensetzung: 100 ml (entsprechen 112 g) Bronchipret Saft TE enthalten: 16,8 g Fluidextrakt aus Thymiankraut (1 : 2 – 2,5); Auszugsmittel: Ammoniaklösung 10 % (m/m): Glycerol 85 % (m/m): Ethanol 90 % (V/V): Wasser (1 : 20 : 70 : 109); 1,68 g Fluidextrakt aus Efeublättern (1:1); Auszugsmittel: Ethanol 70 % (V/V). Enthält 7 % (V/V) Alkohol. Enthält u. a. Maltitol-Lösung. Sonstige Bestandteile: Citronensäure-Monohydrat, Gereinigtes Wasser, Hydroxypropylbetadex, Kaliumsorbat (Ph. Eur.), Maltitol-Lösung. 1 ml (entsprechend 1 g) Bronchipret Tropfen enthalten: 0,5 ml Fluidextrakt aus Thymiankraut (1 : 2 – 2,5), Auszugsmittel: Ammoniaklösung 10 % (m/m) : Glycerol 85 % (m/m) : Ethanol 90 % (V/V) : Wasser (1 : 20 : 70:109). 0,03 ml Auszug aus Efeublättern (1 : 1), Auszugsmittel: Ethanol 70 % (V/V). Enthält 24 Vol.-% Alkohol. Sonstige Bestandteile: Citronensäure-Monohydrat, Ethanol 96 % (V/V), Gereinigtes Wasser, Hydroxypropylbetadex (MS: 0,65), Saccharin-Natrium Dihydrat. 1 Bronchipret Filmtablette enthält: 60 mg Trockenextrakt aus Primelwurzeln (6-7:1), Auszugsmittel: Ethanol 47,4 % (V/V); 160 mg Trockenextrakt aus Thymiankraut (6-10:1), Auszugsmittel: Ethanol 70 % (V/V). Sonstige Bestandteile: Glucose-Sirup 34 mg, Lactose-Monohydrat 50 mg, Chlorophyllin a – Kupfer-Komplex Trinatriumsalz (E 141), Crospovidon, Dimeticon, hochdisperses Siliciumdioxid, Hypromellose, Magnesiumstearat, mikrokristalline Cellulose, Pfefferminzaroma, Polyacrylat-Dispersion 30 %, Povidon K25, Propylenglykol, Riboflavin (E 101), Saccharin-Natrium, Talkum, Titandioxid (E 171). 1 Bronchipret Thymian Pastille enthält: 42,0 mg Thymiankraut-Trockenextrakt (6-10:1); Auszugsmittel: Ethanol 70 % (V/V). Sonstige Bestandteile: Maltitol-Lösung 376,200 mg, Glucose-Sirup 8,925 mg, Arabisches Gummi, Betadex, Schwarze Johannisbeere-Aroma, Natrium-Cyclamat, Dünnflüssiges Paraffin, Saccharin-Natrium, Siliciumdioxid, hochdispers, gebleichtes Wachs, Waldbeer-Aroma. Anwendungsgebiete: Bronchipret Saft TE, Bronchipret TP: Zur Besserung der Beschwerden bei akuter Bronchitis mit Husten und Erkältungskrankheiten mit zähflüssigem Schleim. Bronchipret Tropfen: Zur Besserung der Beschwerden bei akuten entzündlichen Bronchialerkrankungen und akuten Entzündungen der Atemwege mit der Begleiterscheinung „Husten mit zähflüssigem Schleim". Bronchipret Thymian Pastillen: Zur Besserung der Beschwerden bei Erkältungskrankheiten der Atemwege mit zähflüssigem Schleim und bei Beschwerden der Bronchitis. Gegenanzeigen: Bronchipret Saft TE: Keine Anwendung bei bekannter Überempfindlichkeit gegenüber Efeu, Pflanzen der Familie der Araliengewächse, Thymian. Bronchipret Tropfen: Keine Anwendung bei bekannter Überempfindlichkeit gegenüber Efeu, Thymian. Bronchipret TP: Keine Anwendung bei bekannter Überempfindlichkeit gegen die Wirkstoffe. Bronchipret Thymian Pastillen: Keine Anwendung bei bekannter Überempfindlichkeit gegenüber Thymian. Bronchipret Saft TE, Bronchipret Tropfen, Bronchipret TP, Bronchipret Thymian Pastillen: Keine Anwendung bei bekannter Überempfindlichkeit gegenüber anderen Lippenblütlern (Lamiaceen), Birke, Beifuß, Sellerie oder einen der sonstigen Bestandteile. Bronchipret Saft TE, Bronchipret Tropfen, Bronchipret TP, Bronchipret Thymian Pastillen: Keine Anwendung in Schwangerschaft und Stillzeit wegen nicht ausreichender Untersuchungen. Bronchipret Saft TE: Keine Anwendung bei Kindern unter einem Jahr. Bronchipret Tropfen, Bronchipret Thymian Pastillen: Keine Anwendung bei Kindern unter 6 Jahren wegen nicht ausreichender Untersuchungen. Bronchipret TP: Keine Anwendung bei Kindern unter 12 Jahren wegen nicht ausreichender Untersuchungen. Bronchipret Saft TE: Patienten mit der seltenen hereditären Fructose-Intoleranz sollten Bronchipret Saft TE nicht einnehmen. Bronchipret TP: Patienten mit der seltenen hereditären Galactose-Intoleranz, Lactase-Mangel oder Glucose-Galactose-Malabsorption sollten Bronchipret TP nicht einnehmen. Bronchipret Thymian Pastillen: Patienten mit der seltenen hereditären Fructose-Intoleranz oder Glucose-Galactose-Malabsorption sollten Bronchipret Thymian Pastillen nicht einnehmen. Nebenwirkungen: Bronchipret Saft TE, Bronchipret Tropfen, Bronchipret TP: Gelegentlich Magen-Darm-Beschwerden wie Krämpfe, Übelkeit, Erbrechen. Bronchipret TP: Gelegentlich Durchfall. Bronchipret Saft TE: Selten Überempfindlichkeitsreaktionen mit Hautausschlägen. Auch Überempfindlichkeitsreaktionen mit z. B. Luftnot, Nesselsucht sowie Schwellungen in Gesicht, Mund und/oder Rachenraum möglich. Bronchipret Tropfen, Bronchipret TP: Sehr selten Überempfindlichkeitsreaktionen, wie z. B. Luftnot, Hautausschläge, Nesselsucht sowie Schwellungen in Gesicht, Mund und/oder Rachenraum. Bronchipret Thymian Pastillen: Es können Überempfindlichkeitsreaktionen bzw. allergische Reaktionen der Haut und Atemwege, wie z. B. Luftnot, Hautausschläge, Nesselsucht, sowie Schwellungen in Gesicht, Mund und/oder Rachenraum (Quincke-Ödem) auftreten. Es kann auch zu Magen- und Darmbeschwerden wie Krämpfen, Übelkeit, Erbrechen kommen. Die Häufigkeit dieser Nebenwirkungen sind nicht bekannt. Warnhinweise: Bronchipret Saft TE enthält 7% (V/V) Alkohol. Bronchipret Tropfen enthalten 24% (V/V) Alkohol. Stand: 05|18

Sinupret® extract, Sinupret® forte, Sinupret®, Sinupret® Saft, Sinupret® Tropfen* Zusammensetzung: 1 überzogene Tablette von Sinupret extract enthält als arzneilich wirksame Bestandteile: 160,00 mg Trockenextrakt (3-6:1) aus Enzianwurzel; Schlüsselblumenblüten; Ampferkraut; Holunderblüten; Eisenkraut (1:3:3:3:3). 1. Auszugsmittel: Ethanol 51% (m/m). Sonstige Bestandteile: Glucose-Sirup 2,935 mg; Sucrose 133,736 mg; Maltodextrin 34,000 mg; Sprühgetrocknetes Arabisches Gummi; Calciumcarbonat; Carnaubawachs; Cellulosepulver; mikrokristalline Cellulose; Chlorophyll-Pulver 25% (E 140); Dextrin (aus Maisstärke); Hypromellose; Indigocarmin; Aluminiumsalz (E 132); Magnesiumstearat (Ph.Eur.) [pflanzlich]; Riboflavin (E 101); hochdisperses Siliciumdioxid; hochdisperses hydrophobes Siliciumdioxid; Stearinsäure; Talkum; Titandioxid (E 171). 1 überzogene Tablette von Sinupret forte enthält als arzneilich wirksame Bestandteile: Eisenkraut, gepulvert 36 mg; Enzianwurzel, gepulvert 12 mg; Gartensauerampferkraut, gepulvert 36 mg; Holunderblüten, gepulvert 36 mg; Schlüsselblumenblüten mit Kelch, gepulvert 36 mg. Sonstige Bestandteile: Glucosesirup 2,750 mg; Lactose-Monohydrat 48,490 mg; Sucrose (Saccharose) 123,816 mg; Sorbitol 0,444 mg; Calciumcarbonat (E 170); Chlorophyll-Pulver 25% (E 141); Dextrin; Eudragit E 12,5; Gelatine; Indigocarmin, E 132, Aluminiumhydroxid; Kartoffelstärke; Maisstärke; leichtes Magnesiumoxid; Montanglycolwachs; Riboflavin (E 101); raffiniertes Rizinusöl; Schellack; hochdisperses Siliciumdioxid; Stearinsäure; Talkum; Titandioxid (E 171). 1 überzogene Tablette von Sinupret enthält als arzneilich wirksame Bestandteile: Eisenkraut, gepulvert 18 mg; Enzianwurzel, gepulvert 6 mg; Gartensauerampferkraut, gepulvert 18 mg; Holunderblüten, gepulvert 18 mg; Schlüsselblumenblüten mit Kelch, gepulvert 18 mg. Sonstige Bestandteile: Glucosesirup 1,375 mg; Lactose-Monohydrat 24,245 mg; Sucrose (Saccharose) 61,908 mg; Sorbitol 0,222 mg; Calciumcarbonat (E 170); Chlorophyll-Pulver 25% (E 141); Dextrin; Eudragit E 12,5; Gelatine; Indigocarmin, E 132, Aluminiumhydroxid; Kartoffelstärke; Maisstärke; leichtes Magnesiumoxid; Montanglycolwachs; Riboflavin (E 101); raffiniertes Rizinusöl; Schellack; hochdisperses Siliciumdioxid; Stearinsäure; Talkum; Titandioxid (E 171). 100 g (83,3 ml) Sinupret Saft enthalten als arzneilich wirksame Bestandteile: 34,5 g eines Auszugs (1:38,5) aus 0,9 g einer Mischung von Enzianwurzel, Eisenkraut, Gartensauerampferkraut, Holunderblüten, Schlüsselblumenblüten mit Kelch (1:3:3:3:3); 1. Auszugsmittel: Ethanol 59 % (V/V), 2.–4. Auszugsmittel: gereinigtes Wasser. Enthält 8 % (V/V) Alkohol. Sonstige Bestandteile: Maltitol-Lösung, Kirscharoma. 100 g Sinupret Tropfen enthalten als arzneilich wirksame Bestandteile: 29 g Auszug (Droge/Extraktverhältnis 1:11) aus Enzianwurzel, geschnitten; Eisenkraut, geschnitten; Gartensauerampferkraut, geschnitten; Holunderblüten, gerebelt; Schlüsselblumenblüten mit Kelch, geschnitten; (1:3:3:3:3); Auszugsmittel: Ethanol 59 % (V/V). Enthält 19 % (V/V) Alkohol. Sonstige Bestandteile: Gereinigtes Wasser. Anwendungsgebiete: Sinupret extract: Bei akuten, unkomplizierten Entzündungen der Nasennebenhöhlen (akute, unkomplizierte Rhinosinusitis). Sinupret extract wird angewendet bei Erwachsenen und Jugendlichen ab 12 Jahren. Sinupret forte, Sinupret, Sinupret Tropfen: Bei akuten und chronischen Entzündungen der Nasennebenhöhlen. Sinupret Saft: Zur Besserung der Beschwerden bei akuten Entzündungen der Nasennebenhöhlen Gegenanzeigen: Sinupret extract: Überempfindlichkeit gegen den Wirkstoff oder einen der genannten sonstigen Bestandteile. Magen-und/oder Zwölffingerdarmgeschwür. Keine Anwendung bei Kindern unter 12 Jahren. Keine Anwendung in der Schwangerschaft und Stillzeit. Patienten mit der seltenen hereditären Fructose-Intoleranz, Glucose-Galactose-Malabsorption oder Saccharase-Isomaltase-Mangel sollten Sinupret extract nicht einnehmen. Sinupret forte, Sinupret, Sinupret Saft, Sinupret Tropfen: Nicht einnehmen bei bekannter Überempfindlichkeit gegen einen der arzneilich wirksamen oder sonstigen Bestandteile. Patienten mit der seltenen hereditären Fructose-Intoleranz, Galactose-Intoleranz, Lactase-Mangel, Glucose-Galactose-Malabsorption oder Saccharase-Isomaltase-Mangel sollten Sinupret forte und Sinupret nicht einnehmen. Sinupret forte: Keine Anwendung bei Kindern unter 12 Jahren. Sinupret: Keine Anwendung bei Kindern unter 6 Jahren. Sinupret Saft: Keine Anwendung bei Kindern unter 2 Jahren. Patienten mit der seltenen hereditären Fructose-Intoleranz sollten Sinupret Saft nicht einnehmen. Sinupret Tropfen: Keine Anwendung bei Kindern unter 2 Jahren. Nebenwirkungen: Sinupret extract: Häufig Magen-Darm-Beschwerden (z. B. Übelkeit, Blähungen, Durchfall, Mundtrockenheit, Magenschmerzen). Gelegentlich lokale Überempfindlichkeitsreaktionen der Haut (Hautausschlag, Hautrötung, Juckreiz), systemische allergische Reaktionen (Angioödem, Atemnot, Gesichtsschwellung) und Schwindel. Sinupret forte, Sinupret, Sinupret Tropfen: Gelegentlich Magen-Darm-Beschwerden (u. a. Magenschmerzen, Übelkeit). Selten Überempfindlichkeitsreaktionen der Haut (Hautausschlag, Hautrötung, Juckreiz) sowie schwere allergische Reaktionen (Angioödem, Atemnot, Gesichtsschwellung). Sinupret Saft: Gelegentlich Magen-Darm-Beschwerden (u. a. Magenschmerzen, Übelkeit) sowie Überempfindlichkeitsreaktionen der Haut (Hautau-